복음은 그렇게 전해지지 않았다

WHAT THE GOSPELS MEANT
by Garry Wills

Garry Wills 게리 윌스 기독교 3부작 ③

복음은
그렇게 전해지지 않았다

게리 윌스 | 권혁 옮김

WHAT THE GOSPELS MEANT

돋을새김

·· Contents ··

| 인용문에 대한 일러두기 |

마태복음은 '마', 마가복음은 '막', 누가복음은 '눅', 요한복음은 '요'로 표기하여 인용한다.

1B 레이먼드 E. 브라운, *The Birth of the Messiah: A Commentary on the Infancy Narratives in Matthew and Luke*, 개정판 (Doubleday, 1993)
2B 레이먼드 E. 브라운, *The Gospel According to John*, 전2권 (Doubleday, 1966, 1970)
3B 레이먼드 E. 브라운, *An Introduction to the Gospel of John*, 프란시스 J. 말로니 편집 (Doubleday, 2003)
4B 레이먼드 E. 브라운, *The Death of the Messiah*, 전2권 (Doubleday, 1994)
M 조엘 마커스, *Mark 1-8* (Doubleday, 2000)

신약성서는 저자가 번역했다. 유대 경전은 *The New English Bible* (Oxford University Press, 1970)에서 인용했다.

| 편집자 일러두기 |

1. 성서 인용문과 성서에 나오는 인명 · 지명은 성경전서 새번역(2004년 판)에 따랐다.
2. 저자가 국내 교계에서 통상적으로 사용하는 것과 다르게 사용한 용어들은 저자의 의도에 따라 그대로 번역하는 것을 원칙으로 했다.
   예) **신성한 글**/성경, **모임**/교회, **복음서 저자**/복음서 기자
3. 편집자가 달아놓은 주에는 * 표시를 했다.

여는말

복음서는 무엇일까?

『예수는 그렇게 말하지 않았다』(2012, 돋을새김)에서 나는 진정한 예수의 면모를 찾아내기 위해 네 편의 복음서 전체에서 별다른 구분 없이 인용해 사용했다. 그러나 각각의 복음서들이 서로 다른 전승傳承을 바탕으로, 여러 전승의 설계자들에 의해 작성되었다는 것을 근거로 그러한 방법을 비판하는 사람들이 있었다. 또한 다른 복음서들에 비해 상대적으로 더 신빙성이 있다거나, 역사적인 실체에 더 가깝다거나, 더욱 진실한 복음서가 있다는 이유를 들어 비판하는 사람들도 있었다. 하지만 당시에 나는, 지금까지 교회들이 추구하고 인정해온 유일한 신빙성을 바탕으로, 모든 복음서들을 신뢰할 수 있다고 여겨 온 것은 정당하다고 주장했으며, 물론 앞으로도 그럴 것이다.

오늘날 널리 인정되고 있는 용어에 근거하면 복음서들은 역사적 진실이 아니다. 지금까지 학습되어온 역사에 근거하면 복음서들은 전혀 역사가 아니다. 복음서들은 직접적인 증거나 기록에 의존하지 않으며 사료史料도 활용하지 않는다. 예를 들어, 예수의 재판과 관련된 법정기록이나 그의 계보系譜를 살펴보기 위한 출생기록 혹은 그의 생애를 추적하기 위한 연대기적 표지標識들도 활용하지 않는다. 복음서들은 예수의 부활 이후 40~70년이 지나 작성되었으며, 말로 전달된 설교 과정을 집대성한 것이다. 복음서는 복음서 저자들이 가장 뛰어난 역사로 간직해온 신성한 글(*Graphai*, '성경')에 기록되어 있는, 유대인의 신성한 역사에 담긴 체계와 상징 그리고 신학을 활용해 작성되었다.

이것을 이해하기 위해 우리는 훗날 신약성서로 알려지게 되는, 바울이 일곱 편의 진정서신을 작성하던 초기로 돌아가야만 한다. '신약성서'는 바울이 서신들을 작성할 당시에는 존재하지 않았으며, 더 나아가 수십 년이 지난 후 복음서의 저자들이 기록을 시작할 때까지도 존재하지 않았다. 바울과 복음서 저자들에게는 오직 하나의 성서만이 있었을 뿐이며, 그들은 이것에 근거해 설교했던 것이다.

만약 특별한 경우를 위해 작성했던 자신의 편지들이 그 밖의 다른 것들과 한 덩어리가 되어, 자신이 알고 숭배하던 것과 구별되는 또 하나의 새로운 성서가 되었다는 이야기를 들었다면 바울은 두려움에 휩싸였을 것이다. 바울은 예수의 제자들이 지녔던 최초의 믿음을 처음으로 기록한 사람이다. "내가 받은 것을 먼저 너희에게 전하였노니, 이는 **신성한 글(=성경)대로** 그리스도께서 우리 죄를 위하여 죽으시고, 장사지낸 바 되었다가, **신성한 글대로** 사흘 만에 다시 살아나셨다는 것이다"(고전 15:3-4, 저자 강조). 이것은 정교 신봉의 시금석이라 할 기본적인 공표公表(Kerygma)이며, 이것을 토대로 복음서들이 작성된 것이다.

1세기의 30년대에 바울과 그의 추종자들은 유대의 신성한 글을 바탕으로 예수가 유대의 메시아라고 설교했다. 모든 구원은 유대인들에 의해 이루어질 것이므로, 이방인들 역시 유대인 메시아에 의해 구원받게 되는 것이다(롬 11:26). 예수의 부활을 믿는 이방인들은 아브라함의 자손이므로, 그가 많은 민족의 조상이 될 것이라는 예언이 성취되는 것이다(롬 4:17—'이방인들'은 '이교도들'을 의미한다). "이 사람이 이스라엘을 구속救贖할 자라고 믿었"(눅 24:21)지만, 예수가 사형당한 것에 낙담한 제자들이 엠마오를 찾아가는 이야기에서 우리는 초기 형제자매들의 성찬식을 얼핏 엿볼 수 있다. 그들 일행에 합류한 낯선 사람이 그들에게 이렇게 묻는다.

"미련하고 선지자들이 말한 모든 것을 마음에 더디 믿는 자들이여, 그리스도가 이런 고난을 받고 자기의 영광에 들어가야 할 것이 아니냐?' 하시고 이에 **모세[=율법] 및 모든 선지자의 글**로 시작하여 **모든 신성한 글**에 쓴 바 자기에 관한 것을 설명하셨다. (눅 24:25-27, 저자 강조)

첫 번째 모임(=교회)에서의 설교에 뒤이어 전례典禮에 근거한 성찬식이 묘사된다. 우선, 그 낯선 사람(=예수)은 마치 제자들보다 '더 가려 하는' 것처럼 행동하는데(눅 24:28), 이것은 신성한 글에 표현된 신성神性의 접근불가능성을 드러내는 것이다. 모세가 하나님께 영광을 보여달라고 요청했을 때, 하나님은 이렇게 대답한다.

"네가 내 얼굴을 보지 못하리니 나를 보고 살 자가 없음이니라." 여호와께서 가라사대, "보라 내 곁에 한 곳이 있으니 너는 그 반석 위에 서 있으라. 내 영광이 지날 때에 내가 너를 반석 틈에 두고 내가 지나도록 내 손으로 너를 덮었다가 손을 거두리니 네가 내 등을 볼 것이요, 얼굴은 보지 못하리라." (출 33:20-23)

이것은 모세에게 주어진 약속의 시대에 있었던 일이다. 하지만 약속이 성취되는 예수의 시대에는 메시아가 자신의 모습을 드러낸

다: 밤이 다 되었으므로(유월절[1])과 주님의 만찬을 기려야 하는 시간) 제자들은 그 낯선 사람에게 함께 머물기를 청한다. 그들과 함께 머물던 그 낯선 사람이 빵을 떼어 그들에게 건네자 그제서야 "저희 눈이 밝아져 그인 줄 알아보"(눅 24:31)았다. 합일合一의 빵을 먹고난 후에야 그들은 "저희가 서로 말하되 길에서 우리에게 말씀하시고 우리에게 **신성한 글을 풀어주실 때에** 우리 속에서 마음이 뜨겁지 아니하더냐?"(눅 24:32)라며 기뻐한다.

이 장면에서 우리는 예수의 의미에 대한 묵상 속에서 초기 믿는 자들의 모임이 시도했던 예술적 해석을 엿볼 수 있다. 즉 제자들이 설교와 기도, 성찬과 찬양을 통해 예수가 유대인들의 희망을 성취시켰다는 것을 적절히 되새기고 있음을 알 수 있다. 이러한 모임들 속에서 복음서는 서서히 그 내용을 갖추어갔던 것이다.

입으로 전해지던 예수의 말과 행동에 대한 기억들은 몇 번이고 되풀이되며 신성한 글의 관점으로 변환되었다. 이러한 과정을 통해 예수에 대한 기억들은 단순히 '어느 모임에 어떤 기억이 존재하는가'가 아니라, '그러한 기억들이 어떻게 이해되어야 하는가'라는 관점에서 면밀히 걸러지고 정리되었던 것이다.

복음서에 수록될 내용은 예수의 수난과 부활을 기대하도록 만들고, 유대의 역사와 숙명 그리고 유산을 되돌아보게 하는 두 가지 원칙에 따라 결정되었다. 주된 관심사는 '예수가 어디를 향해 나아가고 있었던가(죽음과 영광)' 와 '어디에서 비롯되었는가(전체 유대인에게 주어진 약속의 진전)' 였다.

마가의 복음서는 예수의 수난 시기 이전부터 기록을 남기기 위해, 마지막 예언자인 세례 요한이 메시아의 전조前兆로서 엘리야의 역할을 수행하는, 예수의 세례 장면으로 돌아가 이야기를 시작한다 (막 9:11-13). 예수의 탄생을 이야기하는 두 편의 복음서는 신성한 역사와 연결시키기 위해 시점을 더 과거로 옮겨간다. 즉 마태는 소년 예수가 이집트로부터의 엑소더스를 재현하도록 구성하고, 누가는 소년 예수가 성전에서 성직자다운 소망을 성취하도록 만든다. 요한의 복음서는 예수의 탄생도 훌쩍 뛰어넘어, 신성한 글에 따라 말씀이 하나님의 지혜로 여겨지는 더 먼 과거로 돌아간다. 기록되는 모든 것들은 신성한 역사의 전체 속에 예수를 '위치시키기 위한' 시도인 것이다.

그렇다면 복음서란 무엇일까? 그동안 복음서의 장르는 빈번한 논쟁거리가 되어왔다. 복음서는 전기傳記가 아니며 역사서도 아니고 학술논문 또한 아니다. 복음서의 형태는 그것의 쓰임새에 따라 결정되었으며, 초기 신자들의 삶과 기억과 기도에서 차지하는 위치에 따라 결정되었다. 복음서는 그 자체로 기도의 한 형태인 것이다.

예수는 전기傳記로 시작되어 교의教義로 마무리되었다고 얘기하던 때도 있었지만, 지금 우리는 그 반대의 경우가 진실임을 알고 있다. 예수는 자신과 마주쳤던 바울이 전해주었던 그대로—고린도전서 11장 23~26절, 15장 3~4절, 갈라디아서 3장 26~28절, 빌립보서 2장 5~11절을 통해 우리에게 처음으로 제시되었던 성찬 신앙고백과 복음 전도, 세례 찬송 그리고 예수의 신성에 대한 찬송 속에서—교회에서 의 삶을 시작한다. 이러한 내용들은 부활 직후의 예수를 알게 되고, 믿게 되었던 가장 초기의 기록들이다. 이 기록들은 예수의 신성에 대 한 믿음인 '고등 그리스도론high Christology'으로 시작한다. 전기적 傳記的인 기억들은 훗날 복음서들이 작성되기 시작할 무렵에 적절하 게 조정되었다. 전기적인 기억들은 처음부터 존재하고 있었지만, 예 수에 관한 가장 중요한 사실에 부합될 때에만—부활이 바로 그가 메 시아임을 증명했다는—기록으로 정리되었다. 그리고 이런 사실을 납 득시키기 위해 신성한 글에 지속적으로 의존해야만 했다.

신성한 글이 기독교의 설교와 성찬식의 구성 원칙이라는 증거는 초기 기독교 미술작품들에서 그 예를 찾아볼 수 있다. 1세기 초반의 카타콤과 영묘靈廟를 장식한 미술 양식이, 처음에는 거의 대부분 현 재 우리가 신약성서라 부르는 것이 아닌 유대의 신성한 글에 근거하 고 있다는 것에 놀라워하는 비평가들도 있다. 아브라함과 모세, 노 아, 요나, 불 속에 던져진 세 친구, 다니엘, 족장 요셉, 욥과 같은 인물 들이 인기 있는 등장인물이었다.[2]

"초기 기독교 미술은 상당 기간 동안 이 분야를 점령하고 지배했다고 할 수 있을 정도로, 이러한 구약성서의 인물들로 넘쳐났다."[3] 초기의 신자들은 예수의 부활을 그림으로 묘사하지 않았다. 그들은 예수가 부활한 것을 알고 있었으며, 그들과 그들의 친구들은 부활한 예수를 보았다(초기의 기록인 고린도전서 15장 6절에 따르면 당시 500명 이상의 사람들이 직접 확인했다).

이러한 사실은 무엇을 **의미**하는 것일까? 그것은 큰 물고기의 뱃속에서 사흘 후에 살아 돌아온 요나의 '표적'을 성취하는 것이었다 (마 12:39-41). 이와 동일한 방식으로, 세례의 의미는 모세가 바위에서 물을 샘솟게 했던 것에서 전해진 것이다.[4] 신성한 글은 예수에 관한 전기적인 사실을 확립하기 위한 '증거 자료'로 활용되지는 않는다. 믿는 자들은 예수의 삶과 관련된 사실들을 알고 있으며 또 믿고 있다. 하지만 신성한 글의 맥락을 벗어나 그 삶의 의미를 읽어내는 것은 불가능하다.

이러한 사실의 중요성은 권위 있는 복음서들이 지닌 규범적인 형식에 의해 확립된 것이다. 그 규범은 신성한 글에 맞서거나, 그것을 대체하기 위해 정립된 것이 아니었다. 그것은 방어적인 움직임이었다. 복음서는 신성한 글에 대한 주석註釋이나 그것의 속편(연장선상에 있는)이었다. 복음서들이 후대의 사용법에 의해 신성한 글과 분리돼버린 것은 불행한 일이다. 가능하다면 우리는 '구약성서'와 '신약성서'라는 용어를 피해야 한다.

그렇다면 애초에 왜 이러한 규범이 정립되었던 것일까? 그것은 **유대의 신성한 글을 더럽히는** 신비주의적인 이단의 글들과 신뢰할 수 있는 책들을 구별하기 위한 것이었다. 영지주의자들은 창세기의 야훼Yahweh를 사악한 세상을 창조한 얄다보쓰Yaldaboath로 취급했다.[5] 규범은 유대의 신성한 글을 대체하기 위해서가 아니라, 그것을 공격하는 것들로부터 지켜내기 위해 만들어진 것이다.[6] 영지주의 복음서들은 부활을 위해 필요한 예수의 실질적인 죽음이라는(예를 들어, 빌립보서 68장) 케리그마[7]의 부분들도 역시 부정하거나 훼손했다. 이들은 숭고한 영적 권위라는 명목으로 인간적인 진실을 반대한 것이다. 그것은 유대인들의 '천박한' 미신에 대한 반대의 일부분이었다.

　　요즈음에도 영지주의[8]가 유행하지만, 영지주의자들은 엘리트로서 거드름을 피우는 속물집단이었다. 정전正典으로 인정된 네 편의 복음서는 더 복합적이며 도전적인 통찰력을 창조해냈다. 하나님의 섭리에 따른 성령에 대한 지침이면서 동시에 초기 교회가 품고 있던 공통적인 견해에 대한 증거인 네 복음서는 그것들을 없애버리려는 사람들에게 저항하며 지켜져왔던 것이다. 그러므로 '신령감응'이라는 용어는 정전으로 인정된 작품들에 적용될 때에만 비로소 진정한 의미를 갖게 되는 것이다.

　　복음서란 무엇일까? 그것은 신성한 글에 기록되어 있는 신성한 역사의 관점에서 바라본 예수의 의미에 대한 묵상이다. 이 묵상은 공동의 행위로서, 부분적으로는 초기의 성찬식에서 생겨났으며 부분적으로는 성찬식에서 사용하기 위해 많은 기독교인들의 설교와 기도를 통합한 것이었다. 그것은 복음서 저자들이 처해 있던 특별한 상황들에, 줄곧 전해져오고 있던 신성한 역사를 적용하는 것이다. 복음서들은 예수의 생애에 일어났던 과거의 사건은 물론, 예수가 자기 공동체의 구성원들과 함께 겪었던 삶을 반영하고 있는 것이다.

그리스도의 신비한 몸으로서의 공동체라는 개념은 최근에 개발된 것이 아니다. 바울이 1세기의 40~50년대에 호소할 수 있었던 것처럼, 그것은 합의를 통해 정착된 관점이었다: "몸은 하나이지만 많은 지체가 있고, 몸의 지체는 많지만 그들이 모두 한 몸이듯이, 그리스도도 그러하십니다. …… 여러분은 그리스도의 몸이요, 따로따로는 지체들입니다"(고전 12:12-14, 18). 이러한 믿음은 바울이 인용한 초기 세례 찬송가에 나타난다.

여러분은 모두 세례를 받아 그리스도와 하나가 되고 그리스도를 옷으로 입은 사람들이기 때문입니다. 유대 사람도 그리스 사람도 없으며, 종도 자유인도 없으며, 남자도 여자도 없습니다. 여러분 모두가 그리스도 예수 안에서 하나이기 때문입니다. (갈 3:26-28)

예수가 자신들의 공동체에 내재內在하고 있다는 의식에 따라, 구성원들은 '만약 지금 예수가 있다면 어떻게 말했을 것인가'는 묻지 않았다. 그 대신 늘 함께 있기 때문에, '예수가 지금 어떻게 말하고 있는가'를 물었던 것이다. 각각의 복음서가 신성한 글의 연속선상에 있었으므로, 예수의 삶은 지속적으로 그의 구성원들 사이에 생생히 살아 있는 것이다.

만약 공동체가 박해나 불신 혹은 고통을 겪고 있었다면, 그것은 바로 겟세마네와 골고다에서의 두려움과 제자들 사이의 분열을 알고 있었으며 배신을 당했던 예수가 겪는 고통이라는 사실로 인해 그들은 강한 힘을 얻을 수 있었다. 그러므로 복음서들은 박해 속에(마가), 가르침 속에(마태), 위로 속에(누가) 그리고 신비한 찬양 속에(요한) 예수가 존재하고 있다는 것을 찾아내려 했던 것이다.

물론 각 복음서에서 서로 다르게 강조하는 것들이 이것만은 아닐 것이다. 하지만 우선적으로 제자들이 경험했던 예수의 삶 속으로 들어가는 다양한 방법이라는 관점에서 복음서들을 살펴보는 것도 도움이 될 것이다.

그러므로 나는 마가복음은 고통받는 예수의 몸을, 마태복음은 가르침을 베푸는 예수의 몸을, 누가복음은 조화시키는 예수의 몸을, 요한복음은 신비한 예수의 몸을 기록한 책이라는 시각으로 이 글을 시작할 것이다. 우리는 복음서를 읽어가면서 개별적인 네 개의 모임들을 다시 한곳으로 모을 것이다. 우리는 그들이 어떻게 '영원히 존재하는 예수'라는 그들의 삶의 원칙에 집중했던가를 알게 될 것이다. 비록 복음서들은 전체로서 살아 있는 이 구세주에 대한 진실된 표현이지만, 우리는 각 모임에 참여하여 그들의 책을 읽는 것을 통해 그들만의 특별한 통찰력을 얻을 수 있게 될 것이다.

나의 목적은 모든 복음서의 개별적인 에피소드를 일일이 다 살펴보려는 것이 아니라 각각의 복음서가 지닌 목표와 체계 그리고 스타일을 밝혀보려는 것이다. 복음서는 저잣거리(koine)의 그리스어로 작성되었으며, 나는 전보문 같은 그 언어의 특징에 가깝도록 조잡한 접속사와 시제의 불일치 그리고 그 밖의 부적절한 요소까지 최대한 있는 그대로 번역하려 했다.

복음서 저자들은 이 무뚝뚝한 언어로 힘차면서도 순박한 웅변을 만들어내기 위해 노력했으며, 나는 각 저자들의 개인적인 접근 방법을 추적하기 위해 노력했다. 아름답게 치장된 대부분의 '영문판 성서'의 번역은, 평화롭고 이상적인 삶의 묘사나 높은 곳에서 내려온 일련의 계시들 혹은 교리적인 개론을 제공함으로써 심각한 오해를 불러일으킬 요소가 있다. 복음서는 온갖 분노와 희망과 탄원을 품고 살아온 기독교인들의 삶에서 전해진 것이다.

그들은 하나님의 약속으로써 예수를 간직하고, 예수의 진정한 의미와 그가 누구였던가를 면밀히 탐구하면서, 신성한 글을 통해 확신을 얻으려 했다. 그러므로 각각의 복음서들 그 자체는 공유하던 경험과 유대 경전에 대한 공동 탐구, 공동의 자기비판 그리고 간곡한 권유들로 이루어진 하나의 정교한 상징적 구조물이다.

마가복음과 같은 가장 평이한 복음서마저도 기독교인들의 고통과 희망, 신성한 지도자를 진심으로 따르며 박해받는 교회의 목소리, 예수와 각자의 내면에 있는 예수에게 도달하려는 구성원들을 다루고 있는 복잡한 문서인 것이다. 생존을 위해 분투하는 집단과 함께하는 것은 지극히 험난한 모험으로, 그다지 '경건한 행위'는 아니다. 우리는 현대의 교회와는 전혀 다르게 이 모임 속으로 들어가야만 한다. 그것은 동시에 존재하던 예언자들의 말과 찬송가들이 메아리가 되어 울려 퍼지던 말의 문화로 들어가는 것이며, 어떤 문서에 무엇이 쓰여 있는가보다 그 전승의 의미에 더 관심을 갖는 모임으로 들어가는 것이다.

그것은 일정 부분은 감추어져 있지만, 예수가 전혀 부재不在하지 않았던 세계로 들어서는 일이다. 그 세계로 되돌아가기 위해선, 현대의 독자들에게는 당시의 복음서들이 매우 낯설 것이므로 무엇보다 먼저 문자적인 선입관에서 벗어나야 한다는 것을 강조하고 싶다.

이제 외부로부터 그 내면에 도달하기 위해, 전혀 낯선 곳을 거쳐 지극히 신비로운 곳으로 여행을 떠날 것이다. 불가사의한 예수는 그 모습을 드러내기 전에 이미 복음서 안에 감추어져 있다.

| 주 |

1)* 유월절: 이스라엘 민족이 고대 이집트에서 탈출한 것을 기념하는 유대교의 축제
일이다. 이집트를 탈출하기 전날 밤 야훼는 이집트 각 가정의 장남을 죽였는데,
이스라엘 사람의 집에는 어린 양의 피를 문설주에 바르게 하여 그 표지가 있는 집
앞은 그냥 지나쳤다는 데서 유래한다.

2) Andre Grabar, *Christian Iconography: A Study of Its Origins*(Princeton
University Press, 1968), pp. 8-10. Walter Lowrie, *Art in the Early Church*, rev.
ed. (Harper &Row, 1947), pp. 40, 64-67. 실제로 예수가 카타콤 미술작품에 등장
하기 시작했을 때는, 주로 선한 목자로 묘사되었으며(Lowrie, pp. 42-43), 그러한
이미지 또한 유대의 신성한 글에서 기원한 것이다(수많은 것들 중에서 특히 사무
엘기하 5:2, 시편 78:70-71, 예레미야서 23:4, 스가랴서 13:7).

3) Pierre du Bourguet, S. J., '기독교 미술에 묘사된 최초의 성서 장면들' Paul M.
Blowers(편집자)의 *The Bible in Greek Christian Antiquity* (University of Notre
Dame Press, 1997), p. 300.

4) Angela Donati, *Pietro e Paolo: La storia, il culto, la memoria nei primi
secoli*(Electa, 2000), p 47. 또한 2B 322: "모세가 바위를 내려치자 그곳에서 샘물
이 솟아나왔다⋯⋯ 이러한 장면은 카타콤의 그림에 가장 자주 등장하는 구약성서
적 상징이다" 참조.

5) Kurt Rudolph, *Gnosis: The Nature & History of Gnosticism*, Robert McLachlan
Wilson 번역 (HarperSanFrancisco, 1987), pp. 73-78.

6) 신성한 글에 대한 이레나이우스의 방어는 암브로스와 아우구스티누스를 거쳐 그
이후의 전통으로 지속되었다.

7)* 케리그마kerygma: 예수를 통해 나타낸 하나님의 구원 행위인 복음을 선포하는
  것으로, 선포하는 행위와 선포된 내용 모두를 포함한다. 바울서신에 나타난 케리
  그마는 예언이 성취되었고 예수가 옴으로써 새 시대가 시작됐다는 것, 예수가 다
  윗의 후손에게서 태어났으며 성경대로 죽어 악한 시대에서 구원한다는 것, 예수
  는 무덤에 묻혔다가 성경대로 부활했다는 것 등이 있다.

8)* 영지주의靈智主義(Gnosticism): '영지주의에서는 예수를 믿음으로써 구원을 받
  는 것이 아니라 오직 영적인 인간만이 이들이 얻은 영지를 통해서 구원받을 수 있
  다' 고 주장한다. 그리고 예수는 인간의 형태를 취했을 뿐, 인간이 아니라는 가현
  설을 주장하며 예수의 인성을 부정한다.

Chapter 1

마가복음 : 예수의 고통받는 몸

마가복음은 네 복음서 중에서 가장 짧으며, 지난 수세기 동안 가장 경시되었던 복음서다.[1] 그리고 서로 '공통적인 관점'(그리스어 *synopsis*)을 지니고 있기 때문에 공관복음共觀福音이라 불리는 세 편의 복음서 중의 하나다. 세 복음서 중에서 마태복음이 전통적인 순서의 첫 번째 자리를 차지하고 있다. 마태복음은 마가복음보다 더 많은 내용을 담고 있으며, 그 내용의 구성이 마가와 누가의 것보다 더 짜임새가 있어 오랫동안 기초가 되는 공관복음으로 여겨져왔다.

아우구스티누스는 간단하게 마가복음은 마태복음의 '열심히 노력한 요약본'(*pedisequus et breviator*)[2]이라고 했다. 마치 일종의 성서적 신데렐라로서 마가복음의 변변찮은 위치는 초라한 겉모습으로 강조되곤 했다—마가의 그리스어는 다른 복음서 저자들이 사용했던 것보다 더 조잡하고 어색하다.[3] 따라서 그의 복음서가 초기 기독교 시대에 가장 적게 인용되었던 것은 놀랄 만한 일이 아니다.[4] 게다가 마치 상처를 입히고 모욕까지 주는 것처럼, 이 복음서에서 가장 빈번히 인용되는 부분 중 하나는 훗날 덧붙여진 부분이다(마지막 부분에 덧붙여진 12개 구절인 이른바 마가의 부록Markan Appendix).

교회의 전승에 가장 큰 영향을 주었던 마가복음의 몇 구절에 대해 현대의 성서비평가들이 아무도 마가가 작성했다고 인정하지 않으려는 것은 결코 작은 문제가 아니다. 루터의 글모음에서 마가에 대해 언급한 것 중 거의 4분의 1 분량이 가짜 끝맺음spurious ending에 속하는 구절들(16:9-20)이다. 루터의 『소교리문답Small Catechism』에서 차지하고 있는 비중 때문에 명성을 얻게 된 마가복음의 한 구절인 "믿고 세례를 받는 사람은 구원을 얻을 것이요, 믿지 않는 사람은 정죄를 받을 것이다"(16:16)는 가짜 끝맺음에서 인용된 것이다.[5]

하지만 이 신데렐라는, 다른 공관복음서인 마태복음과 누가복음이 마가복음을 인용하고 활용(그리고 수정)했지만, 그 자신은 다른 글에서 인용한 것이 없다고 알려지게 된 19세기에 이르러서야 유리구두를 신을 수 있게 되었다. 이러한 사실은 마가가 마태와 누가보다 시기적으로 앞서 있으며, 그가 작성한 것이 최초의 복음서이고, 다른 사람들이 활용할 수 있는 형식을 확립했다는 것을 의미한다.

이러한 사실이 밝혀진 이후로 마가의 복음서는 가장 많이 연구되는, 가장 영향력 있는 복음서가 되었다. 또한 내부의 분열과 갈등을 겪으며 박해받던 특정한 공동체를 대상으로 삼았던 흔적을 가장 잘 드러내 보여주는 공관복음이기도 하다. 마가의 복음서는, 유일하게 70년에 있었던 성전 파괴 이전에 작성된 또 다른 신약성서 문서인, 고통받고 있던 다섯 개의 모임에 보내는 바울의 편지와 함께 그와 같은 내용들을 전하고 있다.[6]

어쨌든 이러한 사실은 왜 최초의 복음서가 글로 남겨질 수 없었는지를 이해하는 데 도움이 된다. 바울이 수천 마일을 여행하면서 알게 된 수백 개의 모임들을 상대하던 방법은, 구술 문화에서는 당연한 의사소통 형식인 말[言]이었다.[7] 글쓰기는 어렵고도 드문 행위였다. 너무 어려웠기 때문에 '저자들'은 필경사들에게 구술했으며, 필경사들은 온 힘을 기울여 이것을 파피루스 두루마리에 문자로 남겼던 것이다. 이것이 바로 바울이 그 공동체에서 멀리 떨어져 있거나, 공동체 내부의 갈등에 그의 중재가 꼭 필요했던 두 가지 조건에 따라 오직 다섯 개의 공동체에게만 '편지를 썼던' 이유다.

마가 역시 이와 흡사한 상황에서, 박해받으며 혼란을 겪고 있는 자신의 공동체 구성원들을 깨닫게 하고, 결속시키고, 위로하기 위해 말로만 전하던 중요한 가르침들을 글로 남겼던 것이다. 동료들과 함께했던 토론과 성찬식에 반복되어 나타나는 그의 메시지는, 역경을 헤쳐 나가는 동안 언제나 예수가 자신들과 함께 있다는 것을 간직하기 위한 방법이었다.

| 주 |

1) 개별적인 복음서의 그리스어 본에 사용된 단어 수는 다음과 같은 순서이다.

마가 11,229 단어

요한 15,420 단어

마태 18,278 단어

누가 19,404 단어

Robert Morgenthaler, *Statistik des neutestamentlichen Wortschatzes* (Gotthelf Verlag, 1958), p. 166. 마가의 복음서는 본래 현재 우리가 알고 있는 것보다 더 짧았다. 마지막 12개의 구절은 본래의 사본에 두 번에 걸쳐 추가된 것이며, 본래의 문체와는 다른 스타일로 작성되어 있다.

2) Augustine, *The Consistency of the Gospel Writers* 1.4.

3) 마가의 언어가 서투르다는 것은 John C. Meagher에 의해 집요하게 강조되었다. *Clumsy Construction in Mark's Gospel*, Toronto Studies in Theology, vol. 3 (Edwin Mellen Press, 1979), 그리고 Frans Neirynck, *Duality in Mark: Contributions to the Study of the Markan Redaction* (Leven University Press, 1972). 하지만 이 문제에 대한 것은 M 199, 202, 263, 334, 523, 595에서 자세히 해명해놓았다.

4) 초기 기독교 교부 시대의 인용문에 대한 색인에서 요한복음은 37쪽, 누가복음은 59쪽 그리고 마태복음은 69쪽인 것에 비해 마가복음은 그저 26쪽에서만 언급된다. Bruce M. Metzger, *The Canon of the New Testament: Its Orgin, Development, and Significance* (Oxford University Press, 1987), p. 262.

5) Donald H. Juel, *Master of Surprise: Mark Interpreted* (Fortress Press, 1994), p. 14.

6) 현재 바울은 7개의 진정서신을 작성한 것으로 인정되지만, 그중 하나는 개인적으로 개인 빌레몬에게 보낸 것이며, 두 개는 동일한 공동체(고린도)에 보낸 것이다.

7) 플라톤은 소크라테스가 '생명이 없는' 언어인 글과 '영혼을 담아' 소통할 수 있는 살아 있는 언어인 말을 대조한 것을 통해 구술 문화에 대한 관점을 제시했다 (*Phaedrus* 275-276).

1.
시리아에서
박해를 당하다

WHAT THE GOSPELS MEANT

마가의 복음서는 특정한 공동체 내에서, 공동체와 함께, 공동체를 위해 작성된 것이다. 그러므로 그 지역에 속하지 않는 사람들에게는 아무 의미도 없는 일들까지 언급되어 있다. 마태와 누가는 마가복음의 내용을 참조할 때, 그러한 내용들은 배제했다.

그러한 내용들 중 몇 가지는 지극히 특수한 상황에 대한 것이다. 예를 들어, 구레네의 시몬이 예수의 십자가를 어떻게 옮겼는지를 이야기할 때, 마가는 시몬이 '알렉산더와 루포의 아버지'라는 정보를 덧붙인다(15:21). 이 사람들은 분명 그의 공동체 내에서는 익숙한 사람들로, 그 모임의 구성원이거나 과거에 구성원이었던 사람일 것이다. 이와 마찬가지로, 예수가 겟세마네 동산에서 체포될 때 "어떤 젊은이가 맨몸에 홑이불을 두르고 예수를 따라가고 있었다. 그들이 그를 잡으려고 하니, 그는 홑이불을 버리고 맨몸으로 달아났다"(14:51-52)는 내용이 있다.

많은 학자들이 이처럼 두서없는 언급이 지닌 상징적 의미를 찾아내기 위해 노력했지만 성과는 없었다. 그러나 마가의 이야기를 직접 듣고 있던 사람들이 잘 알고 있던 특정한 사람에 대한 언급인 것만은 분명하다. 훗날 복음서 저자로 추가되기는 했지만, 마가라는 이름 또한 특정한 사람들만 알고 있었을 수도 있다.[1]

이와 같은 특정한 사실을 언급하는 것이 아니라 해도, 마태와 누가는 자신들이 이야기를 전달하려는 공동체에 별다른 의미가 없을 경우엔 그것을 배제했다. 따라서 예수의 형제자매들 그리고 그들 가족 간의 불화에 대한 마가의 유별난 관심, 두려움에 떠는 여성 제자들의 행동에 대한 언급 같은 것들은 배제되었다.

자신들의 지역과 관련된 내용들 중에서 마가의 복음서가 가장 중요하게 다루고 있는 것은 박해였다. 이러한 내용들은 마가의 청중들에게는 특별한 공감을 불러일으켰다. 마가는 비정상적이라 할 정도로 공통체의 고난에 철저하게 집중하고 있다. 이 복음서에서 예수는 제자들이 겪어야 할 일들을 무척이나 모진 말들로 설명한다.

"너희는 스스로 조심하여라. 사람들이 너희를 법정에 넘겨줄 것이며, 너희가 회당에서 매를 맞을 것이다. 또 너희는 나 때문에 총독들과 임금들 앞에 서게 되고, 그들에게 증언할 것이다. 먼저 복음이 모든 민족에게 전파되어야 한다. 사람들이 너희를 끌고 가서 넘겨줄 때에, 너희는 무슨 말을 할까 하고 미리 걱정하지 말아라. 무엇이든지 그 시각에 말할 것을 너희에게 지시하여 주시는 대로 말하여라. 말하는 이는 너희가 아니라 성령이시다. 형제가 형제를 죽음에 넘겨주고, 아버지가 자식을 또한 그렇게 하고, 자식이 부모를 거슬러 일어나서 부모를 죽일 것이다. 너희는 내 이름 때문에 모든 사람에게서 미움을 받을 것이다. 그러나 끝까지 견디는 사람은 구원을 받을 것이다." (13:9-13)

예수가 예언했던 일들이 마가의 공동체에서 실제로 일어나고 있었던 것이다. 마가는 예수의 다음과 같은 말을 통해 이러한 사실을 알려준다: "그날에 환난이 닥칠 것인데, 그런 환난은 하나님께서 세상을 창조하신 이래로 지금까지 없었고, 앞으로도 없을 것이다" (13:19).

이 구절은 종말의 시기에 겪게 될 마지막 '고난'에 대한 예언으로 자주 인용된다. 하지만 서투르게 삽입된 '지금까지(heos nyn)'와 수수께끼 같은 '앞으로도 [다시?] 없을' 이라는 표현은 글을 작성할 당시에 마가와 그의 동료들이 함께 겪고 있던 상황을 예수의 말씀에 적용시켰던 것임을 가리킨다(M 29).

주님의 고난들

예수가 제자들을 위해 예언하는 것들은, 먼저 예수 자신이 겪어야만 하는 일들일 것이다.

> "인자가 대제사장들과 율법학자들에게 넘어갈 것이다. 그들은 인자에게 사형을 선고하고, 이방 사람들에게 넘겨줄 것이다. 그리고 이방 사람들은 인자를 조롱하고 침 뱉고 채찍질하고 죽일 것이다. 그러나 그는 사흘 후에 살아날 것이다." (10:33-34)

예수는 자신의 제자들 중에서 형제가 형제를 배신하게 될 것이라고 말한다. 제일 먼저, 그 자신의 가족이 자신을 배신할 것이라 말한다. "예수의 가족들이, '예수가 미쳤다' 는 소문을 듣고서, 그를 붙잡으러 나섰다"(3:21). 예수의 고향 마을 사람들은 그가 분명 사기를 치고 있거나 사악한 짓을 하고 있는 것이라고 말한다.

"이 사람은 마리아의 아들 목수가 아닌가? 그는 야고보와 요셉과 유다와 시몬의 형이 아닌가? 또 그의 누이들은 모두 우리와 같이 여기에 살고 있지 않은가?" 그러면서 그들은 예수를 달갑지 않게 여겼다. 그래서 예수께서 그들에게 말씀하셨다. "예언자는 자기 고향과 **자기 친척과 자기 집** 밖에서는, 존경을 받지 않는 법이 없다." 예수께서는 다만 몇몇 병자에게 손을 얹어서 고쳐주신 것밖에는, 거기서는 아무 기적도 행하실 수 없었다. 그리고 그들이 믿지 않는 것에 놀라셨다. (6:3-6, 저자 강조)

예수는 만약 계시the Revelation를 방해받게 될 경우, 가족들과 인연을 끊어야 할 사람들의 본보기를 제시하고 있는 것이다.

그때에 예수의 어머니와 동생들이 찾아와 바깥에 서서는 사람을 들여보내어 예수를 불렀다. 무리가 예수 주위에 둘러앉아 있다가 그에게 말하였다. "보십시오. 선생님의 어머니와 동생들과 누이들이 바깥에서 선생님을 찾고 있습니다." 예수께서 그들에게 대답하셨다. "누가 내 어머니이며, 내 형제들이냐?" 그리고 주위에 둘러앉은 사람들을 둘러보시고 말씀하셨다. "보아라, 내 어머니와 내 형제자매들이다. 누구든지 하나님의 뜻을 행하는 사람이 곧 내 형제요 자매요 어머니다." (3:31-35)

마가는 이러한 가족의 불화를 그 자신의 공동체가 겪고 있던 박해와 연결시키기 위해, 베드로가 예수를 따르면 어떤 보상을 받게 되는지 묻는 장면에서 박해를 활용한 반어적인 답변을 내놓는다.

> 예수께서 말씀하셨다. "내가 진정으로 너희에게 말한다. 나를 위하여, 또 복음을 위하여 집이나 형제나 자매나 어머니나 아버지나 자녀나 논밭을 버린 사람은, 지금 이 세상에서는—**박해도 받겠지만**—집과 형제와 자매와 어머니와 자녀와 논밭을 백배나 받을 것이고, 오는 세상에서는 영원한 생명을 받을 것이다." (10:29-30, 저자 강조)

예수는 자신의 고난을 제자들의 고난과 연결시킨다. "나를 따라오려고 하는 사람은 자기를 부인하고 자기 십자가를 지고 나를 따라오너라"(8:34). "내가 마시는 잔을 너희가 마실 수 있겠느냐?"(10:38)

시련과 고문과 처형을 차분하게 견뎌내는 예수의 태도는, 도망친 베드로나 그 밖의 사람들과는 달리 앞으로 호된 시련을 겪게 될 제자들을 위한 본보기가 된다. 그는 "말씀 때문에 환난이나 박해가 일어나면 곧 걸려 넘어"지지 않도록 하기 위해(4:17), 계시에 뿌리내리는 사람들이 필요하다고 말하는 것이다.

분열된 공동체

마가는 외부에서 비롯된 박해뿐 아니라 내부의 이탈과 배신에 대해서도 언급한다. 주님에게도 일어났듯이 형제가 형제를 배신하고 있었던 것이다. 복음서 저자들 중 오직 마가만이 예수의 누이들과 형제들에 대해 언급하며 네 형제의 이름도 밝힌다. 네 형제는 야고보, 요셉, 유다, 시몬으로[2] 예수와는 달리 그들의 이름은 족장의 이름을 따라 지은 것이다.

이들 중 가장 중요한 인물은 맏형인 야고보로, 그는 1세기 중반에 예루살렘의 모임을 관장했다(행 21:18). '야고보Jacob'는 신약성서 영역본에서 통상적으로 '제임스James'로 번역되는데, 이것은 세베대의 아들인 사도 야고보에게도 동일하게 적용된다. 하지만 유대 경전의 영역본에서는 '야고보Jacob'라는 형태를 유지하고 있다.[3]

우리는 예루살렘 공동체의 유대 율법 준수를 위한 야고보의 노력을 기억하기 위해서라도 예수의 형제인 그의 히브리어 이름을 사용해야만 한다. 야고보의 이런 노력은 바울과 갈등을 겪는 원인이 되었다(갈 2:12-14). 이런 갈등은 공동체 내부 분열의 원인으로서 마가의 공동체에 그 흔적이 남아 있었음이 분명하다. 이 복음서에 묘사되어 있는 제자들의 실패는 마가가 설교하고 있던 모임 내부의 문제점들을 드러내고 있는 것이다. 조엘 마커스Joel Marcus는 이렇게 말한다.

예수와 가족 간의 관계를 서술하고 있는 복음서들 중에서 마가의
표현이 가장 가혹한데, 그 이유를 따져보는 것은 흥미진진한 일이
다. 그들 간의 긴장된 관계에 대한 마가의 묘사는 어느 정도 역사
적 사실임이 분명하다. 즉 예수와 그의 가족들의 관계를 미심쩍
은 시각으로 설정해놓은 것으로 보아, 교회가 아무런 문제도 겪지
않고 세워졌다는 식의 묘사는 아닐 것이다. 더 나아가 요한복음 7
장 3절에서 예수의 형제들이 그를 믿지 않았다고 전하는 것은 이
러한 중심적인 관점을 뒷받침한다. 하지만 마가의 남다른 가혹한
표현은 여전히 설명될 필요가 있다. 널리 알려진 어느 학설에서
는 그 증거로서 예수의 가족이 70년 이전의 예루살렘 교회에 영
향력이 있었고, 예수의 형제인 제임스[원문 그대로]는 완고하게
율법을 준수하는 당파(토라당)와 긴밀하게 관련돼 있었으며 베드
로 또한 율법 준수파와 관계를 맺고 있었다(갈 2:11-14)는 것을 지
적한다. 그렇다면 예수의 가족이나 어쩌면 제자들마저도 율법을
엄수하는 예루살렘의 유대인 기독교 교회를 대표하여, 율법에서
자유로운 이방인 기독교의 옹호자인 마가와 투쟁을 벌이고 있던
중이었을 수도 있다. (M 279-280)

레이먼드 브라운도 이와 똑같은 방식으로 마가를 해석한다.

마가의 설교에는 고통받고 실패를 경험한 기독교인들이 당연히 포함될 수밖에 없었다는 것을 강하게 의심하는 사람들이 있다. 그의 복음서는 예수 자신도 그 잔을 들어 마시기를 원치 않았으며, 또한 그와 가장 가까운 제자들도 실패했다는 것을 밝히고 있기 때문에 고통받고 실패한 공동체들이 이 복음서에서 희망을 얻게 된다. 복음 전도자의 신학은 성령의 응답에 연결되어 있기 때문에, 간절히 그리스도를 따르려 하지만 평생 간직해야 할 십자가를 견뎌내기 어렵다는 것을 알게 된 사람들에게는 수난의 이야기가 특별한 의미를 갖게 된다. 즉, 이런 사람들은 때때로 두려움에 싸여 가슴 저 깊은 곳으로부터 "하나님, 하나님, 왜 나를 버리시나이까?"라고 물어야만 했기 때문이다(4B 28).

마커스는 베드로가 안디옥에서 바울과 불화를 겪을 당시에, 야고보와 관련이 있었다는 사실에 주목한다(M 279). 이 사실은 어쩌면 이 복음서에서 베드로를 왜 예수의 인척으로 취급하고 있는가에 대한 결정적인 설명이 될 수도 있을 것이다.

"베드로에 대한 마가의 묘사는 전반적으로 부정적이다"(M 24). 마가복음에서 예수는 베드로를 '악마'라고까지 부른다(8:33). 베드로는 다급하게 끼어들어 예수의 말을 바로잡으려 하고(14:31) 다른 모든 사람들이 예수를 배신해도 자기만큼은 절대로 그러지 않을 것이라고 떠벌린다(14:29). 우리는 그의 이런 자만심 가득한 태도가 어떻게 변하는지 이미 잘 알고 있다: "그러나 베드로는 저주하고 맹세하여 말하였다. '나는 당신들이 말하는 그 사람을 알지 못하오'" (14:71).

베드로에 대해 한결 더 호의적으로 다루고 있는 마태복음의 내용을 마가복음에서는 찾아볼 수 없다. 예를 들어, 예수가 베드로라 불리는 '반석' 위에 자신의 교회를 세울 것이라는(마 16:18) 내용이 없다. 마가복음에는 부활 이후의 출현이 없기 때문에 요한복음에서, 베드로가 "나의 양들을 먹일 것"(요 21:15-17)이라 했던 예수의 언급 또한 없다.

이러한 모든 것들은 파피아스Papias에 근거한, 마가가 베드로의 해석자였다는 주장과 상충하는 것이다.[4] 우리는 기독교의 분열이 베드로의 무리에서 비롯되었다고 알고 있다(고전 1:12). 마가의 공동체 안에도 분명 이와 똑같은 주장을 펼치는 반대론자들이 있었을 것이며, 따라서 마가는 예수의 가족들이 보였던 적대감을 강조했던 것처럼 베드로의 결점들도 지적하게 되었던 것이다.

박해는 어디에서 일어났을까?

만약 마가가 박해받고 있는 공동체를 위해 복음서를 작성했다면, 그 박해가 어디에서 일어나고 있는지를 암시하는 내용은 있을까? 마가의 복음서는 로마에서 작성됐다는 것이 기존의 견해였다. 하지만 이 것은 베드로가 마가에게 이 복음서를 구술했으며, 네로의 박해 때(64년) 베드로가 로마에서 죽었다는 견해에 근거한 것이었다. 만약 이 견해가 옳다면, 이 복음서는 베드로에 대해 그처럼 야박한 평가를 담고 있지는 않을 것이다. 더 나아가, 로마를 불태웠다는 명목으로 베드로와 바울을 살해했던 박해는 단기간에 벌어진 일이지 마가의 공동체가 겪고 있었던 것과 같은 지속적인 박해는 아니었다.

이 복음서는 설교를 듣고 있던 청중들의 곤경에 대해 어떻게 이야기하고 있을까? 그 구절은 이렇게 시작한다.

황폐하게 하는 가증스러운 물건이 서지 못할 곳에 선 것을 보거든, (읽는 사람들은 깨달아라) 그때에는 유대에 있는 사람들은 산으로 도망하여라. 지붕 위에 있는 사람은 내려오지도 말고, 무엇을 꺼내려고 제 집 안으로 들어가지도 말아라. 들에 있는 사람은 제 겉옷을 가지러 뒤로 돌아서지 말아라. 그날에는 아이 밴 여자

들과 젖먹이가 딸린 여자들은 불행하다. 이 일이 겨울에 일어나
지 않도록 기도하여라. …… 주님께서 그날들을 줄여주지 않으셨
다면, 구원받을 사람이 하나도 없을 것이다. 그러나 주님께서는,
주님이 뽑으신 선택받은 사람들을 위하여 그날들을 줄여주셨다.
(13:14-18, 20)

마가는 청중들 속에 있는, 자신의 이야기에 해당하는 사람들에게
경고하면서("읽는 사람들은 깨달아라!") 동시에 그들이 겪고 있는 시
련이 끝나게 될 것이라는 희망을 주고 있다(말 그대로, "중도에서 파
기되다").

황폐하게 하는 가증스러운 물건(*to bdelygma tēs erēmōseōs*)이란
무엇일까? 이 구절은 종종 70년에 있었던 로마인들에 의한 성전 파괴
를 언급하는 것이라 여겨져왔다. 하지만 이 구절 외에는 마가가 그
파괴의 상황을 알고 있는 것처럼 보이지 않으며, 누가복음 21장
20~21절의 "예루살렘이 군대에 포위당하는 것을 보거든 그 도성의
파멸이 가까이 온 줄 알아라. 그때에 유대에 있는 사람들은 산으로
도망하도록 하라"와 같이 직접적으로 언급하지도 않는다.

마가와 달리 누가는 최후의 예루살렘 포위 공격 이후에 벌어진
일들을 명확하게 기록하고 있다. 성전 내에 자신의 흉상을 세우라고
했던 칼리굴라의 협박을 언급하고 있는 것이라는 사람들도 있지만

(요세푸스, 『유대 고대사Antiquities』 18.8), 40년에 있었던 이 협박은 전혀 실현되지 않았으며 많은 사람들이 산으로 도망쳐야 하는 상황도 발생하지 않았다.

'황폐하게 하는 가증스러운 물건'이라는 구절은 다니엘서 11장 31절과 12장 11절에서 인용한 것으로, 안티오쿠스 에피파네스에 의해 성전이 파괴되었던 일을 묘사하는 것이다. 안티오쿠스 에피파네스는 기원전 168년에 희생제사를 지내는 성전 위로 이교도의 제단을 세워 "희생제사와 예물 드리는 일을 금하게" 했다(단 9:27).

이 사건은 로마인에 의해 성전이 완전히 파괴되었던 사건과 대비되는 것이 아니라, 유대전쟁을 확산시키는 계기가 되었던 67년의 열심당[5]원에 의한 성전 점령과 대비되는 사건이었다. 당시에 열심당원들은 성전이 파괴될 때까지 군대를 주둔시키고 있었다. 유대 역사학자인 요세푸스는 이들 열심당원들을 '강도들(lēstai, 『유대 전쟁사 Jewish War』 4.138)'이라고 불렀으며, 이것은 예수가 성전에서 자신들의 역할을 악용했던 사람들을 향해(막 11:17) 사용했던 용어이다.

조엘 마커스는 열심당원들이 67년과 그 이후에 보여주었던 이러한 행위야말로, 마가의 공동체로 하여금 머지않아 성전을 파괴하게 될 전쟁을 피해 시리아에 있는 '산으로 도망치도록' 만들었던 것이라는 주장을 설득력 있게 펼친다. 그 열심당원들은 132년에 바르 코크바Bar Kokhba의 지휘 아래 제2차 유대반란이 일어났을 때 그랬던 것처럼, 마가의 공동체를 박해하던 유대인들이었다.

박해받던 유대 지역의 기독교인들이 피신했던 가장 가까운 산은 시리아의 데가볼리에 있었으며, 바울이 활동하고 있던 이교도 지역 이었다. 마가는 예수가 이 지역으로 오기 위해 갈릴리 강을 건너 시 리아를 두 번 방문했다는 것을 밝힌다. 만약 그곳이 마가의 설교를 듣던 사람들이 박해를 피해 실제로 피신한 곳이라면, 예수가 그 지역 으로 방문했던 두 번 모두 그들에게는 개인적으로 값진 의미를 지닌 일이었을 것이며, 두 번의 방문에 대한 마가의 강조는 충분히 이해할 만한 사실이 된다.

예수의 첫 번째 시리아 방문

이교도 지역의 첫 번째 방문은 예수가 이교도들을 거두어들이는 것 을 겨자씨의 비유를 통해 설명하고 나서 얼마 지나지 않아 이루어졌 다. 겨자씨의 비유는, 처음에는 작지만 "공중의 새들이 그 그늘에 깃 들일 수 있는"(4:32) 무성한 숲으로 자란다는 것이다. 여러 나라들을 모으는 이러한 새들의 상징은 신성한 글에 자주 등장한다. 에스겔서 17장 23절에서 하나님은 백향목의 연한 가지를 꺾어 심으면 그것은 커다랗게 자라나, "**온갖** 새들이 그 나무에 깃들이고, 온갖 날짐승들이 그 가지 끝에서 보금자리를 만들 것이다"라고 한다.

에스겔서 31장 5~6절에서는 자만심으로 인해 몰락하기 전의 아시리아 제국을 레바논의 거대한 백향목이었다고 묘사한다.

흐르는 물이 넉넉하여 굵은 가지도 무수하게 많아지고,
가는 가지도 길게 뻗어나갔다.
너의 큰 가지 속에서는 **공중의 모든 새**가 보금자리를 만들었다.

다니엘서 4장 21절에서는 저주받기 전의 느부갓네살 왕을, 커다란 나무로서 "그 가지에는 하늘의 새들이 깃들었다"고 묘사한다. 그러므로 예수의 비유는 바로 그의 통치가 많은 나라들을 끌어모을 것이라 말하고 있는 것이다. 마가의 공동체는 겨자씨의 비유를 시리아의 이교도들과 연관지어 상기할 때마다, 신성한 글에 등장하는 이러한 구절들을 곰곰이 되새겨보았을 것이다.

예수가 갈릴리 강을 건너 시리아로 넘어올 때 겪었던 일들을 들었을 때, 그들은 두려움과 박해와 관련이 있는 또 다른 구절들을 생각해보았을 것이다. 거대한 폭풍우가 배를 뒤흔들 때, 제자들은 공포에 휩싸였지만 예수는 그런 소동 속에서도 평화롭게 잠을 자고 있었다. "제자들이 예수를 깨우며 말하였다. '선생님, 우리가 죽게 되었는데도, 아무렇지도 않으십니까?'"(4:38) 레위 사람들은 매일 시편 44편

23~24절을 암송해야 했기 때문에(그래서 그들은 깨우는 자Wakers라고 불린다), 이러한 울부짖음이 마가의 공동체에게는 익숙한 일이었을 것이다.

주님, 깨어나십시오. 어찌하여 주무시고 계십니까?
깨어나셔서, 영원히 나를 버리지 말아주십시오.
어찌하여 얼굴을 돌리십니까?
우리가 고난과 억압을 당하고 있음을, 어찌하여 잊으십니까?

"예수께서 일어나 바람을 꾸짖으시고, 바다더러 '고요하고, 잠잠하여라' 하고 말씀하셨다." 바다를 제어하는 것은 창세기 1장 9절에서 하나님이 바다를 물러나도록 하여 땅이 드러나게 했던 것과 같은 신성한 행위인 것이다.

물 위에 수평선을 만드시고,
빛과 어둠을 나누신다.
그분께서 **꾸짖으시면**,
하늘을 떠받치는 기둥이 흔들린다. (욥 26:10-11)

주님은 경계를 정리하여놓고 물이 거기를 넘지 못하게 하시며,

물이 되돌아와서 땅을 덮지 못하게 하십니다. (시 104:9)

내가 **꾸짖어서** 바다를 말리며, (사 50:2)

주님께서 홍해를 **꾸짖어** 바다를 말리시고
그들로 깊은 바다를 광야처럼 지나가게 하셨습니다. (시 106:9)

앞으로 밝혀지듯이 출애굽의 상징이 이 복음서 전체를 지배하고 있기 때문에 마지막 두 개의 인용문은 특별히 중요하다. 조엘 마커스는 폭풍우는 주로 박해, 전쟁 혹은 시험의 상징이라고 지적한다. (아우구스티누스는 시험에서 빠져나올 수 있도록 해달라는 기도를 드릴 때, 거품을 품고 있는 바다를 바닷가에서 소멸되도록 해달라고 기원한다; 『고백록Confessions』 2.3.) 바다에서 두려움을 표현하는 제자들은 박해를 받아 두려움에 떠는 마가의 공동체와 같으며, 그들의 부족한 믿음을 꾸짖는 것은 모세가 산상에 있을 때 믿음 없는 이스라엘 사람들 때문에 석판을 부숴버리는 것과 같은 일이다.

배 안에 있던 예수는 바람과 파도를 꾸짖었을 뿐만 아니라 '겁쟁이들'(*deiloi*)이라는 가혹한 말로 제자들을 무섭게 꾸짖었다. "겁쟁이들아, 아직도 믿음이 없느냐?" 제자들은 믿음이 부족하다는 이유로 예수에게 끊임없이 비판을 받는다(예수가 폭풍우 속에서도 두려움

없이 잠을 자는 것으로 보여주는 것과 같은 믿음).

또 다른 경우에, 제자들이 사막에서 (마치 예수가 양식을 제공할 수 없다는 듯이) 양식이 부족해 굶어죽을 것을 두려워하자, "너희의 마음이 그렇게도 무디어 있느냐? 눈이 있어도 보지 못하고, 귀가 있어도 듣지 못하느냐? 기억하지 못하느냐?"라고 말한다.

예수는 제자들을 많이 꾸짖었지만, 그들에게 했던 똑같은 꾸짖음으로 폭풍우를 잠잠하게 만들었기 때문에, 이번의 꾸짖음은 제자들에게 특별한 두려움을 심어주었다. "그들은 큰 두려움에 사로잡혀서 말하였다. '이분이 누구시기에, 바람과 바다까지도 그에게 복종하는가?'" 이러한 두려움은 그들이 폭풍우를 겪으며 느꼈던 것보다 훨씬 더 큰 것이었다. 그들은 하나님 자신이 그들과 동행하여 시리아를 향해 여행하고 있다는 무서운 기대에 직면하게 된 것이다.

시리아에 도착했을 때, 예수는 '멀리서' (5:6) 달려와 엎드린, 악한 귀신 들린 사람의 인사를 받는다. 이교도의 '더러운' 땅에 사는 이 사람은 모든 종류의 제사의식에 오염되어 고통을 겪고 있다. 무덤 사이에 살고 있으며, 전혀 통제할 수도 없는 그 사람은 자신을 묶고 있던 쇠사슬을 부수고, 이교도 지역에 발을 내딛는 그 순간에 예수에게 도전했던 것이다. "더없이 높으신 하나님의 아들 예수님, 나와 무슨 상관이 있습니까?" 그 악마들은 사막에서 그를 시험했던 것처럼 이 불결한 새로운 땅에 예수가 들어서지 못하도록 교묘하게 막는 것이다.

예수가 악마들을 향해 그 사람에게서 나가라고 위협하자, 자신들이 고향으로 삼고 있는 이 지역에 머물 수 있도록 해달라며 예수를 속이려 했다. 예수는 그들의 속임수를 허락하여 그 악마들을 산기슭의 돼지들 속으로 들어가도록 했지만, 그 돼지들은 내리달아 바다에 빠져 죽었다.

그 사람 속에 있던 악마들이 스스로 밝힌 이름에 의해 그곳이 외국 땅이라는 사실이 강조되고 있다. 그들 스스로 밝힌 '군대Legion'는 수천 명으로 이루어진 로마 군단을 가리키는 명칭이다. 더 나아가, 멧돼지는 팔레스타인에 주둔하고 있던 로마 병사들의 상징이었다(M 351).

예수는 성전의 영역 바깥에 있는 로마 제국의 일부분으로 한 걸음 더 나아갔으며, 그동안 치유해준 다른 사람들에게 했던 말과는 전혀 다른 말을 자신이 해방시켜준 사람에게 한다. 보통 예수는 자신이 치유해준 사람에게 그 사실에 대해 말하지 말라고 하지만(63쪽 '메시아의 비밀' 참조) 예수와 함께 유대로 돌아가기를 원했던 이 사람에게, 그는 그 이교도 지역에 머물러 있을 것을 명령한다: "네 집으로 가서 가족에게 주님께서 너에게 큰 은혜를 베푸셔서 너를 불쌍히 여겨주신 일을 이야기하여라"(5:19).

예수는 스스로를 주님이라 부르며 그 지역 내에서 이루어질 계시를 위한 발판으로 삼고 있는 것이다. 그럼에도 그 지역 사람들은 예수에게 떠나가줄 것을 간청한다. 그들은 이처럼 엄청난 투쟁에 휘말려들고 싶지 않았던 것이다. 그들은 예수 자신이 직접 행동했다는 것을 믿을 수가 없었으며, 예수가 악마로부터 힘을 받은 것이라고 생각했다. 예수가 구세주일 수는 없다고 여긴 것이, 마가의 공동체가 앞으로 시리아에서 극복해야 할 견해였다.

예수의 두 번째 시리아 방문

예수의 두 번째 방문이 마가의 사람들에게 주는 의미는 한층 더 무거운 것이었다. 예수는 갈릴리의 경계를 거쳐 두로 지역으로 건너갔다. 마커스는 갈릴리와 두로 사이에 적대감이 있었다는 사실을 지적하는데, 많은 사람이 굶주리고 있던 갈릴리에서 생산한 농산물을 두로에서 소비하고 있기 때문이었다.

이것이 바로 그곳에서 자기 딸을 치료해달라고 부탁하는 이교도 여인에게 건네는 예수의 말에 담긴 사회적 배경이다: "자녀들을 먼저 배불리 먹여야 한다. 자녀들이 먹을 빵을 집어서 개들에게 던져주는 것은 옳지 않다"(7:27). 자녀들은 유대인들이며, 개들은 이교도들인 것이다. 하지만 그 어머니는 이러한 비웃음을 진심어린 탄원으로 대

처한다: "주님, 그러나 상 아래에 있는 개들도 자녀들이 흘리는 부스러기는 얻어먹습니다"(7:28). 그러자 예수는 그녀에게 "네가 그렇게 말하니, 돌아가거라, 귀신이 네 딸에게서 나갔다"(7:29). 이것은 유대인들이 먼저 구원되며, 그리고 난 후에야 이교도들이 구원된다는 바울의 가르침에 대한 권위 있는 승인인 것이다.

예수는 이제 "두로 지역을 떠나, 시돈을 거쳐서, [시리아의] 데가볼리 지역 가운데를 지나" 마가 공동체 사람들의 영토를 가로질러 나아간다. 이곳에서 예수는 귀먹고 말 더듬는 사람을 만나, 손가락을 그의 귀에 넣고 자신의 손에 뱉은 침을 그의 혀에 대어 치료한다(7:33-35). 이것은 들을 수 있는 귀가 있지만 듣지 못하는 제자들을 향한 예수의 꾸짖음을 드러내는 것이다. 예수는 치료받은 남자에게 이 일을 말하지 말라고 하지만 남자가 이 사실을 그 이교도 지역에 더욱더 널리 퍼뜨리게 되어 사람들은 "그가 하시는 일은 모두 훌륭하다. 듣지 못하는 사람도 듣게 하시고, 말 못하는 사람도 말하게 하신다"(7:37)고 말하게 된다. 계시는 시리아에서 저항에 부딪히지만 또한 그곳에서 널리 퍼지기도 한다. 마가 공동체의 사람들은 그들의 지역에서 예수가 펼쳐 보인 계시 행위의 상속자들인 것이다.

1) 2세기까지는 복음서들을 특정한 작가의 것으로 여기는 일은 없었다. 세 편의 복음 서는 특별한 권위를 지닌 사람들—두 명의 사도(마태와 요한)와 바울의 동료였을 것으로 추정되는 한 명—의 작품으로 추정되었다. 복음서 저자인 마가가 사도행 전 12장 12절의 '요한 마가'라고 하는 사람들도 있지만, 조엘 마커스는 이 인물은 그 비중이 너무 작아 그로부터 중요한 전승이 전해질 수는 없었을 것이라고 주장 한다(M1 18). 그는 이 복음서에 등장하는 공동체를 이끌던 마가라는 사람에 대한 기억들이 있었을 것이며, 이로 인해 그의 작품으로 여겨졌을 것이라고 추측한다.

2) 기독교인들이 예수에게 형제자매가 있었다는 것을 부정하려고 애쓰는 것은, '동 정녀 탄생'을 신학적이 아닌 생물학적 논거로 생각하기 때문이다.

3) 그리스어인 *Iakobos*와 라틴어인 *Iacobus*가 스페인어에서는 *Iago*와 *San Diego* 로, 영어에서는 *Jacob*과 *James*로 전이된 기묘한 언어학적 변천에는 후대의 기독 교 역사가 너무 많이 개입돼 있어 신약성서를 번역하는 데 도움이 되지 않는다.

4) 시대에 뒤떨어진 성서 석의釋義학자들은, 베드로가 겸손하여 자기 자신에게 불리 한 정보를 전했을 것이라며, 마가가 베드로의 해석자였다는 파피아스의 주장을 지키기 위해 노력했다. 하지만 일부 기독교인들은 물론 바울마저도 베드로를 비 판하던 시기에, 베드로 스스로 자신이 공격당할 빌미를 더 많이 제공했다고 생각 할 수는 없을 것이다.

5)* 열심당: 젤로트당이라고도 하는데, '젤로테스'란 그리스어로 '열심인 사람'을 뜻한다. 이스라엘을 다스릴 수 있는 자는 오직 다윗의 후손 메시아밖에 없다고 주 장하며 로마에 대항했다. 이들은 로마 제국의 유대인 지배를 뒤엎기 위해 직접적 인 폭력이나 무력을 사용한 열광적이고 민족주의적인 색채가 강한 집단이었다.

유대인 역사가 요세푸스는 이들을 제1차 유대반란을 선동한 폭도라고 규정했다.
예수의 열두 제자 가운데 시몬이 열심당원이다.

메시아의 징후들

마가의 투박한 그리스어 그리고 절과 절의 단순한 연결법(parataxis) 때문에, 그에 대해 자신의 글은 전혀 덧붙이지 못하고 이미 존재하던 소재들을 솜씨 없이 서투르게 모아놓은 사람이라고 평가하던 때가 있었다. 그 당시에는 모든 복음서들이 바울 서신 이전에 이미 존재하고 있었으며, 신학적 뉘앙스는 전혀 없이 교리보다는 전기적인 내용을 담고 있는 것이라고 추정하고 있었다. 공관복음서 저자들이 기록으로 남긴 갈릴리 출신의 어느 꾸밈없는 순회설교자의 이야기에, 바울과 요한이 (예수에게 신성을 부여하는) '고등 그리스도론' 을 부여했을 것이라고 생각했던 것이다.

하지만 지금 우리는 바울의 서신이 복음서보다 먼저 작성되었으며, 바울이 그 편지들을 작성하기 전에 기독교 사회에는 이미 고등 그리스도론이 존재하고 있었다는 사실을 알고 있다. 바울은 세례 형식과 믿음의 표현 그리고 최고의 가치를 지닌 찬송가들을 인용했다. 다음은 빌립보 사람들에게 보낸 편지에 수록된 찬송가이다(2:6-11).

하나님의 모습을 지니셨으나,
　하나님과 동등함을 당연하게 생각하지 않으시고,
오히려 자기를 비워서 종의 모습을 취하시고,
　사람과 같이 되셨습니다.
그는 사람의 모양으로 나타나셔서 자기를 낮추시고,
　죽기까지 순종하셨으니, 곧 십자가에 죽기까지 하셨습니다.

그러므로 하나님께서는 그를 지극히 높이시고,
　모든 이름 위에 뛰어난 이름을 그에게 주셨습니다.
그리하여 하늘과 땅 위와 땅 아래 있는 모든 것들이
　예수의 이름 앞에 무릎을 꿇고
모두가 예수 그리스도는 주님이시라고 고백하여
　하나님 아버지께 영광을 돌리게 하셨습니다.

각각 세 개의 마디로 대구를 이루고 있는 두 개의 연聯은 바울이 전승으로부터 받아들여(고전 15:3-4) 간직하고 있던 확고한 교의教義를 반복하여 전하고 있는 것이다.

그리스도께서 성경대로 우리 죄를 위하여
죽으셨다는 것과,
무덤에 묻히셨다는 것과,
성경대로 사흗날에 살아나셨다는 것입니다.

그렇다면 마가가 자신의 복음서 전체에서, 실제로 예수가 메시아이며 신성한 권능을 지니고 있었음을 강조하는 것은 전혀 놀라운 일이 아니다. 우리는 이미 예수가 창세기의 하나님처럼 바다를 제어한다는 것을 확인했다. 이 복음서는 메시아의 사자使者인 세례 요한이 메시아를 기대하게 만드는 장면으로부터 시작한다(1:2-11).

요한은 스스로 이렇게 말한다. "나보다 더 능력이 있는 이가 내 뒤에 오십니다. 나는 몸을 굽혀서 그의 신발 끈을 풀 자격조차 없습니다"(1:7). 예수는 세례를 받자마자 그 즉시 메시아로 확인된다: "예수께서 물속에서 막 올라오시는데, 하늘이 갈라지고 성령이 비둘기 같이 자신에게 내려오는 것을 보셨다"(1:10).

물 위로 내려오는 비둘기는 천지를 창조하실 때 성령이 물 위에 움직이고 있는 것을(창 1:2) 떠올리게 한다. 예수는 메시아로서 새로운 창조의 질서를 개시하고 있는 것이다. 하늘이 갈라지는 것은 이사야서 64장 1절에서와 마찬가지로 내세론적 전조를 의미한다: "주님께서 하늘을 가르고 내려오시면, 산들이 주님 앞에서 떨 것입니다". 하늘로부터 들려오는 "너는 내 사랑하는 아들이다. 내가 너를 좋아한다"는 신성한 목소리는, 시편 2편 7절의 "너는 내 아들", 이사야서 42장 1절의 "내가 택한 사람, 내가 마음으로 기뻐하는 사람"이라는 구절이 그대로 되풀이되어 나타나는 것이다.

마가는 마태와 달리 보통 자신이 인용하는 구절의 출처가 유대경전이라는 것을 명확히 언급하지는 않는다. 자신이 언급하는 것을 청중들이 알고 있을 것이라고 가정하고 있는 것이다. 예수가 유대의 전체 역사와 율법 그리고 예언의 성취라는 것은, 이교도들의 사자使者인 바울이 설교했으므로 자연스러운 일이다. 형제들은(마가 시대의 기독교도들) 유대인 회당에서 사역을 시작했으며, 여러 지역에서 서서히 쫓겨나게 될 때까지 그곳에서 활동을 지속했다.

예수는 유대 회당에서 가르침을 베풀었으며, 바울은 그런 의식을 지속적으로 이어갔다. 그 시기에는 기독교라는 독립적으로 분리된 종교는 없었다. 형제들은 예수를 메시아로 받아들인 유대인들이었다. 이교도들이 이 메시아를 받아들이게 되었을 때, 예수는 유대인의 기대와 예언의 성취로서 그들에게 설교되었으며 바울은 그것을 또 다시 증명했던 것이다.

일부 주석가들이 추정하는 것과는 달리, 유대인과 이교도들에게 서로 다른 예수가 제시되었던 것은 아니다. 형제들은 예수의 일생에 대해 묵상할 때, 유대인의 숙명이라는 맥락에서 바라보았다. 그들의 눈에는 오직 하나의 성서만이 있었던 것이다. 신성한 글에서 따로 떼어내 인용한 구절들은 단순히 무언가를 해명하기 위한 목적의 '증거용 원문'이 아니다. 그것들은 예수가 메시아라는 믿음의 총체적인 매트릭스(모체)의 일부분인 것이다.

세례 이후에 있었던 마가복음의 에피소드에서 그러한 사실을 확인할 수 있다: "그리고 곧 성령이 예수를 광야로 내보내셨"으며 그곳에서 "그는 들짐승들과 함께 지냈다"(1:12-13). 태초에 최초의 짐승들과 최초의 남자와 여자가 살고 있을 때 사탄이 다가가 남자와 여자를 시험했던 것처럼, 사탄은 예수를 시험하기 위해 다가갔다. 최초의 인간들은 그 시험을 이겨내지 못했지만 예수는 극복했으며, 이로 인해 타락한 인류의 전체 행로는 위대한 반전을 시작하게 된 것이다.

예수의 메시아적 의미는 마가가 전하는 이야기들의 모든 국면에 드러나 있다. 예를 들어, 다음과 같은 열두 제자의 선택이 그렇다.

예수께서 산에 올라가셔서 원하시는 사람들을 부르시니, 그들이 예수께로 나아왔다. 예수께서 열둘을 세우시고 그들을 또한 사도라고 이름하셨다. 이것은 예수께서 그들을 자기와 함께 있게 하시고, 또 그들을 내보내어서 말씀을 전파하게 하시며, 귀신을 쫓아내는 권능을 가지게 하시려는 것이었다. 예수께서 열둘을 임명하셨는데……. (3:13-16)

"산에 올라가셔서"라는 구절은 모세가 시내 산으로 올라갈 때 반복적으로 사용된 것이다. 출애굽기 24장에서, 모세는 지도자들에게 자신을 따라 산에 오르게 한 다음 열두 지파의 상징으로서 열두 개의 신성한 기둥을 세운다. 예수에게 열두 제자를 지명하도록 한 것은 잃어버린 열 개 지파의 복원에 대한 내세론적 예고로서, 그들은 종말의 시기에 다른 두 지파와 하나가 될 것이다. 그것이 바로 완전한 계시가 전도되고 모든 악마들이 쫓겨나는 때이다—바로 이 임무를 수행하기 위해 예수는 자신의 열두 제자를 바쳤던 것이다.

새로운 엑소더스

모태신앙이든 믿음을 갖게 된 이교도이든 관계없이, 예수를 따르는 사람들은 끊임없이 자신들이 종교적으로 얼마나 유대인다운지에 대해 깊이 생각했다. 이러한 묵상의 통상적인 주제는 그들 자신을 해방시켜줄 엑소더스를 찬양하는 것이었다. 모세가 온갖 유혹(시험)과 변절에도 불구하고 이스라엘 사람들을 파라오에게서 구해내고 그들을 광야로 이끌었던 것처럼 예수 또한 그들을 새로운 하늘나라의 세계로 이끌었던 것이다.

이것은 예수가 새로운 광야에서, 만나라는 불가사의한 빵의 기적을 재현하며 5천 명을 먹인 방법에서 분명히 드러난다. 예수는 외딴 곳으로 물러나 있었지만 많은 사람들이 그를 따라왔다(6:31-34). "그들이 마치 목자 없는 양과 같으므로, 그들을 불쌍히 여기셨다"(6:34). 이것은 민수기 27장 17절에 등장하는 모세의 기도를 떠올리게 한다. "주님의 회중이 목자 없는 양떼처럼 되지 않도록 하여주십시오". "날도 이미 저물었으므로"(유월절 예식에서 그러는 것처럼) 제자들은 외딴 곳으로 몰려온 많은 사람들이 굶주리게 될 것을 두려워했다.

예수가 제자들에게 그곳에 있는 음식을 모아오라고 말하지만, 빵 다섯 개와 물고기 두 마리밖에 없었다. 빵 다섯 개는 모세의 다섯 권의 책, 즉 모세오경을 떠올리게 한다. 율법의 말씀은 양식이 될 수 있는 것이라고 생각하기 때문이다. 물고기 두 마리는 율법이 새겨진 두 개의 석판을 말하는 것이다.

예수는 엄청난 군중을 "모두 떼를 지어 푸른 풀밭에 앉게 하셨다. 그들을 백 명씩 또는 쉰 명씩 떼를 지어"(6:39-40) 앉도록 했다. 이것은 엑소더스 당시에 모세가 사람들을 "천부장과 백부장과 오십부장과 십부장으로"(출 18:21) 나누었던 것을 떠올리게 한다. 이것은 각각의 열두 지파를 구성하던 단위였다(신 1:15). 예수가 가까운 추종자들 중에서 열두 명을 선택했듯이, 사람들을 먹이고 난 후에 남은 음식은 열두 광주리에 가득 찼다(6:43). 이러한 넘침은 예수가 가나에서 100갤런의 물을 포도주로 만들었던 것처럼, 내세론적 충만함을 나타내는 것이다.

이런 모든 언급들은 하나님의 마지막 왕국인 새로운 예루살렘에서 넘쳐나는 기쁨을 누릴 것임을 나타낸다.[1] 예수가 기도하며 축복을 내리고 빵을 떼어내 제자들을 통해 수천 명에게 나누어주는 광경은, 엑소더스의 시대로 돌아가는 것만큼이나 성찬식을 기대하도록 만드는 것이다.

제자들에게 갈릴리 바다를 건너가도록 재촉한 후, 예수는 이 엑소더스의 현장을 떠나 기도를 드리기 위해 곧바로 산으로 올라간다. 이른 아침 휘몰아친 거센 폭풍우 속에서 배를 조정하기 위해 노를 젓느라 몹시 애를 쓰고 있던 제자들은 믿음을 잃고 있었다. 마치 모세가 산 위에 있을 때, 이스라엘 사람들이 하나님에 대한 믿음을 저버리고 금송아지에 호소했던 일과 같다.

이른 새벽에 예수께서 바다 위를 걸어서 그들에게로 가시다가, 그들을 지나쳐 가려고 하셨다. 제자들은 예수께서 바다 위로 걸어 오시는 것을 보고, 유령이라고 생각하고 소리쳤다. 그들이 모두 놀랐기 때문이다. 그러나 예수께서 곧 그들에게 말씀하셨다. "안심하여라. 나다." (6:48-50)

우리는 엠마오를 향해 걸어가던 제자들의 이야기에서 예수가 제자들을 "지나쳐 가려던" 것이 하나님의 실재實在를 상징하는 것임을 알고 있다. 조엘 마커스는 이러한 본보기에 근거한 또 다른 성경 구절을 인용하여, "동사 *parelthein*('지나가다, 지나쳐 가다')은 신의 공현公顯을 표현하기 위한 거의 기술적인 용어가 되었다"는 것을 증명한다(M 426). 마가복음의 전체적인 전개를 엑소더스의 양식이라고 가정한다면, "안심하여라. 나다"라는 예수의 말에 관심을 기울여야 한다. 이것은 출애굽기 3장 13~14절에서 사용되었던 신의 직함인 것이다.

모세가 하나님께 아뢰었다. "제가 이스라엘 자손에게 가서 '너희 조상의 하나님께서 나를 너희에게 보내셨다'고 말하면, 그들이 저에게 '그의 이름이 무엇이냐?' 하고 물을 텐데, 제가 그들에게 무엇이라고 대답해야 합니까?" 하나님이 모세에게 대답하셨다. "나는 곧 나다. 너는 이스라엘 자손에게 이르기를, '나'라고 하는 분이 너를 그들에게 보냈다고 하여라."

이것보다 더 '고등한 그리스도론'은 있을 수 없다. 사실 이 한 구절 때문에 우리는 예수가 대제사장에게 조사를 받을 때 "나다"라고 한 대답의 중요성을 더욱 깊게 생각해야 한다. 예수에게 불리한 증인들이 서로 들어맞지 않는 증언들을 제시할 때, 대제사장은 그 전 과정을 단 한 가지의 설명을 요구하는 것으로 단축시키려 했다.

대제사장이 예수께 물었다. "그대는 찬양을 받으실 분의 아들 그리스도요?" 예수께서 말씀하셨다. "내가 바로 그요. 당신들은 인자가 전능하신 분의 오른쪽에 앉아 있는 것과, 하늘의 구름을 타고 오는 것을 보게 될 것이오." 대제사장은 자기 옷을 찢고 말하였다. "이제 우리에게 무슨 증인들이 더 필요하겠소? 여러분은 지금 하나님을 모독하는 말을 들었소!" (14:61-64)

대제사장의 이러한 반응은 당연한 것이었다고 말할 수도 있다. 그는 단순한 도덕 교사이며 '온순하고 부드러운 예수'를 말하는 사람들보다 훨씬 더 진실에 가까이 다가서 있는 사람이다. 체스터턴은 『영원한 사람The Everlasting Man』에서 이렇게 표현한다.

떠돌아다니던 목수의 도제가 나지막하고 무심하게 어깨 너머를 바라보며 '아브라함이 있기 전부터 내가 있었다'고 했던 말 속엔, 풀잎이 곧 시들고 하늘의 새들이 죽어 땅에 떨어질 것을 예측할 수 있는, 순박한 감수성을 갖춘 평범한 사람들의 놀라운 지혜보다 더 많은 지혜가 담겨 있었다.

예수가 펼쳤던 주장을 제기하는 자들은 누구나 저항을 겪게 될 것이며, 이것이 바로 마가복음에 기록된 박해의 진정한 이유인 것이다. 예수의 신비한 몸의 일원으로서, 자신들이 제기하는 주장의 불경함으로 인해 다른 사람들의 분노를 유발하는 마가의 제자들 스스로가 메시아인 것이다.

왜 박해가 있었을까?

앞장에서는 마가복음에 나타난 박해의 특징과 그것이 어디에서 발생했는가를 논의했지만, 그 박해가 왜 일어났는지에 대해서는 따져보지 않았다. 박해의 근거는 무엇이었을까? 조엘 마커스는 마가가 제시한 고등 그리스도론 그 자체가 도발이었다고 지적한다. 60년대 후반에 예수의 제자들을 팔레스타인에서 쫓아냈던 열심당원들은 자신들이 추구하던 세속적인 통치와 같은 것들을 가져다주지 않는 메시아를 격렬하게 반대했다. 유대교의 중심인물들에게는 예수의 메시아적 주장이 매우 중요했다.

마가의 시대에 이 문제는 내분의 지속적인 원인이었으며, 그것은 공동체 바깥에 있던 사람들 때문만은 아니었다. 형제들 내부에서도 박해로 인한 압박 때문에 예수의 메시아적 주장을 저버리는 제자들이 있었다. 이 복음서에서 예수에게 꾸지람을 듣는 것으로 묘사된 제자들과 같은 인물들이 마가의 공동체 내에도 있었던 것이다.

이러한 상황을 파악하는 것은, 독자들을 자주 당황스럽게 만드는 마가복음의 특징 중 한 가지 즉, 자신이 치유한 자들에게 그것에 대해 발설하지 말라는 예수의 반복되는 명령에 대한 설명이 되기도 한다.[2] 또한 예수는 악마들에게 자신의 정체를 발설하지 말라고 명령하기도 한다. 예수는 한 가지 비밀을 굳게 지키고 있는 것이다. 왜 그럴까?

마가복음에 대한 가장 영향력 있는 해석 중의 하나는 20세기의 첫해에 정립되었다. 윌리엄 브레데는 자신의 저서 『메시아의 비밀 The Messianic Secret』(1901)을 통해 예수는 살아 있는 동안 메시아로서 인정받지 못했다고 주장한다. 브레데는 예수가 그것에 대해 발설하지 말 것을 사람들에게 '명령' 했다고 말하는 것으로 마가가 이 문제를 설명하려 했던 것이라고 주장한다.

이러한 주장은 사람들이 복음서가 여전히 예수의 일생에 대한 전기적인 사실을 다루려 했던 것이라는 생각을 품고 있는 동안에는 가장 훌륭한 해석으로 받아들여졌다. 하지만 이제, 그 '비밀'은 마가의 공동체 내에서 발생했던 어려움들을 반영한 것이라는 해석이 더 개연성이 있다.

마가의 사람들은 유대인이든 이교도든 상관없이 자신들을 반대하는 사람들이 자신들의 믿음 즉, 예수는 메시아이며, 하나님의 아들이며, 성스러운 대리자라는 것을 믿지 않는 현실에 직면해야 했다. 이것이 바로 박해의 원인이었다. 예수 자신이 불경스러운 주장을 펼친다는 이유로 자신의 친족들로부터 모함을 받았고, 처음으로 방문한 시리아에서 쫓겨났으며, 자신의 고향에서 수모를 당했듯이, 마가의 공동체에 속한 제자들은 그러한 주장들을 존중했기 때문에 박해를 받았던 것이다.

예수는 이러한 비밀을 마가복음의 중요한 비유를 통해 설명한다. 이것은 전혀 신비로워 보이지 않기 때문에, 그리고 예수가 그것을 납득시키기 위해 그처럼 길게 설명하고 있다는 것 때문에 신비롭다.

"잘 들어라. 씨를 뿌리는 사람이 씨를 뿌리러 나갔다. 그가 씨를 뿌리는데, 더러는 길가에 떨어지니 새들이 와서 그것을 쪼아 먹었다. 또 더러는 흙이 많지 않은 돌밭에 떨어지니 흙이 깊지 않으므

로 싹은 곧 나왔지만 해가 뜨자 타버리고 뿌리가 없어서 말라버렸
다. 또 더러는 가시덤불 속에 떨어지니 가시덤불이 자라 그 기운
을 막아버려서 열매를 맺지 못하였다. 그런데 더러는 좋은 땅에
떨어져서 싹이 나고 자라서 열매를 맺었다. 그리하여 삼십 배, 육
십 배, 백 배가 되었다." 예수께서 덧붙여서 말씀하셨다. "들을 귀
가 있는 사람은 들어라." (4:3-9)

마지막 문장은 제자들에게 과제로 부여된 것이지만, 그들은 이것
을 실천하는 데 어려움을 겪었다. 그들은 이 수수께끼에 당혹스러워
했다.

예수께서 혼자 계실 때에, 예수의 주위에 둘러 있는 사람들이 열
두 제자와 함께 그 비유들이 무슨 뜻인지를 예수께 물었다. 예수
께서 그들에게 말씀하셨다. "너희에게는 하나님 나라의 비밀을
맡겨주셨다. 그러나 저 바깥 사람들에게는 모든 것이 수수께끼로
들린다. 그것은 '그들이 보기는 보아도 알지 못하고, 듣기는 들어
도 깨닫지 못하게 하셔서, 그들이 돌아와서 용서를 받지 못하게
하시려는' 것이다." (4:10-12)

그리고 나서 예수는 수수께끼의 의미에 대해 명확하게 설명한다.

그리고 예수께서 그들에게 말씀하셨다. "너희가 이 비유를 알아듣지 못하면서 어떻게 모든 비유를 이해하겠느냐? 씨를 뿌리는 사람은 말씀을 뿌리는 것이다. 길가에 뿌려지는 것들이란 이런 사람들이다. 그들에게 말씀이 뿌려질 때에 그들이 말씀을 듣기는 하지만, 곧바로 사탄이 와서 그들에게 뿌려진 그 말씀을 빼앗아 간다. 돌밭에 뿌려지는 것들이란 이런 사람들이다. 그들은 말씀을 들으면 곧 기쁘게 받아들이기는 하지만, 그들 속에 뿌리가 없어서 오래가지 못하고 그 말씀 때문에 환난이나 박해가 일어나면 곧 걸려 넘어진다. 가시덤불 속에 뿌려지는 것들이란 이런 사람들을 가리키는데, 그들은 말씀을 듣기는 하지만 세상의 염려와 재물의 유혹과 그밖에 다른 일의 욕심이 들어와 말씀을 막아서 열매를 맺지 못한다. 좋은 땅에 뿌려지는 것들이란 이런 사람들이다. 그들은 말씀을 듣고 받아들여서 삼십 배, 육십 배, 백 배의 열매를 맺는다." (4:13-20)

학자들은 예수가 왜 이 '비유'를 이해할 수 없는 것이라며 그처럼 강조했는지 의아해 했다. 글 자체는 이해하기 쉬워 보인다. 하지만 현대의 독자들은 이 문장을 개인적인 관점에 따라 이해한다. 즉, 이 말씀을 받아들이는(혹은 받아들이지 않는) 사람의 조건에 따라 이해하는 것이다.

예수는 이 복음서 전체에서처럼 여기에서도 내세론적인 용어를 사용해 다가올 하늘나라, 다가올 역사적 성취에 대해 이야기하고 있는 것이다. 이 비유는 예수에 대한 각 개인의 반응을 이야기한 것이 아니라, 이 세상 전체 역사의 밑그림을 이야기하고 있는 것이다.

각 단계의 성취에 필요한 시간에서 확인할 수 있듯이, 씨뿌림은 **여러 장소**에서 일어난다. 길가에 뿌려지는 첫 번째 씨앗들은 그 즉시 새들이 강탈해간다. 자갈밭에 뿌려진 씨앗들은 어느 정도 성과가 있어서, 처음에는 말씀을 '기쁘게' 받아들여 뿌리를 내리지만 그 뿌리는 박해를 견딜 만큼 깊게 자리 잡지 못한다. 가시덤불에 뿌려지는 씨앗들은 조금 더 나아가 실질적인 작물을 만들어내지만, 세속적인 욕망들 때문에 시들어버린다. 모든 장소 중에서 오로지 비옥한 땅에 뿌려진 씨앗들만이 자라나 풍부하게 수확할 수 있는 작물을 생산해낸다.

마가의 사람들을 당황스럽게 만드는 것은, 하나님의 나라는 구속救贖하는 죽음 그리고 예수의 영광스러운 부활과 함께 오기로 되어 있다는 사실이다. 그 사람들은 왜 여전히 하나님 나라를 의심하며 다투고 있는 것일까? 예수는 그들에게 하나님 나라는 통시적通時的이면서 공시적共時的으로 도래한다고 말하고 있다.

하나님 나라는 확립되어 있다. 하지만 형제들 외부의 사람들이 아무런 감응도 일어나지 않는 돌밭이 될 것임이 증명되고 있는 것처럼, 일부 사람들과 형제들 내에서도 하나님 나라에 대한 말씀이 가시 덤불에 의해 억압받고 있는 것이다. 예수의 생애 동안에는 물론이고 마가의 모임 구성원들에 의해 살아남아 있던 그의 삶에서도 마찬가지로, 메시아적인 승리는 여전히 감추어져 있는 것이다. 그것은 외부 사람들이 어떻게 말하고 생각하는지와 관계없이, 내부 사람들에게 위임된 비밀스러운 계시인 것이다.

고통받는 메시아

예수가 줄곧 메시아로 받아들여지지 않았던 이유는, 그가 **부적당한** 메시아였기 때문이다. 사람들은 위풍당당하며 제왕다운 세속의 지배자가 될 메시아를 기대하고 있었다. 자신은 죽음을 맞이할 것이며 좌절된 메시아라고 예수가 말했을 때, 최초의 제자들은 그것을 받아들일 수 없었다. 베드로가 그것이 사실일 수 없다며 믿지 않자, 예수는 베드로를 자기 지도자의 앞길에 장애물을 던지는 '사탄'이라고 부른다(8:33).

좌절된 메시아라는 발언은 죽음을 맞이할 것이라는 말보다 더 불명예스러운 것이었다. 스스로를 메시아라고 주장하게 될 예수에게는 너무나 바람직하지 않은 말이었다. 메시아이기 때문에 죽음을 당하게 될 것이라고 말하는 것은 그로서는 매우 비상식적인 일이었다.

이것이 바로 바울이 십자가에 달린 예수를 "유대 사람에게는 거리낌이고, 이방 사람에게는 어리석은 일"(고전 1:23)이라고 했던 이유이다. 이 메시아의 사명은 고통을 겪는 것이다. 후대의 기독교인들은 교황과 황제의 권좌에 앉아 통치하고, 성전을 일으키고, 승리주의자 집단이 되어 이교도들을 학살하기 위해 군대를 파견하게 될 것이다. 그들의 설교자들은 하나님은 당신들이 부자가 되기를 원하며, 하나님의 계시는 성공으로 가는 지름길이라고 말하게 될 것이다.

마가의 복음서는, 예수가 말하고 행하였으며 진정으로 의미했던 것에서 벗어난 그러한 왜곡을 향해 나아갈 수 없었다. 그들의 메시아적 공동체는 **예수를 닮았기** 때문에 고통을 겪었을 뿐 아니라, **그들 자체가 예수였기** 때문에 고통을 겪었던 것이다.

앞으로 작성될 복음서들의 모범을 확립한 마가의 복음서는 그 내용의 3분의 1을 예수의 수난 이야기에 할애하고 있으며, 두 번째 부분 전체를 제자들이 십자가의 '거리낌'에 대해 마음의 준비를 갖추도록 이끄는 내용으로 채우고 있다.

이처럼 마가복음은 모든 복음서 중에서 가장 단순한 구조로 되어 있다. 앞부분의 반가량은 주로 갈릴리 주변의 팔레스타인 북부 지역에서 하늘나라의 통치를 선언하고, 악마들을 물리치고, 치유하는 내용을 담고 있다. 예수가 유대 땅으로 진입하여 예루살렘을 향해(마가복음에 등장하는 예수의 유일한 방문) 남쪽으로 나아가면서 분위기는 점차 어두워지며 그 자신은 고통을 당하고 부활하기 위해 죽을 것이라고 세 번 이상 예언한다. 제자들은 이러한 예언을 받아들일 수 없었다.

레이먼드 브라운은 예수가 생애를 마칠 때만이 아니라 매년 예루살렘으로 갔다고 밝히고 있는 요한의 복음서가 역사에 더 가까울 것이라고 주장한다(3B 52). 하지만 마가의 복음서는, 바울이 "그리스도께서 성경대로 우리 죄를 위하여 죽으셨다"(고전 15:3-4)고 인용했듯이 오로지 예수의 계시에 대한 가장 초기의 설명에만 집중함으로써 다른 복음서들의 논조를 확립했다. 마가는 묵상하고 기도를 올릴 때면 언제나, 예수의 수난을 되새기는 공동체에 걸맞은 클라이맥스를 염두에 두고 있었다. 체스터턴은 공관복음서들의 이처럼 극적인 형식을 다음과 같이 멋지게 표현해냈다.

이야기는 에덴동산을 암시하는 듯한 목가적이며 평화로운 땅 갈릴리의 낙원에서 시작된다. 그리고는 속죄의 산(연옥)에 다가가듯, 폭풍우 실린 구름과 별들에 가까운, 산속의 나라를 향해 서서히 올라간다. 그는 마치 낯선 곳을 떠돌고 있는 사람, 혹은 토론을 벌이고 논쟁하기 위해 잠시 걸음을 멈춰 선 사람처럼 보이지만, 그의 얼굴은 그 산속의 도시를 향해 고정되어 있다. 산마루에 올

라 길이 꺾이는 그곳에 우뚝 선 그가 갑작스럽게 예루살렘을 애도
하며 큰 소리로 울부짖을 때, 바로 그때가 그 위대한 절정의 의미
인 것이다.

| 주 |

1) 젖과 꿀이 흐르는 땅(출 3:8), 꿀이 흐르는 강(욥 20:17), 하늘에서 떨어지는 엄청
   난 빵(출 16:4), 매달 열매를 맺는 나무들(겔 47:12), 흘러넘치는 잔(시 23:5) 등에
   비유.
2) 마태와 누가는 마가복음의 내용을 활용할 때, 일반적으로 비밀을 지키라는 명령
   을 생략한다. 마가복음의 1:34, 3:11-12, 5:43, 7:17, 24, 36, 9:28-31, 13:3에서 그것
   을 확인할 수 있다.

3.
마가의
예술적 기교

WHAT THE GOSPELS MEANT

비록 암시적이지만 마가가 신성한 글에 대해 지속적으로 언급하기 때문에, '마가 자신이 히브리 경전에 정통한 학자는 아니었을까?' 하는 의문을 품을 수도 있다. 하지만 우리는 마가를 독특한 천재라고 생각해서는 안 된다.

마가는 모임에 참석하고 있는 믿음의 형제자매들이 공유하고 있던 의견을 한곳에 모을 능력이 있는 사람이었다. 그들은 예수가 유대의 역사와 숙명에서 차지하고 있는 자신의 위치를 제대로 이해하지 못하는 제자들을 꾸짖던 방식을 깊게 생각했다. 그들은 처음부터 줄

곧 유대교 회당에서 예배를 드렸다. 성스러운 글을 대하는 바울의 태도에서 알 수 있듯이, 그들은 자신들이 알고 인정하는 유일한 성경에 따라 거행되는 그곳에서의 의식儀式과 말씀들에 예수의 계시를 적용시키기 위해 노력했다.

그들만의 독립된 모임을 형성했을 때에도, 그들은 바울에게서 찾아볼 수 있는 초기의 찬송가, 세례 형식, 믿음의 고백―모두 성경적인 언어를 강하게 담고 있다―등을 만들어내며 그러한 예배의식을 계속 유지했다. 우리는 예배의식이 엠마오로 향하는 두 명의 여행자에 대한 누가의 이야기에 상징적으로 제시되어 있음을 이미 살펴보았다. 이 이야기에서 예수는 성스러운 글에 근거하여 자신을 설명한다.

현재 많은 학자들은 마가의 글이 성찬식에서 사용되었으며, 공동체에서 세례와 예수의 수난과 부활을 찬양할 때 유대 경전의 관련된 부분들과 함께 낭독되었을 것이라 믿고 있다. 그리고 이와 같은 방식의 예배의식은 그 이후에도 교회의 성찬식에서 지켜졌을 것이다(4B 51).

그렇다면, 그 모임들은 자신들의 유대 경전을 읽을 때 단순히 예수의 이야기를 보완해 넣었던 것일 뿐일까? 하지만 대부분의 공동체가 받아들이고 있던 예수에 대한 기억들을 적극적으로 적용하지 않았다면, 그 이야기들은 아무런 영향력도 갖지 못했을 것이다. 제자들은 바울이 조심스럽게 건네준 전승들을 간직하고 그것에 대해 깊이 생각했다. 마가 자신은 구레네 시몬의 아들과 겟세마네 동산에서 뛰쳐나갔던 벌거벗은 젊은이를 포함하여, 자신의 공동체에 속한 사람들이 생생하게 겪었던 실질적인 사건들을 익히 알고 있었다. 레이먼드 브라운의 이야기는 거듭해서 되새겨볼 만한 가치가 있다.

예수의 생애 마지막에 실제로 일어난 일들에 대해 무관심한 기독교인은 없었다. 예수의 수난에 관한 이야기들은 단순히 경전에 근거해 만들어진 것이 아니다. 그 이야기에는 전승의 형태를 좌우했던 핵심적인 기억들이 자리잡고 있었으며, 우리는 복음서 이전의 시기에 존재하던 복음 전파 형식에서 그 기억의 흔적들을 찾아볼 수 있다. (4B 51-52)

하지만 경전의 관점으로 설명된 예수의 생애에 관한 실질적인 기억이 있었다는 것을 받아들이면, 그러한 기억들을 전하는 복음서의 출처에 대한 문제가 발생한다. 예를 들어, 그 어떤 제자도 목격하지 못했던 사건들은 어떻게 전해진 것일까? 그러한 사건들에 대한 정보는 어디에서 온 것일까? 예수가 겟세마네 동산에서 기도를 드리고 있을 때, 그의 제자들은 잠들어 있었다. 그가 말했던 것을 우리가 어떻게 알 수 있는 것일까? 가야바 혹은 빌라도로부터 심문받을 때, 그곳에 있었던 제자들은 없었다. 그렇지만 우리는 그들이 주고받았던 말에 대한 기록을 갖고 있다.

겟세마네 이야기부터 시작하기로 하자. 예수가 죽음을 피하기 위한 기도를 드렸다는 독자적인 전승이 있었으며, 이것을 기독교인들이 지어냈을 개연성은 전혀 없다. 그 전승의 증거는 히브리서 5장 7~10절의 편지에서 찾아볼 수 있다.

예수께서 육신으로 세상에 계실 때에, 자기를 죽음에서 구원하실수 있는 분께 큰 부르짖음과 많은 눈물로써 기도와 탄원을 올리셨습니다. 하나님께서 예수의 경외심을 보시어, 그 간구를 들어주셨습니다. 그는 아드님이시지만, 고난을 당하심으로써 순종을 배우셨습니다. 그리고 완전하게 되신 뒤에, 자기에게 순종하는 모든 사람에게 영원한 구원의 근원이 되시고, 하나님에게서 멜기세덱의 계통을 따라 대제사장으로 임명을 받으셨습니다.

이 구절과 복음서에서의 설명은, 바울이 빌립보서에서 예수가 "자기를 낮추시고, 죽기까지 **순종하셨으니**, 곧 십자가에 죽기까지 하셨습니다"(2:8, 저자 강조)라고 전해주었던 찬송가의 원형적인 전승과 일치한다.

마가는 예수가 동산에서 드렸던 기도의 첫마디인, '아버지'를 뜻하는 아람어인 **아바**Abba를 알고 있었으며, 이 복음서를 읽을 사람들을 위해 그리스어로 번역했던 것이다. 예수가 사용하던 원어를 인용하고 있다면, 마가는 주님의 말씀을 **있는 그대로 전해 받을 수 있을 만큼** 자신의 출처에 충분히 근접해 있었다는 것을 의미한다. 그는 예수의 수난 이야기가 시작되는 여기에서는 물론, 마지막 부분에서도 아람어화된 히브리어로 작성된 시편 22편의 "**엘리, 엘리, 라마 사박다니**(나의 하나님, 나의 하나님, 어찌하여 나를 버리십니까?)"라는 구절을 인용하고 있다.[1]

하지만 제자들이 잠들어 있을 때 예수가 했던 말들은 어떻게 된 것일까? 충실한 신자들은, 선택받은 사람들은 버림받는다는 것을 예수가 되새겨주는 것이라 생각했다. 그렇게 함으로써 그들은 시편과 이사야서에 등장하는 하나님의 고통받는 종들과 다윗과 같은 선구자들이 겪었던 고난을 깊게 되새겨볼 수 있었던 것이다.

예수가 올리브 산으로 올라가는 것은 다윗이 똑같은 산에 올랐던 일을 되풀이하는 것이다. 다윗은 자신의 아들인 압살롬과 그의 동료 아키토펠에게 배신당한 사실을 현실로 받아들이고, 울부짖는 제자들을 이끌고 산에 올라야 했다(삼하 15:30-31). 형제들은 훗날 아키토펠이 스스로 목매달았다는 것을 기억하고 있었을 것이다(삼하 17:23). 성서 속에서 오직 두 명만이 스스로 목매달았는데, 나머지 한 명은 배신자 유다였다(4B 125).

예수는 기도를 드리기 전에 세 명의 제자를 불러 시편 42편 6절의

"내 영혼이 너무 낙심하였지만"(*perilypos*)을 상기시키며 "내 마음이 근심에 싸여 죽을 지경이다"(*perilypos*)라고 말한다. 요한복음 역시 예수의 수난과 관련하여 시편의 이 구절을 사용하는 것으로 미루어, 초기 기독교인들이 바로 이런 맥락에서 이 구절을 사용했다는 것을 알 수 있다(4B 154).

동산에서 했던 예수의 말들은 마태복음과 누가복음에 기록된 '주님의 기도'의 주된 구성 요소가 되었으며, 동산에서의 고뇌에 대한 마가의 설명을 바탕으로 그 형태를 갖추게 되었을 것이다. 예수는 "아빠, 아버지"로 시작하여 "아버지의 뜻대로 하여주십시오"(주님의 기도 속에 나타나는 세 번째 기원과 일치한다)라고 기도한다. 그리고 제자들을 '최후의 심판'(*Peirasmos*)에 들지 않게 해줄 것을 청원한다. 이 구절은 주님의 기도 중 여섯 번째 기원이다. 이처럼 기독교인들은 겟세마네 동산에서 아버지께 고뇌에 찬 청원을 올리는 예수와 함께 기도하는 것이다.

가야바 그리고 빌라도와 나누었던 이야기는 더 쉽게 설명된다. 예수에 대한 유대인들의 고발 내용은 마가의 제자들이 동시대의 유대인들로부터 들었던 비난과 똑같은, 예수가 메시아라는 거짓 주장을 펼친다는 것이었다. 유대인의 왕으로 추정된다는 죄목으로 예수의 사형을 공적으로 선고하게 될 빌라도의 기소는 명약관화한 일이었다. 그것은 십자가에 매달아야만 하는 고발이었던 것이다. 버림받은 예수가 십자가에서 울부짖는 것은 시편 22편에서 비롯된 것으로, 형제자매들은 이 구절을 근거로 예수의 수난과 죽음에 대한 묵상을 체계화했던 것이다.

삽입된 것들

주님의 말씀 속에 등장하는 개별적인 사건에 대한 성서적인 해석을 마가만 했던 것은 아니다. 분명 마가는 기도하고 가르치고 함께 나누던 기억들을, 모임들에 구술 문화의 형태로 전해진 공동의 보고寶庫로부터 인용해 사용했을 것이다. 학자들은 이러한 전승들의 따로 분리된 부분을 단화短話들(pericopes, '다듬어진 부분들'이라는 그리스어)이라고 부르는데, 마가복음에서 가져온 내용을 마태복음과 누가복음에서 다루고 있는 방법을 비교해보면, 그것들의 다양한 활용법들을 살펴볼 수 있다.

그렇다면 마가는 단순히 신앙심 깊은 독서를 통해 신성한 글에서 자신이 원하는 내용을 수집했던 것일까? 어쨌든 마가가 예수의 탄생을 다룰 때, 마태와 누가와는 달리 창작적인 요소를 가미하지 않았던 것만은 분명하다.

하지만 마가는 이야기를 구성하는 재주가 있었다. 이것은 출애굽기 주제를 다룰 때 일련의 단화들을 배열하는 것에서 확인할 수 있다. 또 다른 마가의 솜씨는 이야기를 계속 이어가기 전에 특이한 사건을 끼워 넣는다는 것이다. 학자들은 이러한 끼워 넣기를 삽입된 것들(intercalations)이라고 부른다. 이것은 '샌드위칭(끼워 넣기)' 혹은 '북엔드bookends' 혹은 '포함inclusion' 기술이라고도 불린다. 삽입된 내용들은 그 주변의 이야기들과 상호 작용하여, 언급하고 있는 이야기에 새로운 의미를 부여한다. 다음은 이러한 기술의 몇 가지 예들이다.

2:1-12

예수가 밀려든 사람들 사이에서 꼼짝 못하고 있을 때, 건물의 지붕을 뜯어내고 한 무리의 사람들이 중풍병 환자를 데리고 왔다. 예수는 그의 믿음이 보답받았다고 말하며 그의 죄를 용서했다. 예수가 죄를 용서한다는 것은 하나님을 모독하는 것이라며, 그 사람과의 대화에 율법학자들이 끼어든다. 예수는 율법학자들의 마음을 알아차리고, 죄를 용서하는 것과 중풍병을 치유하는 것 중에 어느 것이 더 쉬운가를 물었다. 그리고 나서 사람의 육체를 치유하는 이야기가 다시 시작된다.

이렇듯 이야기들을 나란히 배열하는 것으로 영적인 건강과 육체적인 건강 사이의 연결이 강조되고, 내세론적인 하늘나라의 통치가 선언되는 것이다.

3:20-35

예수가 귀신 들린 사람들을 치료했다는 소문은 그의 가족을 포함한 일부 사람들로 하여금, 그가 자신의 악마적인 힘으로 불가사의한 일을 벌인 것이라고 생각하도록 만들었다. '예수의 가족들은 예수가 미쳤다는 소문을 듣고서 그를 붙잡으러 나섰다'. 이 이야기는 예수가 미친 사람이라거나 혹은 사탄의 힘을 빌려 귀신 들린 사람을 고친 것이라는 생각을 갖지 못하도록 불쑥 끼워 넣은 것이다.

예수는, 사탄이 어떻게 사탄을 쫓아낼 수 있느냐고 묻는다. "한 나라가 갈라져서 서로 싸우면, 그 나라는 버틸 수 없다. 또 한 가정이 갈라져서 싸우면, 그 가정은 버티지 못할 것이다". 예수는 세속적인 권력이 통치하는 곳에서는 모든 사악한 요소들이 역사를 자신들의 손아귀에 잡아두기 위해 협력한다고 말한다. 그러나 앞으로 다가올 자신의 나라는 굳게 하나로 일치될 것이며, 이것이 바로 그를 믿지 않는 가족들이 밖으로 떠나버린 이유인 것이다.

가족들의 이야기는 예수의 제자들이 "선생님의 어머니와 형제들이 밖에서 찾고 있습니다"라고 말할 때 다시 등장한다. 하지만 예수는 자신의 제자들이 진정한 가족이라고 말한다. 그는 선택받은 사람들로부터 확장하여 새로운 인간 공동체를 계획하고 있는 것이다.

5:21-43

회당장인 야이로의 이야기는, 병들어 죽게 된 자신의 딸을 고쳐 달라는 부탁을 예수에게 하고 난 후에 끊어진다. 급박한 상황임에도 예수는, 멈추지 않는 혈루증 때문에 부정하다 여겨져 일상적인 생활은 물론 성전에서 기도조차 드릴 수 없게 된 한 여인에게 마음을 쏟는다. 그녀는 아무도 모르게 군중 사이를 뚫고 예수의 옷자락을 만지는 것으로 부정한 접촉을 못하도록 한 금기를 깨뜨린다. 예수는 그녀의 믿음이 그녀가 처한 모든 어려움을 극복할 수 있게 했다며, 그녀는 이제 치유되었다고 말한다. 회당에서 쫓겨난 사람이 회당의 저명한 공직자보다 먼저 예수 앞으로 떠밀고 들어간 것이다.

그녀를 치유해주고 난 후에야 예수는 야이로의 집으로 가려 하지만, 그 사이에 그의 딸이 이미 죽었다는 말을 듣게 된다. 예수를 찾아온 것이 아무 소용없는 일이 된 것이다. 하지만 예수는 야이로에게 믿음을 지키라고 말한다. 예수는 아무런 가르침도 받지 않았던 그 여인이 믿음을 간직하고 있던 바로 그곳에서 회당의 관리에게 가르침을 주어야 했던 것이다. 성서의 많은 부분에서 '부정한' 자를 둘러싸고 있는 장벽들을 부수고 나아가듯, 예수는 이 부분에서 의식에 따라 구분된 순결한 자와 부정한 자가 보여주는 상반된 반응을 강조하고 있는 것이다.

6:7-44

예수는 스스로 해결해야 할 첫 번째 사명을 부여하여 제자들을 파견한다. 그들이 돌아와 보고도 하기 전에 그들의 전도 활동에 관한 소식은 널리 퍼졌다. 그 소식은 헤롯의 귀에 들어갔으며, 그는 세례 요한이 다시 살아나 자신의 통치에 도전하게 될 것을 두려워했다.

이것이 마가에게는 헤롯이 요한을 어떻게 죽였는가를 재현해낼 수 있는 단서가 된다. 본론을 벗어난 이 이야기를 서술한 이후에, 제자들이 자신들에게 주어진 사명에 관한 좋은 소식을 가지고 돌아온다. 그리고 이야기는 앞서 논의했듯이 출애굽기의 첫 번째 부분과 연결되는 5천 명을 먹이는 이야기로 이어진다. 마가는 예수가 자신의 전조로서 메시아적 계시를 전했던 엘리야를 계승하고 있다는 것을 밝히고 있는 것이다.

11:12-25

예루살렘으로 가던 도중에 예수는 "이제부터 영원히, 네게서 열매를 따 먹을 사람이 없을 것이다"라고 말하는 것으로 아무런 열매도 제공하지 못하는 무화과나무를 저주한다. 예수와 제자들이 성전을 향해 나아가는 동안 그 무화과나무는 이야기 속에서 사라진 것처럼 보인다.

예수가 성전 예식의 희생제사를 중단하라고 선언했던 때가 바로 마가복음의 결정적인 순간이다. 이것은 예언자들이 거듭해서 밝혀 온 경고적인 선언들을 완결하는 것이었다. 사무엘기상 15장 22절에 서는 "순종이 제사보다 낫고, 말씀을 따르는 것이 숫양의 기름보다 낫습니다"라고 되어 있다. 호세아서에서는 "내가 바라는 것은 변함 없는 사랑이지 제사가 아니다. 불살라 바치는 제사보다는 너희가 나 하나님을 알기를 바란다"고 밝힌다. 그리고 시편 51편 16~17절은 다 음과 같다.

주님은 제물을 반기지 않으시며,
내가 번제를 드리더라도 기뻐하지 않으십니다.
하나님께서 원하시는 제물은 찢겨진 심령입니다.
오 하나님, 주님은 찢기고 짓밟힌 마음을 멸시하지 않으십니다.

그러므로 예수는 불경스러운 동전('신성한' 로마 황제의 형상이 새겨진 로마의 데나리)을 성전에 바칠 동물을 살 수 있는 '깨끗한' 세켈로 환전해주던 상인들을 내쫓았던 것이다. 예수는 제물을 바치 지 못하게 하면서 이사야서 56장 7절을 인용한다. "기록한바, '내 집 은 만민이 기도하는 집이라고 불릴 것이다' 하지 않았느냐?" 상인들 이 하나님의 집을 강도들의 소굴로 만들었다고 말할 때, 예수는 예레미야서 7장 10~11절을 언급하고 있는 것이다. "너희는 이처럼 내가 미워하는 일만 저지르고서도, 내 이름으로 불리는 이 성전으로 들어와서, 내 앞에 서서 '우리는 안전하다' 하고 말한다. 너희는 그런 역겨운 모든 일들을 되풀이하고 싶어서 그렇게 말한다. 그래, 내 이름으로 불리는 이 성전이, 너희의 눈에는 도둑들이 숨는 곳으로 보이느냐?"

마가복음에서 제시된 이 행위는 예수가 죽음을 맞이하게 되는 실제적인 원인이다. 즉, 성전의 권력자들은 자신들이 지키는 성전의 의식들을 불경스럽게 다루는 것을 참지 않을 것이며, 로마의 권력자들은 안정적인 유대 사회가 혁명적으로 붕괴되는 것을 보게 될 것이기 때문이다. 종교적인 모욕은 정치적 행위로 받아들여질 것이다.

하지만 마가는 무화과나무 이야기로 다시 돌아간다. 예루살렘 성밖으로 나갔던 제자들은 그 무화과나무가 뿌리째 말라 죽어버린 것을 보게 된다. 이것은 예레미야의 또 다른 예언(8:13)을 성취하는 것이다.

나 주의 말이다. 그들이 거둘 것을 내가 말끔히 거두어 치우리니,
포도덩굴에 포도송이도 없고,
무화과나무에 무화과도 없고
잎까지 모두 시들어버릴 것이다.

제자들이 무화과나무에 내린 예수의 저주가 지닌 위력에 놀라고 있을 때, 예수는 이렇게 말한다. "내가 진정으로 너희에게 말한다. 누구든지 이 산더러 '번쩍 들려서 바다에 빠져라' 하고 말하고, 마음에 의심하지 않고 말한 대로 될 것을 믿으면, 그대로 이루어질 것이다." 이러한 전체적인 과정은 당대에 수행되고 있던 성전 의식에 대한 비난이며 성전의 몰락에 대한 예언인 것이다.

14:54-72

베드로의 배신은 대제사장의 집에서 벌어진 예수의 재판에 관한 이야기와 함께 얽혀 있다. "베드로는 멀찍이 떨어져서, 예수를 뒤따라 대제사장의 집 안마당까지 들어갔다. 베드로는 하인들과 함께 앉아 불을 쬐고 있었다."

독자들은 예수가 어떻게 비난받고 매를 맞는지 알게 되는 동안, 베드로에 대해선 잠시 잊게 된다. 그리고 나서 안마당으로 다시 되돌아가게 된다. "베드로가 안뜰 아래쪽에 있는데, 대제사장의 하녀 가운데 하나가 와서, 베드로가 불을 쬐고 있는 것을 보고 그를 빤히 노려보면서 말하였다. '당신도 저 나사렛 사람 예수와 함께 다닌 사람이지요?'"

이러한 내용은 모두, 구세주인 예수의 자격을 부정한 배반자로 알려져 있던 마가의 공동체에게는 매우 의미심장한 것이었다. 여기에서 매우 상세하게 묘사되고 있는 일들은, 박해받던 마가복음의 청중들이 겪고 있던 일들과 흡사하여 그들이 쉽게 받아들일 수 있는 것들이었다.

그러나 베드로는 부인하며 말하였다. "네가 무슨 말을 하는지 나는 알지도 못하고 깨닫지도 못하겠다." 그리고 그는 바깥뜰로 나갔다. 그 하녀가 베드로를 보고서, 그 곁에 서 있는 사람들에게 다시 말하였다. "이 사람은 그들과 한패입니다." 그러나 베드로는 다시 부인하였다. 조금 뒤에 곁에 서 있는 사람들이 다시 베드로에게 말하였다. "당신은 갈릴리 사람이니까 틀림없이 그들과 한패일 거요." 그러나 베드로는 저주하고 맹세하며 말하였다. "나는 당신들이 말하는 그 사람을 알지 못하오." 그러자 곧 닭이 두 번째 울었다. 그래서 베드로는 예수께서 자기에게 "닭이 두 번 울기 전에, 네가 나를 세 번 모른다고 할 것이다" 하신 그 말씀이 생각나서, 엎드려서 울었다.

복음서의 결말

이 복음서의 결말 또한 마가의 박해받던 공동체에게는 특별한 의미가 있었다. 권위를 인정받는 사본의 전승에 따라, 마가는 부활한 예수의 출현에 관한 이야기는 전혀 언급하지 않는다. 마가가 그러한 출현들에 대해 전혀 모르고 있었을 것이라고 말하기도 하지만, 그것은 전혀 사실이 아니다. 마가복음은 예수가 마지막 만찬에서 제자들에게 자신의 출현에 대해 예언하는 내용을 담고 있기 때문이다. "내가 살아난 뒤에, 너희보다 먼저 갈릴리로 갈 것이다"(14:28). 그리고 비어 있는 무덤을 발견한 여인들에게 천사는, "놀라지 마시오. 그대들은 십자가에 못 박히신 나사렛 사람 예수를 찾고 있지만 그는 살아나셨소. 그는 여기에 계시지 않소. 보시오, 그를 안장했던 곳이오. 그러니 그대들은 가서, 제자들과 베드로에게 말하기를 그는 당신들보다 먼저 갈릴리로 가실 것이니, 그가 말씀하신 대로, 당신들은 거기에서 그를 볼 것이라고 하시오"(16:6-7)라고 말한다.

이 복음서의 무뚝뚝한 마지막 문장에서 그 여인들은 천사의 말을 거역한다. 이들은 너무 놀라 부활한 메시아를 선포하지 못했던 것이다. "하지만 그 여인들은 뛰쳐나와서, 무덤에서 도망하였다. 그들은 벌벌 떨며 넋을 잃었던 것이다. 그들은 무서워서, 아무에게도 아무 말도 못하였다."

후대의 일부 기독교인들에게는 이러한 결말이 놀랄 만큼 갑작스러웠다. 그래서 이 복음서에 두 가지 내용을 덧붙이는 것으로 '더 부드러운 결말'을 만들어냈다.[2] 이 내용들은 마가의 솜씨가 아니고, 분명 격식을 갖추기 위해 덧붙여진 것들이다.

짧은 끝맺음(8b절)에서는 여인들이 천사의 말을 좇아 그의 메시지를 베드로를 비롯한 다른 사람들에게 전달하는 것이다. 그리고 덧붙여진 또 다른 내용(9-14절)은, 마가의 복음서 이후에 작성된 누가와 요한의 복음서에서 가져와 조잡하게 짜 맞춘 예수의 출현들에 관한 것들이다. 18절[3]의 두려움 없이 뱀을 다룰 것이라는 언급은 훗날 다시 등장하여 미국의 근본주의[4]자들과 언제나 함께 붙어 다니게 된다.

이 복음서의 그 어떤 부분도 최상의 원고는 아니다. 다시 말하지만, 마가는 자신의 청중들에게 특별한 의미를 지닌 내용들을 작성한 것이다. 그래서 다른 사람들에게는 너무나도 비밀스럽고 너무나도 당황스러운 것이다. 마가는 두려움 때문에 메시아를 부인했던 여인들을 비롯한, 자신의 공동체 내에서 발생한 수치스러운 일에 대해 명확하게 언급하고 있는 것이다.

마가가 자신의 동료들을 감싸 안으며 저항하고 있던 그 박해로 희생자들이 생기고 있었다. 마가는 비록 마음속에 있는 그들만의 갈릴리에서 예수가 자신의 동료들을 기다리고 있다는 신호를 보내고는 있지만, 그 이야기를 아름답게 꾸미려 하지는 않는다.

| 주 |

1) 마가는 다른 두 곳에서 예수가 사용한 아람어를 인용한다. 5장 41절의 달리다굼 (*Talitha koum*, '소녀야, 내가 네게 말한다. 일어나거라') 그리고 7장 34절의 에바다(*Ephphatha*, '열려라').

2) 5세기에 작성된 파피루스가 19세기에 발견되었을 때, 이 복음서의 세 번째 덧붙인 부분이 밝혀졌다(워싱턴 프리어 도서관에서 소장하고 있어 프리어 본이라고 한다). 추가된 부분에서는 믿지 않는 제자들에 대한 예수의 꾸짖음이 앞부분에 비해 약하다.

3)* "손으로 뱀을 집어들며, 독약을 마실지라도 절대로 해를 입지 않으며, 아픈 사람들에게 손을 얹으면 나을 것이다."

4)* 근본주의: 20세기 초부터 미국 개신교 내에서 자유주의 신학에 대항하여 일어난 보수적인 신학 운동이다. 자신들의 교리를 담은 책 『근본The Fundamentals』을 무료로 배포했기 때문에 기독교 근본주의라고 불리게 되었다. 이성적인 성서 읽기로 성서의 많은 부분, 특히 창조와 기적에 관한 기록을 신화나 설화로 이해하려한 자유주의 신학을 거부하고 성서의 모든 내용을 문자 그대로 믿는 것이 신앙의 근본이라고 주장하며 진화론과 같은 근대적인 합리주의를 배격한다.

Chapter 2

마태복음 : 예수의 가르침을 주는 몸

세 편의 공관복음서 중 나중에 작성된 두 편은, 마가가 자신의 복음서를 널리 보급시켜 본래의 청중이었던 공동체의 외부에서도 일반적으로 활용될 만큼 충분한 시간이 지난 후에 작성된 것이 분명하다(마태복음과 누가복음 모두 마가복음을 활용했다). 이것은 마가의 복음서가 집필된 직후에 있었던 성전 파괴(70년) 이후에 마태와 누가가 복음서를 집필했다는 것을 의미한다. 나중에 작성된 두 편의 복음서에 반영되어 있는 모임들의 발전된 모습은 그들의 복음서와 마가의 복음서 사이에 최소한 10년 이상의 시간 차이가 있음을 나타낸다.

추정 가능한 마태복음의 최초 연대는, 안디옥의 이그나티우스가 작성한 편지들과 디다케(12사도의 가르침, 100~110년경에 작성되었다고 추정됨)에 의해 정해진다. 이 두 문건 모두에 마태복음의 내용이 담겨 있기 때문이다. 이로써 마태복음은 80~90년대에 작성되었으며, 그 시기의 초기보다는 말기에 가까울 것이라고 추정할 수 있다.

마태와 누가의 복음서가 마가복음에는 없는 내용들을 공유하고 있기 때문에, 그들에겐 두 가지 출처가 있었던 것으로 알려져 있다('두 가지 출처 이론'). 그들은 공유하고 있지만 마가복음에 없는 내용은 예수의 행적이 아닌 말씀에 집중되어 있으며, 그 말씀들의 모음으로 추정되는 것은 'Q'(독일어 *Quelle*에서 따온 '출처'라는 뜻)라고 불린다. 이러한 말씀들의 모음을 복원해내려는 시도는 매우 불확실한 일이며, 마태와 누가에게 각기 'M'과 'L'로 불리는 자신들만의 세 번째 출처가 있었던 것으로 보아 더욱더 까다로운 일이 된다.

이러한 모든 요인에 대한 고찰이 이른바 '공관복음의 문제'이다. 마태와 누가는 둘 다 마가와 Q에 대해서는 알고 있었지만, 서로에 대해선 모르고 있었다. 그들은 각자가 갖고 있던 별개의 출처에서 인용했는데, 예를 들면 예수의 계보와 출생에 대해 전혀 다른 내용을 전하고 있다. 이것은 어쩌면 그들이 같은 시간대에 서로 다른 장소에서 집필했음을 가리키는 것일 수도 있다.

마태의 복음서는 그의 공동체가 바울과 마가에 의해 알려져 있던 것보다 더 형식적인 절차와 체계를 수행했음을 보여준다. (비록 마태가 주님을 부정한 베드로를 비판하는 전승을 이어가고는 있지만)[1] 베드로는 이제 그 위에 교회를 세울 반석(16:18)이 될 것이라고 언급된다. 마태는 자료들을 대단히 말끔하게 정리할 줄 아는 수준 높은 저자였다. 마태는 예수의 말씀을 다섯 가지 주요 가르침별로 수집하고, 각각을 개별적인 주제로 구성하여 개별적인 묵상을 이끌어낼 수 있도록 분류했다. 이러한 것은 가르치기 위한 목적을 지니고 있었다. 예수의 행위는 가르침으로 이끌거나, 개별적인 설교들을 따를 수 있도록 배분되어 있다(이 중 가장 유명하여 첫 번째로 꼽는 것이 이른바 산상설교이다).

마태는 또한 예수의 행위들과 관련이 있는 신성한 글의 특정 부분을 인용하는 것에 매우 신중했다.[2] 인용한 내용을 사건들과 깊게 연관 지었던 마가와는 대조적으로, 그는 명확한 인용 없이 사건들에 느슨한 형태로 덧붙여놓았다. 성서적 특이성biblical specificity에 대한 강조로 인해 많은 사람들이 마태가 예수를 믿는 유대인 신자였을 것이라고 믿었다. 실제로 그가 복음서의 초기 버전을 아람어로 작성하거나 번역했을 것이라는 주장이 있었다.

하지만 존 메이어는 마태가 적어도 팔레스타인 지역의 유대인들이 당연히 알고 있어야 할 것들에 대해 모르고 있었다고 주장한다. 예를 들어, 바리새파와 사두개파가 실제로는 철저하게 분리되어 있었음에도 마태는 연합되어 있었다고 믿고 있다. 그리고 마태는 예언자 스가랴에 대해 매우 서툰 방식으로 잘못 이해하고 있다.[3] 메이어는 마태가 초기의 형제자매들이 그랬던 것처럼, 유대 경전을 연구했던 학식 있는 이교도였다고 결론 내린다.

마태는 어디에서 어떤 사람들을 위해 집필했던 것일까? 많은 사람들이 안디옥이었을 것이라는 데에 의견을 같이한다. 이곳은 바울의 시대에는 유대인과 이방의 형제자매들이 섞여 있던 곳이며, 베드로의 역할이 중요했지만 논쟁거리가 되었던 곳으로, 마태복음을 처음으로 인용했던 이그나티우스와 **디다케**의 저자들이 근거로 삼았던 곳으로 알려져 있다. 게다가 기독교인들을 훈련시키는 학교가 있을 만큼 발전된 도시였는데, 체계적이며 교훈적이고 현학적이기까지 한 이 복음서의 특성으로 인해 그런 학교에서 가르치고 배우는 데 활용되었을 것이라고 추정하는 사람들도 있다.[4] 그 학교에서 공식적으로 활용했는지와는 관계없이, 이 복음서는 그러한 용도에 특히 적합했던 것으로 보인다.

| 주 |

1) Arlo J. Nau, *Peter in Matthew: Discipleship, Diplomacy, and Dispraise, with an Assessment of Power and Privilege in the Petrine Office* (Liturgical Press, 1992).

2) 대부분의 학자들이 분명한 것으로 인정하는 11번의 '공식적인 인용' (이라고 불린다)이 있다. Krister Stendahl, *The School of St. Matthew and Its Use of the Old Testament*, 2nd ed. (Gleerup, 1968), pp. 97-127 참조.

3) John P. Meier, *The Vision of Matthew: Christ, Church, and Morality in the First Gospel* (Paulist Press, 1979), pp. 18-24. 마태는 예수가 동물을 타고 예루살렘으로 들어서는 것을 스가랴서 9장 9절의 예언을 '성취하는' 것이라고 말한다.

네 왕이 네게로 오신다……
그는 온순하셔서 나귀 곧
어린 새끼인 어린 나귀를 타고 오신다.

Your king is coming……
humble and mounted on an ass,
on a foal, the young of a she-ass.

히브리식의 대구법에 따라, 셋째 행은 둘째 행의 단순한 반복이므로 오직 하나의 동물만이 언급된다. 하지만 마태는 이 행들이 두 마리를 언급하고 있다고 생각했다. 그래서 그는 예수가 제자들에게 '나귀 한 마리가 매여 있고, 그 곁에 새끼가 있을 것이다' (21:2)라 말하고, 그 두 마리를 다 타고 예루살렘으로 들어선 것 (21:7)으로 만든다.

4) Stendahl, op. cit., pp. 20-29.

4.
탄생 이야기

마태와 누가가 서로의 작품을 모르고 있었다는 많은 증거들 중 한 가지는 이들이 예수의 탄생을 전혀 다르게 서술하고 있다는 점이다.[1] 후대의 독자들이 한 묶음으로 받아들인 이 두 가지 복음서는 크리스마스의 훌륭한 밑그림iconography을 창조해냈지만, 그 장면에 서로 일치하지 않는 요소들을 제시했다. 마태는 우리를 이집트로 이끌어, 무구한 사람들을 도살했던 자들과 동방박사를 소개해주었다. 누가는 여인숙에서 거부당하는 장면과, 천사와 목자들 그리고 성전에서의 정결예식을 알려주었다.

두 사람 모두 직접적인 증인들에게 의존할 수도 없었는데 어떻게 요셉의 꿈과 헤롯의 계략 그리고 시므온의 노랫소리를 알 수 있었을까? 이 이야기들의 역사성을 지키기 위해 초기에는 요셉과 마리아가 이 복음서 저자들의 정보원에게 어떤 일이 있었는지 말해주었을 것이라 추정하려는 시도가 있었다. 이 이론에 따르면 요셉이 마태복음의 주도적인 역할을 하는 정보원이 되어야만 하며, 마리아는 누가의 가장 중요한 정보원이 되어야만 한다.

이런 관점에서 나타나는 문제점은 이 두 가지 이야기가 서로 모순된다는 것이다. "쉽게 알아차릴 수 있듯이, 이 이론은 마리아와 요셉이 서로 아무런 이야기도 나누지 않았다는 것을 전제로 하고 있다"(1B 525). 게다가 어떤 형태이든 가족의 전승이 이 이야기들을 입증해줄 수 있다면, 왜 예수의 가족들은 예수의 사명과 정체성을(막 3:12, 3:13, 요 7:5) 의심했던 것일까? 만약 친족들이 예수의 태생에 얽힌 불가사의한 특징을 알고 있었다면, 비난하거나 적개심을 보이는 대신 열성적으로 지지하는 사람들이 되어야 했던 것은 아닐까?

문서에 근거하여 이 탄생 이야기에 접근하면 전혀 앞뒤가 맞지 않는다. 앞서 언급했듯이 복음서들은 기본적인 케리그마Kerygma로 '거슬러 올라가' 작성된 것이다. 즉, 바울이 전했듯이, "신성한 글대로 그리스도께서 우리 죄를 위하여 죽으시고, 장사지낸 바 되었다가, 신성한 글대로 사흘 만에 다시 살아나셨다는 것"이다. 이것이 바로 예수의 근본적인 의미인 것이다.

　복음서 저자들은 예수의 공생애를 요한에게 세례를 받는 때로 거슬러 올라가 설정하고, 세속에서의 사역 과정에서 축적된 말씀들로 복음을 전하기 시작한다. 마태와 누가는 인간들 사이에 나타난 예수의 의미를 상징적으로 제시하며, 예수의 탄생이 지닌 메시아적 증거들로부터 복음을 전하기 시작한다. 이들은 성경적인 징후들이 뚜렷하게 드러나는 사건을 보여준다.

　이런 방식으로 탄생 이야기는 수난과 부활 이야기와 함께 '북엔드bookend(세워놓은 책들이 쓰러지지 않도록 지지해주는 것―옮긴이)'를 이룬다. 탄생 이야기는 예정되어 있는 유대의 역사로 거슬러 올라가면서, 한편으로는 예수 이야기의 클라이맥스를 향해 나아가는 두 가지 행로를 갖추고 있다. 수난과 부활이라는 주제는 시작 부분에 이미 제시되어 있다. 즉, 이교도에 대한 개방(시작 부분의 동방박사, 끝 부분의 백부장), 무구한 사람들의 고통(시작 부분의 어린아이들, 끝 부분의 예수), 적들로부터 겪게 되는 내키지 않는 시험(시작 부분의 헤롯, 끝 부분의 빌라도), 불길한 징조에 대한 꿈(시작 부분에 등장하는 요셉의 꿈, 끝 부분에 등장하는 빌라도의 아내가 꾸는 꿈) 등이 그러하다.

　이 두 가지 탄생 이야기에 나타나는 차이점들은 각각의 복음서 저자들이 강조하기 위해 선택한 예수의 복합적인 역할에 대한 시각

차이로부터 발생한다. 마태는 (모세와 다윗 같은) 왕으로서의 메시아의 역할에 초점을 맞추어 다윗의 후손이라는 요셉의 신분을 강조하고, 예수가 이집트를 오가는 이야기를 출애굽기의 형식으로 전하고 있다. 누가는 세례 요한의 아버지가 제사장의 계보라는 것을 강조하여, 예수의 탄생을 반긴 모든 사람들(스가랴, 엘리사벳, 시므온, 안나)이 보여준 성전에서의 의식儀式을 강조한다.

마태는 예수를 왕으로서, 누가는 성직자로서 제시하고 있는 이러한 계보와 탄생 이야기의 서로 다른 기능에 대해 아우구스티누스는 명확히 인식하고 있었다.[2] 마태는 다윗을 거쳐 내려오는 왕의 혈통으로서 예수의 계보를 아브라함에서부터 추적한다. 누가는 성직자로서의 혈통이라 할 하나님으로까지 거슬러 올라가 그 기원을 추적한다. 이것은 바울이 "이 아들은, 육신으로는 **다윗의 후손**으로 태어나셨으며, 성령으로는 죽은 사람들 가운데서 부활하신 권능으로 **하나님의 아들**로 확정되신 분입니다. 그는 곧 우리 주 예수 그리스도이십니다"(롬 1:3)라고 전했듯이, 근본적인 케리그마와 결합되어 있는 것을 개별적으로 강조하는 방법이다. 육신과 신성神性의 결합, 다윗과 성령의 결합이 이 두 가지 이야기의 배경을 이루고 있는 것이다.

어느 한 해 나는 아우구스티누스의 성탄절 설교 중에서 한 구절을(191번) 인용해 써넣은 성탄카드를 보냈다. 그 구절에서 아우구스티누스는 예수의 고난과 죽음에 대해 언급하고 있었기 때문에, 가까

운 친구 한 명이 성찬을 즐기며 성탄절을 축하하는 시기에 그런 내용
은 적절하지 못하다고 했다.

하지만 복음서의 탄생 이야기들은 행복한 이야기들과는 거리가
멀다. 그것은 버림받고 추방당했으며, 쫓기며 거부당했던 가족의 이
야기다. 그것은 살해당한 어린아이들과, 어머니의 가슴을 관통하는
칼날과, 여러 나라에 내려지는 심판에 관한 이야기다. 그 이야기의
핵심은 하늘나라의 경고와 세속의 둔감함 사이의 대조에 있다. 그 구
세주는 처음부터 버림받은 구세주이다. 여기에 아우구스티누스가 성
탄절의 진정한 의미를 추적해낸 글귀가 있다.

> 인간을 만든 이가 인간으로 태어나셨다. 은하계의 통치자인 그는
> 어머니의 가슴에서 양육되어야 했겠지만; 굶주린 자들의 빵으로,
> 목마른 자들의 샘물로, 잠든 자들의 빛으로, 여행에 지친 자들을
> 인도하는 길로; 거짓 증언에 의해 고발당한 진실로, 채찍질당하는
> 스승으로, 나무에 매달린 기반으로; 쇠약해진 권능으로, 상처 입
> 게 될 치유자로, 죽어야 할 생명으로 태어나셨다.

계보

전체적인 탄생 이야기의 상징적인 중요성에 비하면, 예수의 계보는 출생증명서로 확인할 수 있을 만큼의 증거조차 제공하지 않는다. 혈통은 그것을 타고난 사람의 영웅적 본성을 창조해낼 수 있을 만큼의 전통을 드러내기 위해 보다 더 문장적紋章的이다. "그 계보는 인간의 생물학적 생산성에 대한 기록이 아니라, 신의 섭리에 대한 논증이다" (1B 68).

마태복음에 인위적으로 배열해놓은 세대들은—14명의 선조들을 세 개의 그룹으로 묶은—전체 유대민족의 역사를 간략하게 기록한 것이며, 그 역사가 예수에 이르러 성취되었음을 의미한다. 이처럼 깔끔한 구분은 마태가 교육적인 목적을 위해 복음서를 작성했음을 분명히 보여준다. 이 도식적인(기억을 돕는 공부법 같은) 역사에 따르면, "아브라함의 소명, 다윗의 계승, 바빌론 유수 그리고 구세주의 도래와 같은 구원에 있어서 결정적인 순간들이 정확하게 14개의 생물학적 세대로 분리되어 있다" (1B 74).

마태가 작성한 계보와 관련하여 가장 흥미로운 사실들은, (1) 중대하고도 특별한 역할이 여성을 통해 이어지며, (2) 주도적인 부분을 이끌어가도록 선택된 여성 네 명의 신분이 한결같이 모호하다는 것이다. 더 거칠게 표현해서, 만약 빅토리아 시대의 사람들이었다면 자신의 혈통이라고 자랑하기에 적절한 부류의 사람들은 아니었다. 그들은 다음과 같다.

1. 창녀로 가장하여 시아버지를 유혹한 다말(창 38:15-25)
2. 실제 창녀였던 라합(수 2:1)
3. 모압 여자이므로 '부정한' 룻(룻 1:4)
4. 다윗의 간통 대상인 밧세바(삼하 11:4)

비록 이 여성들이 모두 죄인들은 아니지만, 그들의 배경엔 적절하지 못한 무언가가 있다. 하지만 이들의 결합으로부터 선한 사람들이 태어났다. 다말은 유다의 혈통을 이었고, 라합은 이스라엘 사람들을 약속된 땅으로 이끌었으며, 룻은 여리고 정복에 도움을 주었으며, 밧세바는 다윗의 아들인 솔로몬을 낳았다.

성경 이후 유대인들의 신앙심에는 이처럼 특별한 결합과 시작이 성령의 행위로 여겨졌다. 이러한 여성들은 하나님이 인간의 장애물들을 극복하기 위해 의외의 사람들을 어떻게 활용하는지, 그리고 자신이 계획한 메시아를 대신해 어떻게 개입하는지 보여주기 위한 본보기로서 나타나는 것이다. 마태가 선택한 계보를 설명해주는 것은, 명예롭지 못하거나 비정상적인 것들 그리고 여성들을 통한 신성한 중재의 적절한 조합이다. …… 구약성경 속의 여성 넷이 모두 이방인이거나 혹은 이방인과 관련이 있다는 것이(우리아의 아내) 마태의 관심을 끌었던 것이다. (1B 73-74)

다말은 가나안 사람(혹은 아람인)이었고, 라합도 가나안 사람, 룻은 모압 사람이었으며, 밧세바는 헷 사람과 결혼했다—그래서 밧세바는 계보상에서 이방인이라는 앞선 사람들과의 공통적인 특성을 유지하기 위해, 자신의 이름이 아닌 '우리아의 아내'로 언급된다.

마태는 예수를 수태한 마리아의 중요성을 미묘하게 강조하고 있다. 마리아는 다윗의 혈통을 이어주는 여성일뿐 아니라, 예수를 자신의 아들로 인정한 요셉을 통해 다윗을 '비정상적으로' 계승한 사람이기도 하다. 브라운은 훗날 예수가 받게 될 사생아라는 비난을 마태가 미리 전하고 있는 것일 수도 있다고까지 생각한다(1B 572, 534-542).

마태의 목록에서는 남성들을 통해 평범하게 이어지는 혈통마저도 비정상적이다. 브라운은 12부족 전체의 대표자들을 모두 포함시키기 위해 그렇게 된 것이라고 주장한다. 메시아가 이들 부족 모두를 복원할 것이기 때문이며, 그것은 예수가 12제자를 선택하여 자신을 따르도록 한 사실에서 확인된다(마 19:28).

예수는 맏아들 이스마엘이 아닌 이삭의 혈통을 이어받은 아브라함의 자손이다. 예수는 이삭의 자손으로, 먼저 태어난 에서가 아닌 야곱의 혈통이다. 예수는 야곱의 12아들 중 넷째이며 영원한 왕권을 약속받은 유다의 자손이다. 하지만 마태는 유다의 다른 형제들을 잊지 않고 언급하는데, 그것은 예수가 이스라엘 전체와 관계가 있기 때문이다. (1B 69)

하지만 예수가 실제로 다윗의 후손으로 태어났을까? 그것은 왕족의 계보이지만, 예수가 자라난 환경에는 왕족과 관련이 있는 것은 전혀 없다.

만약 요셉과 예수가 다윗의 후손이라면, 이들은 왕족의 계보와 직접적으로 연결되어 있다기보다 방계傍系에 속한 자손이어야만 한다. 예수의 사역에 관한 이야기들 중 어느 곳에도 그의 가족이 귀족이나 왕족의 후손임을 암시하는 내용은 없다. 만약 예수가 왕족의 후손이었다면, 그의 주장들은 전혀 놀랄 만한 것이 아니었을 것이다. 그는 복음서들에서, 그다지 중요하지 않은 마을 출신으로, 그다지 인상적이지 않은 배경을 지닌 사람으로 등장한다. (1B 88)

하지만 브라운은 대부분의 신약성서 학자들이 그렇듯이, 비록 명확히 확인할 수는 없지만 예수가 실제로 다윗의 자손일 것이라고 믿는다. 그러한 친족 관계는 매우 일찍부터 주장되어, 50년대에 이미 그렇게 받아들여지고 있었다(롬 1:3). 또한 그 밖의 다른 것들에 대해 비난하던 예수의 인척들도 그 문제에 대해서는 이의를 제기하지 않았다. 이 문제는 바울의 언급만으로도 충분히 해명된다.

바울은 팔레스타인 지역의 상황을 잘 알고 있었으며, 예루살렘에서 전해오는 경고에는 늘 민감하게 반응했다. 만약 예수가 실제로는 다윗의 후손이 아니라는 것을 바울이 알고 있었다면, 그가 과연 [다윗의 혈통] 이라는 말을 사용할 수 있었을까? 이것으로 인해 야고보를 따르는 예루살렘의 사람들 혹은 속세의 예수에 대해 아는 것이 없다는 것을 근거로 사도라는 바울의 지위에 대해 의문을 품고 있던 사람들에게 쉽게 공격받을 수 있지 않았을까? 바울은 예수의 선조에 대해 전혀 조사해본 적이 없었을 것이라는 학자들이 있다. 그러나 그들은 바리새파 교육을 받은 바울과 같은 인물에게 메시아가 다윗의 후손이라는 것은 무척 중요한 문제이며, 특히 예수의 제자들을 공격하기 위한 논쟁거리를 찾고 있던 개종 이전의 시기에는 그것이 더욱 중요했을 것이라는 사실을 망각하고 있는 것이다. 그 자신이 두 번에 걸쳐 베냐민 지파의 후손이라고 주장했던 바울이 다윗의 후손인 예수에 대해 관심을 갖지 않을

수는 없었을 것이다. (1B 508)

  마태는 예수가 다윗의 후손이라는 역사적인 사실에 근거해 전체 계보를 작성했던 것으로 보인다. 14명의 선조들을 3개의 그룹으로 구성한 것은 분명 다윗이라는 이름에 근거를 두었을 것이다. 초기에 14 라는 숫자가 천지창조의 숫자인 7의 배수라는 주장이 있었지만, 그 숫자를 두 배로 만드는 것에 납득할 만한 이유가 전혀 없었기 때문에 그다지 큰 호응을 얻지는 못했다. 하지만 유대인들 사이에 일반적으로 활용되고 있던 **게마트리아**gematria(요한계시록 13장 18절에서처럼 숫자로 이름의 뜻을 풀어보는 숫자 상징주의)가 계보를 구성하는 기본 원리로 널리 받아들여졌다. 게마트리아의 규칙에 의해, '다윗 David'은 히브리어로 세 개의 자음이 있으며, 그들의 숫자값을 더하면 14가 된다. 그리하여 14개의 이름으로 구성된 3개의 집합이 계보에 등장하는 것이다. 게다가 다윗의 이름은 마태의 목록에서 14번째에 위치한다.

  3×14의 계보에서, 세 개의 자음과 14의 문자값을 갖는 이름 역시 14번째에 위치한다. 그것에 1을 더하게 되면 그 이름은 계보의 바로 전에 언급되며, 2배가 되면 끝부분에 언급된다. 그리고 그것에는 왕의 칭호가 수여되며, 우연의 일치는 효과적으로 배제된다.

다윗이라는 이름은 마태가 작성한 계보의 핵심이다.[3]

동정녀 탄생

일반적으로 쓰이고 있는 '동정녀 탄생'이라는 유감스러운 용어는 마태와 누가가 기술했던 처녀 수태의 잘못된 표현이다. 마태는 이 수태가 이사야서 7장 14절의 성취라고 말한다. 히브리어로 작성된 그 부분은 이렇다: "한 **젊은 여성**young woman이 임신했으며, 그녀는 아들을 낳을 것이며, 그 아이를 임마누엘이라 부를 것이다". 하지만 마태는 이사야서의 그리스어 번역본(Septuagint, 70인역 성서)에 의존하고 있었기 때문에, 한 처녀(*parthenos*)가 아이를 낳을 것이라고 말한다. 마태가 예수의 동정녀 탄생을 입증하기 위해 (고의적이거나 무의식적으로) 70인역 성서의 '오역'을 받아들였을 것이라는 문제는 자주 논쟁거리가 된다. 하지만 브라운은 이것이 전적으로, 유대교의 '예언'과 마태가 이해하고 있던 '성취' 그리고 이사야서 7장 14절의 본래적인 의미 등과 같은 그릇된 생각들이 뒤죽박죽된 것이라고 주장한다.

이사야서 7장에서 전하는 상황은 다음과 같다. 선지자가 어느 특별한 여성에게서 태어날 아이를 거론하며 사악한 아하스 왕을 위협하고 있었다. 다윗의 혈통인 그 사내아이는 적들로부터 유다의 부족을 구하게 될 것이다. 그 위협이 효력을 발휘하기 위해 그 '젊은 여성'은 익히 잘 알려진 사람이어야 했다. 그리고 그녀는 그 위협이 가해지던 당시엔 여전히 젊은 여성이었으므로, 70인역 성서는 실제로 원래의 의미를 변형시키지 않았던 것이다. 마태는 하나님이 과거에 다윗의 혈통을 위해 놀라운 일들을 행하셨으며, 예수가 유대민족의 구원과 관련된 이러한 모든 상징들을 계승한 것이라 말하고 있는 것이다.

> 요약하자면, 맛소라Masoritic[히브리어] 원문의 이사야서 7장 14절에서는 먼 미래에 발생할 처녀 수태를 언급하지 않고 있다. 그 선지자가 언급한 것은 곧[기원전 8세기] 태어날 아기로서, 다윗의 혈통일 것이지만 자연스럽게 수태되어 하나님이 자기 민족을 보살핀다는 것을 증명하게 될 것이다. 그 아이는 다윗 왕실을 이어가는 데 도움을 줄 것이며, 그렇게 함으로써 하나님이 여전히 '우리들과 함께' [임마누엘Immanuel] 한다는 것을 알리게 될 것이다. (1B 148)

예수의 처녀 수태는 요한복음 1장 12~13절에 규정되어 있듯이 부인과나 산과 의학적인 가르침이 아니라 신학적인 것이었다. "그[예쉬를 맞아들인 사람들, 곧 그 이름을 믿는 사람들에게는, 하나님의 자녀가 되는 특권을 주셨다. 이들은 혈통에서나, 육정에서나, 사람의 뜻에서 나지 아니하고, 하나님에게서 났다." 선택받은 사람들에 대한 하나님의 중재를 강조하는 것은, 예수의 경우에는 새로운 시작, 이제까지 없었던 창조임을 알리는 것으로써, 마태는 예수의 계보를 '그의 근원에 관한 책'(*genesis*, 기원)이라 부르며 그 뜻을 명확히 했다.

오랜 시간 동안 가톨릭 교회는 복음서들이 주저 없이 밝히고 있는, 예수에게 형제들이 있었다는 내용을 부정함으로써 마리아의 영원한 처녀성을 지키려고 노력해왔다. 비록 그리스어에는 모든 혈연관계를 표현할 수 있는 매우 명확하고 상세한 용어들이 있었지만, 가톨릭 성서 석의釋義 학자들에 의해 그 형제들은 사촌들로 불려왔다. 이제는 가톨릭 석의 학자들도 "마리아의 처녀성에 대한 주장은 …… 생물학적인 의미로 제시된 바가 전혀 없다"[4]라는 제수이트 수사 조셉 피츠마이어의 견해에 동의하지만, 다음과 같은 레이먼드 브라운의 경고는 적절하다.

모든 기독교인들은 결혼 생활을 통한 수태가 예수의 존엄함이나 마리아의 고결함을 훼손할 것이라는 그 어떤 암시도 경계해야 한다. 처음부터 처녀 수태에는 성性을 거부하는 편견 따위는 전혀 없었으며, 그 어떤 편견을 지지하는 데 활용되어서도 안 된다. 복음서 저자들에게 처녀 수태는, 자신의 아들이 되어가는 과정과 관련된 하나님의 자비로운 중재를 가시적으로 드러내는 일이었다; 그러한 중재가 결혼에 의한 평상적인 임신의 경건함을 훼손하는 일은 전혀 없다. (1B 530)

요셉과 이집트

성스러운 글에서는 유대인들에 대한 하나님의 계획에 중요한 역할을 할 아이의 성 수태 고지가, 이스마엘(창 16:7-12)과 삼손(삿 13:3)의 경우처럼 주로 천사에 의해 이루어거나, 이삭(창 17:15-16)의 경우처럼 하나님 자신에 의해 전해진다.

예수의 성 수태 고지는 요셉의 꿈에서 이루어지는데, 그의 이름이 이집트로 잡혀가 파라오의 꿈들을 풀이해주었던(창 37:19, 41:25) 해몽 전문가인 족장 요셉을 떠오르게 하기 때문이다. 마태복음의 요셉은 꿈속에서 네 번에 걸쳐 통지를 받는다(1:20, 2:13, 2:19, 2:22). 첫 번째로 요셉은 마리아의 아기가 성령으로 잉태되었음을 전달받는다. 그리고 나서 천사는 그 아이가 태어나게 되면 어떻게 보호해야 하는지를 요셉에게 알려준다. 천사는 우선, 어린 모세가 잔학한 파라오에게서 도망치기 위해 그랬던 것처럼 새로운 유대왕을 찾아내려는 헤롯을 피하기 위해 예수를 이집트로 데려가야만 한다고 전한다. 브라운은 이러한 과정을 다음과 같이 대비시켜 보여준다(1B 113).

마태복음 2:13-14	헤롯이 그 아이를 죽이기 위해 찾고 있었으므로, 요셉은 아이와 어머니를 이끌고 피신한다.
출애굽기 2:15	파라오가 모세를 제거하기 위해 찾고 있었으므로 모세는 피신한다.
마태복음 2:16	헤롯은 베들레헴으로 가서 두 살짜리부터 그 보다 어린 사내아이들은 모조리 죽였다.
출애굽기 1:22	파라오는 히브리에서 태어난 모든 사내아이들을 나일 강에 버리도록 명령한다.
마태복음 2:19	헤롯이 죽는다.
출애굽기 2:23	이집트의 왕이 죽는다.
마태복음 2:19-20	주님의 천사가 이집트에 있는 요셉에게, "일어나서, 아기와 그 어머니를 데리고 이스라엘 땅으로 가거라. 그 아기의 목숨을 노리던 자들이 죽었다."
출애굽기 4:1	주님께서 미디안에서 모세에게 말씀하셨다. "이집트로 돌아가거라. 너의 목숨을 노리던 사람들이 모두 죽었다."
마태복음 2:21	요셉은 아기와 그 어머니를 데리고 이스라엘 땅

으로 돌아갔다.

출애굽기 4:20 모세는 아내와 아이들을 데리고 이집트로 돌아
갔다.

두 가지 경우 모두, 하나님은 특별한 사명을 띠고 있는 사람을 보
호하고 있다.

동방박사

동방박사는 앞으로 유대의 메시아에게 이방인들이 모여든다는 것을
상징한다. 이것은 이사야서 60장 3절과 6절에서와 같이, 내세론적인
징표이다.

이방 나라들이 너의 빛을 보고 찾아오고
뭇 왕이 떠오르는 너의 광명을 보고, 너에게로 올 것이다.……
많은 낙타들이 너의 땅을 덮을 것이며,
미디안과 에바의 어린 낙타가 너의 땅을 뒤덮을 것이다.
스바의 모든 사람이 금과 유황을 가지고 와서
주님께서 하신 일을 찬양할 것이다.

시편 72편 10절에서는 이렇게 말한다.

다시스(스페인)의 왕들과 섬나라의 왕들이 그에게 예물을 가져오게 해주시고, 스바(아라비아)와 시바(에티오피아)의 왕들이 조공을 바치게 해주십시오.

예물을 가져오는 이방인이라는 일반적인 주제는 구세주 시나리오의 일부분이지만, 마태복음의 동방박사는 왕이 아니다(또한 세 명이라고 상세히 언급되어 있지도 않다). 그들은 동방에서 온 이방인이며 마법 전문가인 발람을 모방해 만들어진, 선각자이며 예언자들이었다(민 22:7). 발락 왕으로부터 유대민족에게 저주를 내려달라고 부탁받은 발람은 하나님의 인도를 받아 저주 대신 예언으로 축복을 내린다(민 24:17).

한 별이 야곱에게서 나올 것이다.
한 통치 지팡이가 이스라엘에서 일어설 것이다.

이미 존재하던 전승들

브라운은 탄생 이야기의 요소들이 마태에 의해 고안된 것이 아니라 활용된 것이라고 강력히 주장한다. 따로 전승된 요셉과 동방박사의 이야기를 마태가 서투르게 결합했다는 사실은 쉽게 알아차릴 수 있다. 동방박사들에게는 자신들을 안내하는 별이 있었다. 그들은 왜 여행을 잠시 멈추고 헤롯 왕에게 안내자를 요구하지 않았을까? 이것은 단순히 이집트의 이야기에 등장하는 어린아이들의 도살자와 그 동방박사들을 연결시키기 위한 것이다.

> 동쪽에서 온 박사들도 없었으며, 오로지 기록에 남아 있는 베들레헴에 대한 일반적인 정보만으로 헤롯이 베들레헴에 있는 아기를 찾는 데 실패한다는 것은 납득할 수 있다. 하지만 어떤 별이 아기가 있는 집 위에 멈춰서고, 낯선 외국인들이 그 작은 마을의 어느 집 문으로 향하는 길을 밝게 비추게 되면서 이 이야기는 우스꽝스럽게 되어버렸다. (1B 191)

하지만 이처럼 어설픈 이야기 구조는 상징적인 중요성을 품고 있다. 이방인 박사들이 이교도의 배움에 근거해 그 아기를 찾으려 했지만, 신성한 글을 통해 베들레헴의 중요성을 알게 되는 것만으로도 아기에게 도달할 수 있게 되는 것은 어울리는 일인 것이다. 즉, 미래의 이방인들은 유대인들에 대한 메시아의 약속을 받아들일 때 예수에게로 인도될 것이다.

마태는 이러한 이야기의 소재들을 어디에서 찾았던 것일까? 브라운은 요셉의 꿈들과 방랑하는 동방박사 그리고 사악한 왕과 같은 소재들은 사실상 민간에서 전승되던 이야기들이라는 사실에 주목한다. 브라운은 이 이야기들을 대중 연극에 성서적인 요소를 가미했던 중세의 미스터리 연극과 비교한다. 성서는 족장 요셉과 발람의 예언, 라헬의 비탄, 파라오 등과 같은 줄거리를 즉시 창의적으로 만들어낼 수 있는 기초적인 재료들을 제공한다. 자신의 자녀 셋을 죽였으며, "전체 유대 지역과 모든 집집마다 자신의 죽음을 슬퍼하도록"(1B 226-227) 만들기 위해 자신이 죽을 때 정치범들을 사형시키라고 병사들에게 명령했던 파라오의 잔인함을 기억하는 사람들은 자연스럽게 파라오와 헤롯의 비교를 통해 자식들을 잃고 울부짖는 라헬을 떠올리게 되는 것이다(마 2:18).

마태의 계획은 이처럼 경건한 기억들을 메시아의 유대교적 배경의 일부분으로서, 더 폭넓은 케리그마의 주제들과 연결시키려는 것이다. 브라운은 마태복음과 누가복음의 기사들을 다룬 자신의 책에 『메시아의 탄생The Birth of the Messiah』이라는 제목을 붙임으로써 핵심 요점을 적절하게 이끌어냈다.

| 주 |

1) 예수의 태생을 다룬 마태와 누가의 기사記事들은 일반적으로 '유년기의 이야기'
   로 불린다. 하지만 레이먼드 브라운은 이것을 잘못된 표현이라고 지적한다. 복음
   서 저자들은 예수의 수태와 탄생을 다루고 있는 것이지 유년기를 다루지는 않는
   다. 소년 예수에 관한 출처가 모호한 이야기들은 정전正典 외의 내용이며, 역사적
   으로나 신학적으로 아무런 가치가 없다.

2) Augustine, *The Consistency of Gospel Writers*, 1.4-5.

3) W. D. Davies and Dale C. Allison, *The Gospel According to Saint Mattew* (T.
   & T. Clark, 1988), vol. 1, p. 165. n. 20:
   다윗의 이름에 담겨 있는 마태의 14라는 숫자의 의미는 다음과 같은 사실에 의해
   뒷받침된다. 비록 역대지상에 아론으로부터 솔로몬에 이르는 아론 가문의 성직자
   가 14명이고, 완벽한 성소를 짓기 위한 성전의 청사진에서 14가 결정적인 숫자이
   며, 랍비들은 유대 율법이 힐렐과 샴마이에게 전해지는 데까지 14명의 이름을 거
   명하지만, 이 14라는 숫자는 유대 전승에서 그다지 중요한 것은 아니다. 벵겔이
   『신약의 길잡이Gnomon』에서, 다윗이 그 이름이 지닌 숫자값 때문에 아브라함으
   로부터 14번째라고 하는 의견은 랍비 베차이Rabbi Bechai라는 사람에게서 비롯된
   것이라고 밝힌 것에 주목하라.

4) Joseph A. Fitzmyer, S.J., *The Gospel According to Luke* (Doubleday, 1979),
   vol. 1, p. 340.

마태복음에는 예수의 세례와 제자들의 첫 번째 모임에 대한 묘사 이후에, 예수의 제자들이 따라야 할 것들을 설명하는, 이 복음서에서 가장 긴 다섯 가지 설교가 처음으로 등장한다. 비록 기독교인들이 갖춰야 할 도덕성에 관한 개론 혹은 안내서에 가깝지만, 통상적으로 산상설교(아우구스티누스는 이 제목으로 책을 썼다)라 부른다. 마태는 신약성서에 수록된 말씀 중에서 실질적으로 '최고의 히트작'이 된 이 내용들을—마가복음과 원전(Q) 그리고 그 자신이 전해들은 전승들—한데 모아 놓았다.

기독교 성서에서 가장 자주 인용되는 부분인 마태복음 5~7장에는, 팔복八福(the Beatitudes)과 주기도문 그리고 황금률이 포함되어 있을 뿐 아니라 (유명한 말씀들 중에서도) 소금과 빛, 들판의 백합화, 열매를 보아서 아는 나무, 모래가 아닌 반석 위에 지은 집과 같은 말씀들이 담겨 있다. 만약 신약성서의 모든 내용이 사라진다 해도, 이 세 개의 장들만 남아 있다면 괜찮다는 사람들도 있을 것이다. 이런 사람들은 이 부분이 마태복음의 진수일 뿐 아니라, 예수의 모든 가르침의 핵심을 담고 있다고 생각하는 것이다.

세례 요한이 메시아의 출현을 알리고 난 후에, 마태복음은 예수가 메시아의 시대를 시작한다는 것을 보여준다. 이러한 목적을 위해 마태는 모세가 시내 산에 올라갔듯이 예수가 새로운 질서를 제정하기 위해 산에 오르는 것으로 묘사한다. 이러한 행위를 통한 결과물은 이른바 반제反題들(5:21-48)에 가장 명확하게 표현되어 있지만, 예수는 반제들처럼 표제적標題的인 설명으로부터 설교를 시작하지는 않는다. 그는 위로를 주는 축사(*makarismoi*라고 부르며, 팔복에서 '행복'의 뜻으로 사용된 *makarios*에서 파생된 단어)들로 말씀을 시작한다.

팔복(5:3-10)

모세의 계시는 일련의 금제禁制들로 제시되어 있다('너희는 ~을 하여서는 안 된다'). 예수는 괴로움당하는 자, 방치된 자 혹은 박해받는 자들을 향해, 고대 그리스나 로마에서는 **콘솔라시오**consolatio(위안)라 불리던 위로의 말로 산상설교를 시작한다.

> "마음이 가난한 사람은 복이 있다.
> 하늘나라가 그들의 것이다.
> 슬퍼하는 사람은 복이 있다.
> 하나님이 그들을 위로하실 것이다.
> 순종하는 사람은 복이 있다.
> 그들이 땅을 차지할 것이다.
> 의에 주리고 목마른 사람은 복이 있다.
> 그들이 배부를 것이다.
> 남에게 자비를 베푸는 사람은 복이 있다.
> 하나님이 그들을 자비롭게 대하실 것이다.
> 마음이 깨끗한 사람은 복이 있다.
> 그들이 하나님을 볼 것이다.

평화를 이루는 사람은 복이 있다.

하나님이 그들을 자기의 자녀라고 부르실 것이다.

의를 위하여 박해받는 사람은 복이 있다.

하늘나라가 그들의 것이다." (5:3-10)

이것들은 모두 하나같이 역설逆說들(paradoxes)이다. 예상을 뒤엎으며, 평상적인 가치들을 뒤집는다. 이런 종류의, 모든 가치들에 대한 역설적인 재평가(니체의 용어를 활용하자면)는 복음서들 전체에 걸쳐 전해지고 있다—꼴찌가 첫째가 되고, 노예가 주인이 되고, 자신의 목숨을 버리는 자가 구원받을 것이며, 고통받는 메시아가 영광을 얻을 것이다. 그러나 예수의 계시에 제시되어 있는 도덕적 전도顚倒들 중에서도 특별히 **강조**하는 것이 있다. 그 역설들을 하나씩 소개하면 다음과 같다.

1. 마음이 가난한 사람은 복이 있다.

그리스 문자 그대로 옮기자면 '영혼이 가난한 사람'이다. 하지만 이것은 무슨 뜻일까? '정신적으로 무기력한 사람' 혹은 '성령이 부족한 사람'은 분명히 아니다. 이러한 해석은 역설이 아니라 오히려 모순이 된다. 예수는 단순히 물리적으로 빈곤한 상태는 축복받은 상태가 아니라고 말하고 있는 것이다. 오히려 그는, 부자를 시기하거나 하나님의 뜻을 거역하지 않고, 스스로 가난을 받아들일 마음이 있는 사람들을 언급하고 있는 것이다. 이들은 부자들은 그들의 보답을 받을 것이라는 예수의 말을 통해 공표된 부자에 대한 비난으로부터 벗어난 사람들이다. 물질적으로 가난하지 않더라도 여기에서 예수가 축복하고 있는 가난한 마음가짐은 가질 수 있다. 그들은 부자들이 지닌 오만함이나 포악함 없이 하나님의 눈길 안에서 가난함을 유지할 수 있다.

마음이 가난한 사람에게 필요한 것으로, 예수는 (이 복음서에서) 하늘나라로 들어갈 사람들은 주린 사람을 먹이고, 헐벗은 사람을 입히며, 낯선 사람을 반겨주는 사람들이라고 밝히고 있다(25:31-46). 이런 사람들은 이 첫 번째 '팔복'의 약속에 따라 하늘나라로 들어갈 것이다.

2. 슬퍼하는 사람은 복이 있다.

이것이야말로 궁극적인 역설이다. 불행한 사람이 행복하다! 다시 한 번 예수가 표현하고 있는 것은 단순한 육체적 고통이나 상실이 아니라 정신적인 것들로 인해 슬퍼하는 영적인 상태인 것이다. 아우구스티누스는 물질적인 상실을 슬퍼하는 것은 죄악이라고 말했다. "유일하게 슬퍼해야 할 일은 자신들의 손실에 대해 슬퍼하는 것이며, 혹은 슬퍼하는 자신들에 대해 슬퍼하지 않는 것이다"(『고백록』 10.1).

정당한 이유로 슬퍼하는 사람들은 고결한 행위를 하는 것이며, 그러한 것에 대한 확신은 머지않아 그들의 위로가 될 것이다.

3. 순종하는 사람은 복이 있다.

여기서 '순종하는' 사람들은 종종 '온유한' 사람, '온순한' 사람, '상냥한' 사람으로 번역된다. 하지만 이러한 것들은 단호한 태도를 갖지 못한 사람들을 의미하는 것이 될 수도 있다. 예수는 공격적일 수도 있지만, 그렇게 되기를 거부하는 사람들을 칭찬한다. 세상을 얻는 것이 일반적인 정복의 목표이므로, 이 역설이 지닌 최대의 효과는 순종에 대한 보상으로부터 생겨난다. 예수는 한사코 정복을 부정한다. 유일하게 영원히 소유할 수 있는 것은 강탈한 것이 아니라 내어준 것이다.

4. 의에 주리고 목마른 사람은 복이 있다.

물리적인 조건과 정신적인 의도에 대한 대비가 다시 한 번 명확히 드러난다. 의right에 대한 갈망은 육체의 자양분에 대한 욕구와 똑같지는 않지만 적절히 비교될 수 있다. 양분의 공급이 육체에 절대적으로 필요한 것처럼, 비록 호사스러운 일은 아닐지라도 의가 널리 행해지는 것은 절대적으로 필요하다.

5. 남에게 자비를 베푸는 사람은 복이 있다.

자신에게 부족한 것들을 직접적으로 요청해서는 안 된다. 남들의 곤경을 함께 겪는 것으로, 자기 자신의 곤경을 해결할 응답을 찾을 수 있다.

6. 마음속이 깨끗한 사람은 복이 있다.

문자 그대로는 '마음이 깨끗한 사람'이다. 이것은 어느 한 사람이 관계하는 외부적인 일들에 따라 그 사람을 부정하다 여기는 유대교의 신성한 법전과 대비된다. 예수는 모든 종류의 부정한 사람들— 사마리아인, 나병환자, 창녀, 생리 중인 여성, 세리—을 부단히 끌어안음으로써 신성한 법전의 금기들을 헤치고 나아간다. 마태는 나중에 예수의 말을 인용한다. "입으로 들어가는 것이 사람을 더럽히는 것이 아니라, 입에서 나오는 것, 그것이 사람을 더럽힌다"(15:11). 바로 이러한 내적 순수함이 '팔복'에서 말하는 복이다. 이것은 하나님을 불경스러운 것들로부터 격리시키기 위해 고안된 외형적인 의식儀式을 통해서가 아닌, 정면으로 하나님을 바라보기를 권하는 것이다.

7. 평화를 이루는 사람은 복이 있다.

이것은 다시 한 번 의가 우선이라는 것을 나타낸다. 남들의 곤경을 살피는 것을 통해 좋은 관계를 복원하고, 하나님의 사자로서 행동하며 하나님의 아들이라 불릴 권한을 얻는 것이다.

8. 의를 위하여 박해받는 사람은 복이 있다.

올바른 이유들을 위해 받아들이는 박해는 정화의 행동이다. 이것은 병을 태워 없애는 것이다. 이것은 '불'의 세례이다.

'팔복'의 마지막 구절은 첫 번째 구절과 더불어, 하늘나라의 통치를 받게 될 것이라는 동일한 보상을 약속하는 것으로 '북엔드 bookend'를 형성한다. 이로써 여덟 번째 '팔복'이 마지막이라는 것이 증명된다. 하지만 그 다음에 이어지는 것이 마지막 구절이라고 생각하는 사람들도 있다. 그 구절도 똑같은 형용사인 '행복한' (makarioi)으로 시작하는 것은 사실이다. 하지만 이것은 여덟 가지 축복들의 부연 설명이자 해설이다. '너희가 나 때문에, …… 복이 있다'라고 말할 때 3인칭에서 2인칭으로 옮겨가며, 축복받은 상태에서 어떻게 행동해야 하는지에 대한 충고를 계속 이어가는 데서 그 단어가 다른 기능을 하고 있다는 것을 알 수 있다.

너희가 나 때문에 모욕을 당하고, 박해를 받고, 터무니없는 말로 온갖 비난을 받으면 복이 있다. 너희는 기뻐하고 즐거워하여라. 하늘에서 받을 너희의 상이 크기 때문이다. 너희보다 먼저 온 예

언자들도 이와 같이 박해를 받았다. (5:11-12)

여섯 가지 반제反題(5:21-48)

'팔복'은 길게 이어질 전체 설교를 위한 일종의 서곡이다. 설교의 주
된 주제는 예수가 선언한 새 법으로, 옛 율법을 대체하는 것이 아니라
그것을 뛰어넘어 완성하는 것이며(5:17-19), 의식적儀式的이기보다
내적인 의무를 한층 더 강화하기 위한 것이다. 제자들은 가장 엄격한
바리새파 사람들보다 이것을 더 엄격히 준수해야 하지만(5:20), 그것
은 바울이 '마음에 받는 할례'(롬 2:29)라고 불렀던 것과 같이 전혀
다르게 준수해야 하는 것이다. 예수가 새로 제정한 법은 여섯 개의
계명으로 공표되었다.

그 여섯 개의 새로운 계명들은 반제라 불리는데, 그것들이 **"너희
들은 ……라고 들었다. 하지만 나는 너희에게 말한다"**[1]라는 형태를
취하고 있기 때문이다. 그 새로운 계명들은 하나님이 모세를 통해 전
했던 그 계명이 아니라 예수 자신의 직접적인 권능으로 선포한 것이
다.

1. 그 첫 번째 계명은 다음과 같다.

옛 사람들에게 말하기를 '살인하지 말아라. 누구든지 살인하는 사람은 재판을 받아야 할 것이다' 한 것을 **너희는 들었다.**

그러나 나는 너희들에게 말한다. 자기 형제나 자매에게 성내는 사람은, 누구나 심판을 받는다. 자기 형제나 자매에게 '얼간이' 라고 말하는 사람은, 누구나 공의회Sanhedrin에 불려갈 것이요, 또 '바보' 라고 말하는 사람은 지옥불Gehenna's fire 속에 던져질 것이다.

이 구절에서 사용된 과장된 표현은 이 복음서가 담고 있는 '사랑하라' 는 계율의 상대적인 이면裏面이다. 사랑이 모든 것을 뛰어넘는 가장 숭고한 의무obligation라면, 그것에서 벗어나는 행위를 하는 즉시 그 기준을 저버리게 되는 것이다. 남을 모욕한 사람은 하나님에게 기도할 수 없다는 말을 통해 예수는 이러한 생각을 확장하고 있다. 즉, 남을 모욕한 사람은 즉시 성전을 떠나야 하며, 그 잘못된 행위에 대해 보상해야만 하는 것이다.

형제자매들에 대한 사랑은 하나님에 대한 사랑을 드러내는 그 어떤 고백보다 먼저 있어야 한다. 오래된 계율은 시내 산의 높은 곳으로부터 전해져 내려왔으며, 그것은 하나님에게 순종하기 위해 하나님을 먼저 바라보도록 요구했다. 하지만 지금 예수는 자신이 사랑하며 사랑하라고 가르치는 사람들 사이로 내려와 있기 때문에, 새로운 계율은 그와는 정반대로 실행되는 것이다.

2. 그 다음의 반제는 내적 정결에 대해 다루고 있다. 이 주제는 이미 '팔복'의 여섯 번째 항목에서 다루었지만, 이제는 상세한 설명과 함께 제시된다.

'간음하지 말아라' 하고 말한 것을, **너희는 들었다.**
그러나 나는 너희에게 말한다. 여자를 보고 음욕을 품는 사람은 이미 마음으로 그 여자를 범하였다. 네 오른쪽 눈이 너로 하여금 죄를 짓게 하거든 빼서 내버려라. 신체의 한 부분을 잃는 것이, 온 몸이 지옥Gehenna에 던져지는 것보다 더 낫다. 또 네 오른손이 너로 하여금 죄를 짓게 하거든, 찍어서 내버려라. 신체의 한 부분을 잃는 것이, 온몸이 지옥에 던져지는 것보다 더 낫다.

과거의 제도에서 정결함은 의식적儀式的인 관습의 문제였다. 예수는 그것을 폐지하는 것이 아니라, 더 엄격하면서도 완전히 내면적인 규약으로 완성하고 있는 것이다. 정결함은 내적인 **의지**의 문제인 것이다.

3. 세 번째 반제 역시 더 엄격한 규정을 소개하고 있다.

'누구든지 아내를 버리려는 사람은 그에게 이혼 증서를 써주어라' 라고 **말하였다.**
그러나 나는 너희에게 말한다. 음행을 한 경우를 제외하고 아내를 버리는 사람은 그 여자를 간음하게 하는 것이요, 또 버림받은 여자와 결혼하는 사람은 누구든지 간음하는 것이다.

마태는 이 명령을 뒷부분에서 다시 한 번 되풀이한다(19:9). 가부장적인 사회에서는 오직 자손의 정통성을 보장하기 위해서만 아내의 미덕을 요구한다. 만약 아내가 정직하지 않다면, 그녀는 남편에게 그의 자식이 아닌 남의 아이를 낳아주게 될 것이다. 예수는 이러한 경우만을 유일한 예외로 하고 이혼을 엄격히 제한했다.[2)]

4. 네 번째 반제에서는 재판에 의한 판단이 아닌 내적인 정직이라는 문제로 진실함을 갖추어야 한다는 인격주의에 대한 강조를 이어간다.

옛 사람들이 '너는 거짓 맹세를 하지 말아야 하고, 네가 맹세한 것은 그대로 주님께 지켜야 한다' 고 한 것을, **너희는** 또한 **들었다.**

그러나 나는 너희에게 말한다. 아예 맹세하지 말아라. 하늘을 두고도 맹세하지 말아라(그것은 하나님의 보좌이기 때문이다). 땅을 두고도 맹세하지 말아라(그것은 하나님이 발을 놓으시는 발판이기 때문이다). 예루살렘을 두고도 맹세하지 말아라(그것은 크신 임금님의 도성이기 때문이다). 네 머리를 두고도 맹세하지 말아라(너는 머리카락 하나라도 희게 하거나 검게 할 수 없기 때문이다). 너희는 '예' 할 때에는 '예' 라는 말만 하고, '아니오' 할 때에는 '아니오' 라는 말만 하여라. 이보다 지나치는 것은 악에서 나오는 것이다.

맹세가 왜 악한 것에서 나온다고 말하는 것일까? 맹세는 마술[3]에서 너무나 자주 사용되는 것이기 때문이다. 별들을 두고 맹세하는 것은 별들의 권능을 불러일으키는 것이다. 이것이 바로 예수가, 그러한 곳들은 하나뿐인 하나님이 머무는 곳으로서 오직 하나님에 의해서만 처분될 수 있으므로, 맹세하는 자들의 의도에 따라 이루어지지 않는다고 말하는 까닭이다.

5. 다섯 번째 반제는 **복수법**復讐法을 초월하는 것이다.

'눈은 눈으로, 이는 이로 갚아라' 하고 말한 것을 **너희는 들었다.**

그러나 나는 너희에게 말한다. 악한 사람에게 맞서지 말아라. 누가 네 오른쪽 뺨을 치거든, 왼쪽 뺨마저 돌려 대어라. 너를 고소하여 네 속옷을 가지려는 사람에게는, 겉옷까지도 내주어라. 누가 너더러 억지로 오 리를 가자고 하거든, 십 리를 같이 가주어라. 네게 달라는 사람에게는 주고, 네게 꾸려고 하는 사람을 물리치지 말아라.

비폭력의 스승으로서 예수는 톨스토이와 간디 그리고 소로와 킹 목사의 경지를 뛰어넘는다.

6. 마지막 반제는 앞서 제시된 것들보다 우리를 한층 더 깊은 경지로 이끌어, 다른 사람들에게 폭력을 절대로 사용해서는 안 된다고 말한다. 어떤 속박이든 사랑에 근거해야만 한다고 말한다.

'네 이웃을 사랑하고, 네 원수를 미워하여라' 하고 말한 것을 **너희는 들었다.**
그러나 나는 너희에게 말한다. 너희 원수를 사랑하고, 너희를 박해하는 사람을 위하여 기도하여라. 그래야만 너희가 하늘에 계신 너희 아버지의 자녀가 될 것이다. 아버지께서는, 악한 사람에게나 선한 사람에게나 똑같이 해를 떠오르게 하시고, 의로운 사람에게나 불의한 사람에게나 똑같이 비를 내려주신다.

예수는 세상 모든 것들이 하나님의 시선에 드러나 있는 하늘나라의 통치를 전수하고 있는 것이다. 예수가 지금 제자들에게 가르치고 있는 기도는, 이러한 통치가 옳다는 것을 입증하는 기도인 것이다.

주님의 기도

종교의 내적인 활동을 강조하는 동시에 예수는 이제 공개적인 자선과 기도와 금식에 대해 경고한다(6:1-18). 기도에 대해 예수는 이렇게 말한다.

"너희는 기도할 때에, 위선자들처럼 하지 말아라. 그들은 사람들에게 보이려고, 회당과 큰길 모퉁이에 서서 기도하기를 좋아한다. 내가 진정으로 너희에게 말한다. 그들은 자기들의 상을 이미 다 받았다. 하지만 너는 기도할 때에, 골방에 들어가 문을 닫고서, 숨어서 계시는 네 아버지께 기도하여라. 그리하면 숨어서 보시는 너의 아버지께서 너에게 갚아주실 것이다. 너희는 기도할 때에, 이방 사람들처럼 빈말을 되풀이하지 말아라. 그들은 말을 많이

하여야만 들어주신다고 생각한다. 그러므로 그들을 본받지 말아라. 하나님 너희 아버지께서는, 너희가 구하기 전에, 너희에게 필요한 것이 무엇인지를 알고 계신다." (6:5-8)

그리고 나서 예수는 그들이 꼭 따라야만 하는 기도를 제시한다. 그것은 예수 자신이 오랫동안 드려왔던 기도라고 불리고 있다. 그 기도는 명확한 기독교적 용어를 사용한 것이 아니다. 그래서 일정한 이유로 인해 마태가 채택한 유대의 기도라고 부르는 사람들도 있다.[4]

하지만 '그 뜻을 하늘에서 이루심같이'의 그리스어 단어들은 마태가 겟세마네 동산에서 예수가 사용했다고 묘사해놓은 것들과 정확히 일치한다(26:42). '뜻design'이라는 단어는 문자 그대로 '당신이 의도하는 것'이지만, 예수의 고뇌에 찬 선택은 구원의 전체적인 계획이 바로 그 자신이 그것에 순종하는 것에 달려 있다는 것을 알고 있음을 보여준다. 따라서 기독교인들의 기도는 이러한 하나님의 위대한 뜻을 받아들인다는 것을 반영해야 한다.

더 나아가 '시험에 들지 않게 하시고'라는 청원 역시 예수가 동산에서 말했던 것을 반영하고 있다: "시험에 빠지지 않도록, 깨어서 기도하여라"(26:41). 역사에서나 역사와의 개인적인 만남에서도 마찬가지로 극한 상황은 **시련**Peirasmos으로서, 모든 역사의 위대한 시험Test인 것이다. 이러한 구절들은 이것이 종말론적 기도라는 것을 보여주며, 마지막 구절에서 악(*poneron*)으로부터가 아닌 악한 자 (*Poneros*)로부터의 구원을 언급하고 있다.[5] 예수는 바로 그날 밤 동산에서 어둠의 권세를 만나게 된 것이, 아버지의 승리로 역사를 끝내게 될, 미리 정해져 있는 최후의 싸움이라 말하고 있는 것이다.

이러한 대비들은 주님의 기도가 종말론적인 기독교 기도라는 것을 보여준다. 세 가지 청원이 담긴 하나의 문장은 역사의 마지막 파국에서 하나님의 정당함을 밝히는 것이며, 세 가지 청원이 담긴 두 번째 문장은 기도하는 사람들이 이러한 시련을 뚫고 보호받게 되기를 청원하는 것이다.[6]

하늘에 계신 우리 아버지,
그 이름을 거룩하게 하여주시며
그 나라를 오게 하여주시며
그 뜻을 하늘에서 이루심같이
땅에서도 이루어주십시오.

오늘 우리에게 필요한 양식을 내려주시고,
우리가 우리에게 죄 지은 사람을 용서하여준 것같이
우리의 죄를 용서하여주시고,
우리를 시험에 들지 않게 하시고,

악한 자Evil One로부터 구하여주십시오.

'양식을 내려주시고' 는 *artos epiousios*를 번역한 것인데, *ep(i)-ienai*('앞으로 오게 될') 혹은 *ep(i)-einai*('앞으로 있게 될')로부터 파생된 보기 드문 형용사가 사용되었다. 킹 제임스 번역본은 후자의 뜻을 받아들여 '우리의 일용할 양식' ('지금 우리에게 있는 양식')으로 번역했다. 하지만 전체 기도문에 드러나 있는 종말론적 배경에 비추어볼 때, 하늘나라의 완성으로 앞으로 오게 될 양식을 언급하고 있는 것이다.

이러한 종말 시기의 연회는 바로 이 복음서의 최후의 만찬에서 이야기한 그것이다. "내가 너희에게 말한다. 이제부터 내가 나의 아버지의 나라에서 너희와 함께 새것을 마실 그날까지, 나는 포도나무 열매로 빚은 것을 절대로 마시지 않을 것이다"(26:29). 주님의 기도는 이러한 성대한 만찬을 예상할 것을 요구하고 있는 것이다. 죄를 용서해달라는 기도는('죄를 용서하여주시고') 모든 죄들이 소멸되는 위대한 회년禧年을 언급하고 있는 것이다. 이것 역시 종말론적인 것이다.

전체 기도는 하나님의 행위로 가득 차 있다. 첫 번째의 세 가지 청원들은 '하나님께 바치는 수동태 명령문' 형태로 되어 있다—자신의 뜻을 성취시켜달라고 하나님에게 명령할 수는 없는 것이다. 그리고 하나님의 초월적인 영광을 찬양하며, **그 이름을**…… **그 나라를**…… **그 뜻을**……이 강조되고 있다. 그 다음의 세 가지 청원에서는 **우리에게**…… **우리가**…… **우리의**…… **우리를**……과 같은 반복을 통해 인간적인 요구들을 표현하고 있다. 하나님의 행위만이 우리의 곤경을 해소시킬 수 있는 것이다.

우선순위 정하기

나머지 산상설교에서는(6:19-7:27) 주님의 기도에서 밝혔던 종말론적 시각에 비추어 우선순위들을 설정하기 위해 다양한 교육 수단들을 활용하고 있다. 예수는 제자들에게, 마음을 깨끗이 하고 눈을 한결같도록 하기 위해; 두 주인이 아닌 한 주인만을 섬기기 위해; 어떻게 살아갈 것인지에 관한 근심 걱정은 하나님에게 맡겨두기 위해; 남들을 심판하지 않기 위해; 남들을 대접하기 위해; 책임을 지고 구하기 위해; 거짓 예언자들을 살피기 위해; 반석 위에 집을 짓기 위해, 좀이 먹고 녹이 슬어 망가지지 않을 곳에 정신적인 보물을 쌓아두라고 말한다. 이 말씀은 처음부터 끝까지 하나님 아버지에 대한 믿음을 전하고 있는 것이다.

그러므로 내가 너희에게 말한다. 목숨을 부지하려고 무엇을 먹을까 무엇을 마실까 걱정하지 말고, 몸을 감싸려고 무엇을 입을까 걱정하지 말아라. 목숨이 음식보다 소중하지 아니하냐? 공중의 새를 보아라. 씨를 뿌리지도 않고, 거두지도 않고, 곳간에 모아들이지도 않으나 너희의 하늘 아버지께서 그것들을 먹이신다. 너희는 새보다 귀하지 아니하냐? 너희 가운데서 누가, 걱정을 해서, 자기 수명을 한순간인들 늘릴 수 있느냐?

어찌하여 너희는 옷 걱정을 하느냐? 들의 백합화가 어떻게 자라는지 살펴보아라. 수고도 하지 않고, 길쌈도 하지 않는다. 그러나 내가 너희에게 말한다. 온갖 영화로 차려입은 솔로몬도 이 꽃 하나와 같이 잘 입지는 못하였다. 오늘 있다가 내일 아궁이에 들어갈 들풀도 하나님께서 이와 같이 입히시거늘, 하물며 너희들을 입히시지 않겠느냐? 믿음이 적은 사람들아!

그러므로 무엇을 먹을까, 무엇을 마실까, 무엇을 입을까 걱정하지 말아라. 이 모든 것은 모두 이방 사람들이 구하는 것이요, 너희의 하늘 아버지께서는 이 모든 것이 너희에게 필요하다는 것을 아신다. 너희는 먼저 하나님의 나라와 하나님의 의를 구하여라. 그리하면 이 모든 것을 너희에게 더하여주실 것이다. 그러므로 내일 일을 걱정하지 말아라. 내일 걱정은 내일이 맡아서 할 것이다. 한 날의 괴로움은 그 날에 겪는 것으로 족하다. (6:25-34)

예수는 여러 번에 걸쳐 점층논법을 활용한다('만약 그것이……면, 그보다 **더욱더** 풍족하지 않겠느냐?) 만약 하나님이 백합화를 그렇게 입혔다면, 그보다 더욱더 잘 입히지 않겠느냐? 만약 너희들이 자녀들에게 돌이 아닌 빵을 준다면, 그보다 더욱 좋은 것을 너희들에게 주지 않겠느냐?(7:11) 백합화의 경우는 핵심적인 문구에 온갖 영화로 차려입은 솔로몬을 중간에 덧붙여 소개함으로써 특별히 강조하고 있다. 체스터턴은 이 문구를 훌륭하게 분석했다.

들판의 백합화에 대한 비유에서 사용된 삼단논법만큼 완벽한 것은 아마도 모든 언어 혹은 모든 문학에서도 찾아보기 힘들 것이다. 여기에서 그는 우선 작은 꽃 한 송이를 손에 들고 그 꽃의 단순함과 그것의 중요성에 대해 언급한다. 그리고 나서 갑작스럽게 그것을 국가적인 전설과 영광 속에 등장하는 위대한 이름들로 가득한 왕궁과 누각들의 화려한 온갖 색깔들로 부풀어 오르게 한다. 그리고 나서 세 번째 서곡으로서, 마치 그것을 내동댕이쳐버리는 듯한 몸짓으로, "오늘 있다가 내일 아궁이에 들어갈 들풀도 하나님께서 이와 같이 입히시거늘, 하물며 너희들을 입히시지 않겠느냐?"고 말하며 다시 한 번 시들어버리게 해 무의미한 것으로 만들어버린다. 이것은 마치 선한 마술로 한순간에, 한 번의 손놀림으로 쌓은 선한 바벨탑과 같아서, 우리가 상상할 수 있는 것보다 훨씬 높이 갑작스럽게 쌓아올려진 그 탑의 하늘과 맞닿은 꼭대기에는 아주 먼 곳에서도 알아볼 수 있는 한 남자의 모습이 있다. 그는 빛과 논리 그리고 순간적인 상상력의 별처럼 반짝이는 사다리 위에, 세 가지 무한無限에 의해 끌어올려져, 세상의 다른 모든 것들이 미치지 못하는 곳에 있다.[7]

산상설교의 이 부분은 우리 기억 속에 깊이 뿌리내리는 화려한 금언과 권고 그리고 간결한 설명들로 가득하다. 원전 Q에서 많은 부분들을 가져왔다는 것은 예수의 가르침이 지닌 독창적인 스타일을 반영하고 있다는 것을 의미할 수도 있다. 하지만 그것들은 마태가 이 복음서에서 교육 목표로 삼았던 부분이다. 이처럼 간결하게 지시하는 글들 중에서 가장 유명하고 가장 중요한 것들은 중세 시대부터 황금률이라고 불렀다: "그러므로 너희는 무엇이든지, 남에게 대접을 받고자 하는 대로 너희도 남을 대접하여라. 이것이 율법과 예언서의 본뜻이다"(7:12). 이것은 남들을 사랑해야 하며, 비록 원수일지라도 사랑하는 것이 율법과 예언서의 본뜻이라 말하고 있는 반제들의 또 다른 요약이다.

이 한 문장이 지닌 강력한 지렛대 효과는 그동안 빈번히 입증되어 왔다. 그러한 사례들 중에서도 나는 특히 18세기에 필라델피아에서 퀘이커 교도들에 의해 활용되었던 경우를 좋아한다. 노예 제도가 미국 전체에서 실행되고 있던 시기에—유대교나 기독교의 성경에서 노예 제도를 금지하지 않았기 때문에, 조나단 에드워즈와 벤자민 프랭클린 그리고 벤자민 러시 같은 사람들조차 노예를 소유하고 있었다—앤서니 베네젯과 조나단 울먼 같은 사람들은, 이 제도를 지켜주던 모든 성서적 변론들은 이 황금률에 의해 폐기되었다고 주장했다. 다른 사람들이 당신을 노예로 만들기를 원하십니까? 아니라면 당신 자신도 그들을 노예로 만들면 안 됩니다.

그밖에 산상설교에서 기억해둘 만한 말씀들로는 다음과 같은 것이 있다.

"너의 보물이 있는 곳에, 너의 마음도 있을 것이다." (6:21)
"너희는 하나님과 재물을 아울러 섬길 수 없다." (6:24)
"어찌하여 너는 남의 눈 속에 있는 티는 보면서, 네 눈 속에 있는 들보는 깨닫지 못하느냐?" (7:3)
"너희의 진주를 돼지 앞에 던지지 말아라." (7:6)

산상설교는 "예수께서 이 말씀을 마치시니……"라는 말로 마무리된다(7:28). 그 다음에 이어지는 설교들과 유사하거나 일치하는 끝맺음말로 마무리되어 있는 것이다(11:1, 13:53, 19:1, 26:1).

다섯 번의 설교는 이 복음서의 전체 흐름 속에서 거의 균일한 간격으로 배치되어 있으며, 각각의 설교는 뚜렷한 주제를 지니고 있다. 마태는 예수의 말씀을 백과사전식으로 모아두기 위해 노력했으며, 최대한의 효과를 거두기 위해 그것들을 널리 퍼뜨렸다. 가장 긴 산상 설교(5:3-7:27)에 이어진 **두 번째 설교**(10:5-42)에서는 일종의 전도 규약을 만들어 이방인들을 개종시키기 위한 지침을 밝힌다. **세 번째 설교**는(13:2-52) 가르침을 위한 비유들과 그것을 해석하는 규칙들을 함께 모아놓은 것이다. **네 번째 설교**는(18:1-35) 제자들에게 상호 존중을 통해 서로를 어떻게 대할 것인가를 말하고 있다. **다섯 번째 설교**(24:4-25:46)는 산상설교 다음으로 길다. 여기에서는 제자들이 종말에 따르는 곤경을 어떻게 대처해야 하는지 설명하면서 주님이 승리할 것이라는 확신을 심어준다. 이것으로 마태의 '신학 대전'은 완성된다.

| 주 |

1) 반제들은 독일어로 프리아멜Priamel(격언시)이라 부르는 고전적인 수사법과 닮았다. 프리아멜은 공통으로 간직하고 있는 일정한 가치 혹은 가치들에 대한 진술과, 개인적인 가치를 표현하는 반대 진술로 이루어져 있다.
2) 로마 가톨릭 교회의 법학자들은 '예외로 하고'를 '그럼에도 불구하고'라고 번역하는 것으로 그러한 예외를 차단하기 위해 노력했지만, 그러한 언어를 통한 억지

는 폐기되었다. Hans Dieter Betz: *The Sermon on the Mount* (Fortress Press, 1995), pp. 849-850 참조.

3) 같은 책, p. 271.

4) 이 기도가 기독교에서 비롯된 것이 아니라는 가장 악명 높은 주장은 후천년 왕국 설을 믿는 기도교인들이 애호하는 성서주석인 *The Scofield Study Bible*에서 비 롯된 것이다.

5) 두 단어의 소유격이 똑같기 때문에 여기에서 그 의미는, 마태복음 13장 19절의 '악한 자의 아들들' (*Ponerou*)처럼 문장의 맥락과 대비법에 의해 정립되었다.

6) 원전 Q에서 가져다 쓴 누가의 더 짧은 기사들과는 달리(눅 11:2-4), 세 가지 청원 에서 이 두 문장이 깔끔하게 대칭을 이루는 것은 마태가 자신의 자료를 질서정연 하게 배열한 결과일 것이다.

7) G.K. Chesterton, *The Everlasting Man* (Dodd, Mead & Company, 1947) pp. 244-245.

6.
죽음과 부활

WHAT THE GOSPELS MEANT

예수의 죽음과 부활에 대해 길게 이어지는 설명은 예수에 대한 믿음
(케리그마)의 핵심으로서 각 복음서의 클라이맥스를 장식한다. 이것
은 바울이 전해 받았던 가장 기본적인 메시지다: "그것은 곧 그리스
도께서 신성한 글(성경)대로 우리 죄를 위하여 죽으셨다는 것과, 무
덤에 묻히셨다는 것과, 신성한 글대로 사흗날에 살아나셨다는 것입
니다"(고전 15:3-4). 이것과 동일한 기본적인 진실은 초기의 교의敎義
로서, 사도신경과 니케아신경의 두 번째 구절에 공통적으로 기록되
어 있다.

복음서들에 기록된 예수의 수난에 관한 기사들은 기본적으로 동일한 것으로, 그로 인해 복음서들에 정통성이 부여되고 정전正典으로 받아들여지는 것이다. 물론 차이점들은 있지만 대부분 사소한 것들이다. 만약 어떤 세부적인 설명을 어떤 저자가 누락했다 해도, 그 저자가 그것에 대해 모르고 있었다는 것을 의미하지는 않는다. 예를 들면, 마태와 누가는 서로에 대해 알고 있었으며 마가복음을 활용했지만, 그 두 사람 모두 구레네 출신 시몬의 아들 이름이나 예수가 잡혀갈 때 벗은 몸으로 도망치던 청년 이야기는 포함시키지 않고 있다. 이처럼 세세한 이야기는 그들의 청중에게 아무 의미가 없는 것이다.

이와 비슷하게 오직 마태만이 유다가 어떻게 자신의 보상금을 가져왔는지, 어떻게 자살했는지에 대해 이야기한다. 이러한 사실이 다른 사람들은 당연하게 그 일에 대해 모르고 있었다는 것을 의미하지는 않는다. 어쩌면 그들은 예수의 꾸지람 속에 그러한 것들이 암시되어 있다고 생각했을 수도 있다.[1] 그 밖의 차이점들은 각 복음서 저자들이 얻을 수 있었던 전승의 차이를 반영하는 것이다.

공관복음들은 예수가 유대교 권력자들로부터 두 곳에서 재판을 받았다고 전하고 있다. 그 첫 번째 장소는 대제사장의 집 안마당이었으며 그 다음은 공의회였다. 하지만 요한은 예수가 대제사장의 장인인 안나스에게 처음으로 재판받았다고 밝히며 공의회에 관한 일들은 모두 생략했다. 이것은 가장 나중에 작성된 요한복음이 정확한 정보를 전하지 못하고 있다는 증거가 되었다. 하지만 요한이 예수의 수난과 관련해 가장 훌륭한 자료들을 갖추고 있었다고 생각할 만한 이유가 있다. 그것은 요한이 제시하는 사건들의 발생 시기를 통해 확인된다.

다른 공관복음서들은 하나같이 예수가 유월절 축일에 붙잡히고, 재판받고, 처형되었다고 전한다. 유월절은 그 전날 해질녘에 시작되어 무교절[2) 축일까지 일주일 동안 이어진다. 최후의 만찬과 동산에서의 고뇌와 붙잡힘, 유대교 권력자들 앞에서 당한 심문은 빌라도의 재판과 사형 선고가 있기 전날 밤에 일어난 일들이다. 이런 모든 일들이 유월절을 기념하는 기간 동안 이루어졌다는 것은 있을 법하지 않으며, 자신들의 복음서에서 말하고 있는 내용 즉, 유대인들이 축일 **이전**에 예수를 붙잡아 죽이기를 원했다는 것과 상충한다. 마가복음에서(14:2) 대제사장들과 율법학자들은 "백성이 소동을 일으키면 안 되니, 명절에는 하지 말자"고 말하고 있다.

요한이 작성한 다른 기사들의 관점이 그렇듯, 요한복음에 기록된 시간 순서가 오히려 더 그럴 듯하다. 요한은 예수의 죽음을 도모했던 공의회의 음모를 유월절 훨씬 이전으로 기록한다. 그리고 예수는 유월절 엿새 전에 베다니로 가며, 닷새 전에 예루살렘으로 (종려나무를 든 사람들의 영접 속에) 입성한다. 예수의 체포와 처형은 유월절 **이전**의 밤과 낮에 발생하고, 그를 붙잡아 빌라도에게 이끌고 간 유대인들은 '몸을 더럽히지 않고 **(다가올)** 유월절의 음식을 먹기 위하여'

(18:28) 총독 관저 안으로 들어설 수 없었다. 이들은 예수가 죽고 난 **뒤**인 그날 밤에야 유월절 음식을 먹게 될 것이다(4B 1356-1376).

　공관복음서들이 어떤 이유로 예수가 유월절 당일에 죽었다고 생각하게 되었는지는 쉽게 알아차릴 수 있다. 처음부터 예수는 (유월절에 바치는) 어린 양으로 여겨지고 있었다. 바울은 "우리들의 유월절 양이신 그리스도께서 희생되셨습니다. 그러므로 묵은 누룩, 곧 악의와 악독이라는 누룩을 넣은 빵으로 절기를 지키지 말고 성실과 진실을 누룩으로 삼아 누룩 없이 빚은 빵으로 지킵시다"(고전 5:7-8)라고 했다. 요한복음에서(1:29) 세례 요한은 예수가 가까이 다가오자, '하나님의 어린 양'이라고 찬양한다. 그러므로 예수가 실제로 유월절에 살해되었다고 생각하지는 않지만, 요한은 예수를 유월절에 바치는 어린 양으로 생각했던 것이다. 비록 다른 복음서들이 정확한 시기를 기록했다 해도, 그 연대를 확인할 필요는 없었던 것이다.

"그 사람의 피를 우리에게 돌리시오"

복음서 저자들은 엄격하게 케리그마에 집중하면서도, 자신들이 이야기를 전하고 있는 공동체에 새로운 의미가 있다고 생각되는 특별한 사건들을 부각시켰다. 우리는 이미 앞에서, 박해받고 있는 구성원들에게 이야기를 전하고 있는 마가의 경우를 살펴보았다. 예를 들면, 마가는 비어 있는 무덤을 발견하고 깜짝 놀라는 여인들과 자기 공동체에서 도망쳐버린 여인들을 대비하는 방법으로 묘사하고 있다.

예수에게 대적하는 유대인들의 행동들 또한 각 공동체 구성원들이 겪었던 유대인들과의 관계에 따라 서로 다른 방법으로 윤색되어 전해지고 있다. 우리는 예수의 제자들을 시리아로 내쫓아버리는 유대교 열심당원들의 모습을 마가복음에서 확인할 수 있다. 또한 마태복음에서는 위기에 빠져 있는 듯한 안디옥의 유대교 회당과의 불화를 확인할 수 있다. 실제로 마태복음은 유대교인과 기독교인들 사이의 적개심이 최고에 이르러 있었음을 반영하고 있는 것으로 보인다.

이것은 요한복음을 최고의 반셈주의 복음서라고 했던 많은 가설들과는 반대되는 사실이다. 나는 그러한 적개심의 정도가 가장 낮은 것에서부터 가장 높은 순서로 나열한다면, 누가—마가—요한—마태의 순서가 될 것이라고 믿는다. 그로 인해 마태복음은 역사상 가장 파괴적인 결과를 가져온 구절을 전하고 있다: "그 사람의 피를 우리와 우리 자손에게 돌리시오(His blood is ours, and our children's)"(마 27:25).

이 구절은 불행하게도 킹 제임스 성경에서 '그 사람의 피를 우리에게 넘기시오(His blood *be* on us)'라고 번역되었다. 이것은 빌라도의 관저 밖에서 대꾸하고 있던 사람들이 하나님이 선택한 민족의 운명에 대한 하나님의 결정을 인계받을 수도 있다는 것을 암시한다. (바울이 로마서를 통해 거듭해서 주장했듯이 그들은 여전히 하나님이 선택한 민족이다.)

이 문장에는 오해하기 쉬운 속기 형태의 '저잣거리 그리스어'가 포함되어 있다. 여기에는 동사도 없다. 문장은 단순하게 "우리 위의 그 사람의 피(His blood upon us)"라고 되어 있다. 이 '우리 위의'라는 구문은 소유격으로 '우리의of us' — '우리의 것ours'이다. 구경꾼들은 그 사람의 피가 자신들에게 속한 것이라고 말하는 것이다. 이것은 빌라도가, 오직 자신만이 그렇게 명령할 수 있음에도, 이 사람의 피에 대해서는 책임이 없다고 한 말에 대한 대꾸로서 제시되어 있다. 구경꾼들의 말은 그 특정한 행위에 대한 책임을 떠안겠다는 것이지, 전 세대에 걸친 저주는 아닌 것이다. 이것은 자신이 죽였다는 것을 인정하지 않으면서 예수를 죽이려는 빌라도를 설득하기 위해 찔러넣는 말이라는 것을 의미한다. 구경꾼들은 그러한 행위가 빌라도가 아닌 자신들의 것이라 말하면서, 빌라도에게 구실을 만들어주고 있는 것이다.

마태가 사용한 유대인에 대한 이 끔찍한 말은 훗날 반셈주의 기독교인들이 만들어낼 말들보다 험악하진 않지만 안디옥의 유대인들과 기독교인들 사이에 있었던 괴로움에 비추어보면, 충분히 험악하다. 하지만 마태는 빌라도를 비롯한 로마 당국자들이 예수의 죽음에 대한 책임을 피할 수 있도록 내버려두지는 않는다. 오직 빌라도만이 죄수를 처형할 권한을 갖고 있었기 때문이다—이에 대한 또 다른 문제점은 요한의 복음서가 다른 복음서들보다 더 정확하게 밝히고 있다(4B 338, 363-372).

빌라도의 아내

마태복음에 의하면, 빌라도에게는 더 현명한 판단을 내릴 수 있는 기회가 있었다. 전날 밤에 꿈을 꾼 그의 아내가 이렇게 조언했던 것이다: "당신은 그 옳은 사람에게 아무 관여도 하지 마세요"(마 27:19)—동사가 하나도 없는 저잣거리 그리스어 표현으로, 하나님이 인가하지 않은 행동을 하려는 남편에게 경고하는 의미인 것이다. 앞에서 나는 마태복음의 탄생 이야기를 다루면서, 이 표현이 어떻게 예수의 수난 이야기의 북엔드bookend로서 의미를 갖는지를 언급했다. 탄생 이야기에는 신성한 계시를 전달하는 꿈이 등장하는데, 그 꿈은 요셉뿐 아니라 이방인들인 동방박사들에게도 나타난다. 그 꿈이 여기에서 이방인인 빌라도의 아내에게 전달되는 또 다른 꿈과 대비되어 균형을 이루는 것이다.

동방박사들의 꿈은 예수를 죽이려는(파라오가 모세에게 음모를 꾸몄듯이) 헤롯의 간악한 행동으로부터 빠져나올 것을 지시하고 있다. 빌라도의 아내는 남편의 간악한 행동을 미리 막기 위해 노력했던 것이다. 하지만 빌라도는 아내의 꿈을 무시했을 뿐 아니라, **오히려 자신이 예수를 죽이면서도**(27:25) 자신은 그 사람의 살해와 아무런 관련이 없다고 말하는 것으로 그 꿈을 악용한다.

마태는 죄악을 저지르기 위해 자신이 죄악을 범하고 있다는 것을 부정하는 한 인간의 심리 상태를 완벽하게 포착해낸 것이다. 마태는 매우 강한 표현의 동사인 *apenipsato*를 사용한다(27:24): "그는 두 손을 서로 문질러 닦았다". 나는 그 단어에 강한 의미의 접두사 *ap-*(off; 분리시키는)가 사용되었으므로, 단순히 손을 씻는 것이 아니라, '(북북) 문질러 닦았다' 고 번역한다. 그리고 그리스어에는 영어에 없는 별도의 문법적 '태態' 가 있으므로 '두 손을 서로' 라는 구절을 덧붙인다. 영어에는 어떤 행동을 할 때 쓰이는 능동태와 어떤 행동을 받게 될 때 쓰이는 수동태가 있지만, 그리스어에는 **자기 자신에게** 어떤 행동을 할 때 쓰이는 중간태가 있다. 이것이 바로 빌라도가 **자기 자신의** 두 손을 문질러 닦을 때를 표현하는 것이다.

빌라도가 예수를 자신의 로마 병사들에게 넘겨주고 난 후, 병사들은 예수를 채찍질한다. 이것은 십자가형 판결의 일부분이다. 죄수는 처형당할 때 저항할 수 없도록, 기운이 꺾일 때까지 채찍질을 감내해야 했다. 하지만 병사들은 즉흥적으로 예수를 희롱하기 위한 대관식을 열면서 더욱더 심한 고통을 가했다. 그들은 예수에게 왕의 예복을 입히고, 갈대를 들게 하고 왕관을 씌웠다(27:28-29). 그리고 나서 예수 앞에 무릎을 꿇고 경의를 표하는 흉내를 냈다. 마가처럼 마태 역시 그 왕관을 '가시 면류관'(*akanthōn*)이라 부른다. 당시의 왕관은 화관花冠이거나 띠 모양을 한 것이었다. 가시나무로 만든 화관은 그렇게 즉흥적으로 갑작스럽게 만들어진 장면에서는 그다지 어울리지 않는 부분으로 보인다. 예루살렘 부근에는 가시나무가 자라지 않았으며 또한 그것을 화관의 형태로 만들기도 어려운 일일 것이기 때문이다. 브라운은 그 왕관을 아칸서스acanthus나무의 잎사귀로 만들었을 것이라고 생각하는 사람들의 의견을 따르고 있다(4B 866-867). '가시'(*akantha*)와 '아칸서스acanthus'(*akanthos*)를 의미하는 단어들의 소유격 복수형(*akanthōn*)은 마태가 사용했던 것과 동일하다. 갈대와 예복과 마찬가지로 왕관은 고통을 주기 위한 것이 아니라, 조롱하기 위한 것이다.

구레네의 시몬

세 편의 공관복음서는 하나같이 구레네의 시몬이 예수의 십자가를 옮겼다고 말한다. 앞에서도 밝혔듯이, 마가의 공동체에서는 시몬의 아들들을 알고 있었으므로 이 사실은 아마 정확한 역사적 사실일 것이다. 후대의 기독교 미술작품에는 십자가를 지고 가는 예수를 돕는 시몬이 등장한다. 화가들은 가로 막대는 물론 무거운 기둥을 포함한 온전한 십자가를 생각하고 있었다. 하지만 사실 죄수는 자신의 양어깨에 가로 막대만을 묶어서 지고 갔다. 기둥은 이미 처형 장소에 옮겨져 있었을 것이다. 만약 가로 막대가 예수의 양어깨에 묶여 있었다면 시몬이 도와줄 수 있는 방법은 전혀 없다. 복음서 저자들이 단순히 시몬이 그것을 옮겼다고 말하는 것으로 보아, 가로 막대는 시몬의 양어깨에 가죽 끈으로 묶여 있었던 것이 분명하다.

예수는 왜 십자가형의 일반적인 과정을 거치지 않았던 것일까? 왜 우연히 그 장소에 있던 낯선 사람이 아무런 범죄를 저지르지 않았음에도 그처럼 고되고 굴욕적인 일을 떠맡게 되었던 것일까? 단 한 가지 그럴 듯한 설명은 바로 가혹한 채찍질 때문에 예수가 자신의 십자가를 옮기지도 못할 정도로 약해져 있었다는 것이다. 마가의 복음서에 표현되어 있듯이(15:44), 예수가 운동선수처럼 강건한 신체를 지녔을 것이라는 생각은 빌라도가 놀라는 장면에서 잘못된 것임이 밝혀진다. 아주 오랜 시간 동안 심지어는 며칠 동안 고통을 겪도록 교묘하고 잔혹하게 고안된 가장 끔찍한 이 형벌에서, 예수는 너무나 일찍 숨을 거두었던 것이다. 이처럼 상대적으로 빨리 죽게 된 것은 예수의 형벌이 진행된 형식과 어떤 관계가 있을 것이다.

죄수를 십자가에 매다는 방법에는 못이나 밧줄을 사용하는 두 가지 경우가 있었다. 우리는 못을 사용하는 것이 더 잔인한 방법이라고 생각할 것이다. 하지만 못은 손바닥이 아닌 손목에 박혔기 때문에(손바닥에 못을 박으면 몸의 무게로 인해 손가락 사이의 틈이 찢어질 것이므로 고정시킬 수 없다), 손목을 칼로 베는 경우처럼 갑작스럽게 죽음을 맞게 될 가능성은 더욱 커진다(4B 929-951). 양팔에 가해지는 엄청난 압력과, 양팔을 스스로 끌어올리지 않고서는 숨을 쉬기조차 힘든 고통스러운 상태에서, 십자가에 매달려 겪어야 하는 길고도 긴 고통은 밧줄을 사용함으로써 한층 더 확실하게 된다. 부활한 예수가 자신의 상처에 대해 언급한 것을 통해 우리는 그의 사지에 구멍이 나 있었다는 것을 알고 있다. 그러므로 예수는 못질로 생긴 상처 때문에 (상대적으로) 빨리 죽음을 맞이했을 것이다.[3]

종말

처형 장소에 도착한 예수는 발가벗겨졌으며, 사형 집행자들은 제비를 뽑아 예수의 옷을 나누어 가졌다. 그리고 가짜 왕이라는 예수에 대한 조롱은 계속되었다. 빌라도는 십자가 위에 **유대인의 왕**이라는 죄패를 붙였으며, 대제사장들과 율법학자들은 "그가 이스라엘의 왕이시니, 지금 십자가에서 내려오라지! 그러면 우리가 그를 믿을 텐데!"(27:42)라고 외쳤다.

마태복음에서 예수는, 죽음을 맞이하는 순간의 소란스러운 외침들 속에서 십자가에 매달려 오직 한 가지만을 말한다. 예수가 십자가를 지고 가는 문제에 시몬의 도움을 받아야 했던 것은, 예수가 육체적으로 약해져 있었다는 생각과 잘 어울린다. 쇠잔해진 예수가 말한 한 가지는 극단적인 고립과 외로움의 표현이다. "나의 하나님, 나의 하나님, 어찌하여 나를 버리셨습니까?"(27:46) 마가와 마태 두 사람 모두 이 외침을 아람어화한 히브리어로 인용했기 때문에, 이것이 예수 자신이 사용하던 언어(*ipsissima verba*)라고 생각할 만한 충분한 이유가 된다. 이것은 시편 22편의 첫 번째 구절로서, 의로운 사람의 고통을 묘사하는 것이다.

모든 인간적 매개자agency들은 예수를 싫어하거나 저버렸으며, 성스러운 구원은 전혀 이루어지지 않았다. 심지어 예수는 복음서들의 다른 어느 곳에서도 기원을 할 때 전혀 사용하지 않았던 '나의 하나님'이라는 호칭을 사용한다. 다른 곳에서는 한결같이, 심지어는 겟세마네 동산에서의 절망적인 곤궁 속에서도 그는 언제나 '나의 아버지' 혹은 '아버지'라고 말하고 있다.

마가는[마태와 마찬가지로] 이 두 가지 기도[정원과 십자가에서의] 사이의 현저한 차이에 관심을 집중하게 만든다. 그리고 각각의 기도를 예수 자신의 고유한 언어인 '아바Abba' 그리고 '엘로이Eloi' 로 전달함으로써 한층 더 통절하게 만든다. 이로 인해 외국어(그리스어)로 보존되어온 다른 말들과는 확연히 구별되는, 예수의 가슴에서 절절히 우러나는 말이라는 인상을 준다. 죽음의 고뇌를 마주하게 되었을 때, 마가의Markan 예수는 자신의 모국어로 호소하는 것으로 제시되어 있다. (4B 1046-1047)

비록 예수는 타락한 세상에서 인간으로서 최종적인 운명을 겪게 되지만, 그의 말들은 여전히 냉담한 하나님께 드리는 기도이자 청원이며, 동시에 그들이 겪는 고통 속에 하나님이 머물 것이라는 약속에 담긴 모든 희망과 함께 자기 민족의 전승을 기억 속에 불러일으키고 있는 것이다. 예수는 자기 민족의 고통을 되새겨주었으며, 그 모든 고통의 근거인 약속의 정당함을 입증해보일 것이다.

레이먼드 브라운은 마태가 탄생 이야기에서 훗날의 신비극神秘劇에서처럼 민간에서 전승되던 소재들을 끌어다 썼다고 주장한다. 마태는 예수의 수난 이야기에서도 빌라도 아내의 꿈, 두 손을 문질러 닦는 것, 목매달아 죽은 유다, 예수의 죽음에 나타난 불길한 징조들, 백부장의 신앙고백, 예수의 무덤 앞에 배치된 경비병들과 같은 소재들을 활용했다. 불길한 징조들은 역사가 예수의 죽음 이전과 이후의 두 시기로 나뉜다는 것을 보여주기 위한 종말론적 상징이다.

> 예수께서 다시 큰 소리로 외치시고, 숨을 거두셨다. 그런데 보아
> 라, 성전 휘장이 위에서 아래까지 두 폭으로 찢어졌다. 그리고 땅
> 이 흔들리고, 바위가 갈라지고, 무덤이 열리고, 잠자던 많은 성도
> 의 몸이 살아났다. 그리고 그들은, 예수께서 [부활하신 뒤에] 무덤
> 에서 나와 거룩한 도성에 들어가서 많은 사람에게 나타났다. 백
> 부장과 그와 함께 예수를 지키던 사람들이 지진과 함께 일어난 여
> 러 가지 일들을 보고 몹시 두려워하여 말하기를 "참으로, 이분은
> 하나님의 아들이셨다" 하였다. (27:50-54)[4]

마태는 메시아의 도래를, 발람의 예언처럼 별에 의해 인도되는, 우주적인 사건으로 제시했다. 이제 그는 예수의 죽음을 에스겔서 37장 12절의 "내 백성아, 내가 너희 무덤을 열고, 무덤 속에서 너희를 이끌어내겠다"와 같은 계시록적 구절을 반영하는, 세상이 갈라지는 사건으로 제시한다. 마태가 그려낸 그림은 구원받은 자들(정결한 여인들, 많은 사랑을 받았던 제자)은 예수의 오른쪽에, 저주받은 자들(로마와 유대의 관리들)은 예수의 왼쪽에 배치하여 그렸던 후대 화가들의 작품과 흡사하다. 그 화가들은 누가복음에서 묘사된 천국에 가게 될 죄수의 이야기에서 영향을 받아, 그림 속의 그 죄수는 언제나

예수의 오른편에, 불경한 말을 내뱉는 죄수는 왼편에 위치시켜 놓았다. 마태가 펼쳐보인 광경의 극적인 표현은 포르데노네가 예수의 수난을 그린 크레모나의 거대한 프레스코 벽화에서 찾아볼 수 있다. 그 그림의 십자가 앞에는 갈라진 바위들이 활짝 열려 있으며, 로마 병사가 탄 말의 발굽들이 무너져 내리는 땅으로 소란스러운 소리를 내며 미끄러진다.[5]

무덤의 경비병들

마태가 활용한 또 다른 민간 전승의 주제는, 기독교인들이 무덤에서 예수의 시체를 훔쳐가고 나서 그가 부활했다고 부정하게 주장하는 것이라는 '유대인들'의 주장(28:11-15)에 반박하려는 의도를 명확히 하고 있다. 무덤 앞에 배치된 경비병들의 이야기는 분명 미심쩍은 이야기를 믿을 수 없는 것으로 만들려는 의도에 따라 널리 퍼져 있던 이야기가 분명하다. 이 이야기가 마태복음 이전에 있었다는 것은, 2세기에 작성된 비공관복음인 베드로서에 그와 같은 이야기가 있지만 마태복음에서 직접 인용한 것이 아니라 널리 알려져 있던 마태의 자료source에서 인용한 것으로 보인다는 사실에서 확인할 수 있다(4B 1305-1310). 마태복음에서는 대제사장들과 바리새파 사람들이 안식일 아침에 빌라도를 찾아가, 예수의 제자들이 그의 시체를 훔쳐가지 못하도록 무덤을 봉인하고 무덤을 지킬 경비병들을 배치해달라고 부탁한다.

그 유대인들은 왜 자신들이 직접 그렇게 하지 않았을까? 무덤을 봉인하고 경비를 선다는 것은 안식일에 일을 하게 되는 것이다. 게다가 그들은 시체가 확고하게 안치되어 있다는 로마 병사들의 독자적인 증언을 원했을 것이다. 또한 그 유대인들은 십자가형으로 인해 그 사람이 이미 부정해졌기 때문에, 예수의 시체와 관련된 어떤 역할도 하지 않기를 원했을 것이다(신 21:23).

빌라도는 왜 그 시체를 지키는 일에 대한 책임을 지겠다고 승낙한 것일까? (어쨌든 빌라도는 그 처형에 대해 책임지지 않기를 원했었다.) 유대인들은 만약 예수의 시체가 도난당한다면, 빌라도가 막고자 했던 민란이 일어날 수도 있다고 설득했을 것이다. 이 이야기에는 믿기 어려운 구석이 전혀 없으며, 다른 복음서들이 이 이야기를 생략했다는 것은 단순히 시체 도난에 관한 소문이 그들의 지역에서는 알려지지 않았다는 것을 의미할 것이다.

하지만 레이먼드 브라운은 경비병의 이야기가 그 무덤을 찾아갔던 여성들의 이야기와 조화를 이루지 못한다고 주장하면서, 널리 알려져 있던 그 이야기는 다른 기사들에서는 경비병의 이야기 없이도 확인된 부활의 진실을 주장하기 위해 창작된 것이라고 결론 내린다.

마태복음에서는 여인들이 무덤에 다가갈 때 지진이 일어나며, 무덤이 비어 있다는 것을 알리기 위해 한 천사가 무덤을 막고 있던 바위를 굴려낸다.[6] 그 천사가 예수가 살아났다는 것을 제자들에게 알리라고 말하자, 여인들은 마가복음의 여인들과는 달리 그 소식을 알리기 위해 떠난다. 그리고 난 후에야 경비병들이 다시 언급된다. 천사와 여인들 사이의 일을 보게 된 경비병들은 (빌라도가 아니라) 대제사장들을 찾아가고, 대제사장들은 그들에게 그 이야기가 알려지지 않도록 해달라며 뇌물을 준다. 마태가 연결시키고 있는 이 두 가지 이야기는 그가 탄생 이야기에서 동방박사와 아기들을 수색했던 헤롯의 이야기를 연결했던 방식을 명확하게 그대로 보여주고 있다. 경비병들과 여인들은 그 장면에서 동시에 등장하고 있다는 것을 인식하지 못하는 것처럼 보인다.

하지만 마태는 자기 복음서의 시작과 마무리 장면들 사이에 대칭을 이루게 하려고 노력했다. 이 두 장면에서 그는 신성한 행위와 그 행위에 대한 저항이 번갈아 일어나도록 했다. 탄생 이야기에서는 요셉이 꾼 세 번의 꿈(마리아를 아내로 받아들이고, 엄마와 아기를 이집트로 데려가며, 이집트에서 돌아오는)이 그 아기의 생명을 빼앗으려는 헤롯의 시도들과 엇갈리며 등장한다. 무덤과 관련된 이야기에서는 제자들의 행동과 이들을 좌절시키기 위한 노력들이 엇갈리며 등장한다. 다음에 굵게 표시된 부분은 선한 행위들이며 이탤릭으로 표기된 부분은 악한 행위들이다.

탄생 이야기	무덤 이야기
요셉의 꿈(1:18-25)	**예수의 매장(25:57-61)**
동방박사와 헤롯(2:1-12)	*경비병을 요청하다(27:62-66)*
요셉의 꿈(2:13-15)	**비어 있는 무덤(28:1-10)**
결백한 사람들의 대학살(2:16-18)	*뇌물받는 경비병들(28:11-15)*
요셉의 꿈(2:19-23)	**예수의 등장(28:16-20)**

이러한 밑그림은 그 구절들에 대한 브라운의 검토(4B 1302)에 따른 것으로, 마태가 얼마나 정성을 들여 복음서의 시작과 끝부분이 조화를 이루도록 작성했는지를 보여준다.

마태는 누가나 요한과는 달리 예루살렘에서 남자 제자들에게 나타난 부활한 예수에 대해서는 묘사하지 않는다. 예수는 급히 무덤을 떠나가던 여인들을 만나 남자들에게 가서 갈릴리의 산—이 복음서에서 예수가 산상설교를 했던—에서 자신을 만나게 될 것이라고 전하도록 그들에게 지시한다. 예수가 그곳에서 그들 앞에 나타났을 때, 처음에는 그를 의심하는 사람들도 있었는데(28:17) 이것은 부활한 예수의 모습에 드러나는 초자연적인 분위기와 어울린다(막 16:11-14, 눅 24:13-35, 요 20:14, 21:4 참조). 이것은 또한 성스러운 글 속에서 오래전부터 다루어왔던 '지나쳐 가며', 오직 간접적으로만 희미하게 보이는 하나님이라는 전승과 일치한다. 신비에 대한 이처럼 무미건조한 기록에는 고도의 심리적 예민함이 담겨 있다.

마태는 예수가 산꼭대기에서 제자들에게 위대한 사명을 주는 것으로 자신의 복음서를 마무리한다. 데이비스와 앨리슨은 이러한 수임受任 명령에 대해 "이 복음서로 들어서는 관문이라고 불려왔으며, 심지어는 책의 맨 마지막에 수록된 목차와 같은 것이다"[7]라고 말한다.

> "나는 하늘과 땅의 모든 권세를 받았다. 그러므로 너희는 가서, 모든 민족을 제자로 삼아서, 아버지와 아들과 성령의 이름으로 세례를 주고, 내가 너희에게 명령한 모든 것을 그들에게 가르쳐 지키게 하여라. 보아라! 내가 세상 끝 날까지 항상 너희와 함께 있을 것이다." (28:18-20)

이것은 복음서들 중에서 최초로 명백하게 표명된 삼위일체의 기원祈願이며, 마태의 공동체가 의식을 거행할 때, 세례의 신앙고백으로 인용하면서 생겨난 것이다. 마태는 복음서 저자들 중에서 가장 위대한 스승이다. 그 이후로 지속된 기독교 시대를 관통하여, 그의 것이 가장 영향력 있는 복음서였으며, 기독교인들의 가르침에서 가장 많이 활용되었으며, 정전으로 인정된 자료들 중에서 가장 앞자리에 위치한다는 것은 전혀 놀라운 일이 아니다.

| 주 |

1) 비록 누가는 자신의 복음서에서는 유다의 죽음에 대해 전혀 언급하지 않지만, 사
   도행전(1:18)에서는 유다의 죽음에 대해 말하고 있다.

2)* 무교절: 유대인 달력으로 유월절 다음 날부터 일주일 동안 무교병(누룩을 넣지
    않고 만든 빵)을 먹으며 출애굽의 수난과 하나님의 은혜를 기념하는 축제.

3) 자신의 손과 옆구리를 손가락으로 만져보도록 하면서 도마에게 건네는 예수의 말
   을 통해(요 20:27) 손목에 못질이 되었다는 사실을 어렵지 않게 알 수 있다. '손'
   은 포괄적인 용어로서 손바닥은 물론 손목을 표현할 때에도 적용되기 때문이다.
   후대의 설교자들이 70인역 성서의(히브리어가 아닌) 시편 22편 17절 "그들이 내
   손과 발에 구멍을 냈으며"를 활용하는 것도 똑같은 진실이다. 예수의 수난 이야
   기에서 이 시편을 활용하고 있음에도, 복음서 저자 자신들은 이 시구를 인용하지
   않는다는 것은 주목할 만한 일이다.

4) '부활하신 뒤에'라는 구절은 *Diatesseron*에서 타티안이 인용한 이 문구에는 없
   다. "이것은 후대의 주석으로 보이며, 예수가 죽음에서 살아난 최초의 존재라는
   명예를 보존하기 위해 덧붙여진 것으로 추정된다" —W. D. Davies and Dale C.
   Allison, *Matthew: A Shorter Commentary* (T. & T. Clark International, 2004), p.
   529.

5) Charles E. Cohen, *The Art of Giovanni Antonio da Pordenone: Between
   Dialect and Language* (Cambridge University Press, 1996), vol. 2, plate 232.

6) 기독교 미술작품에서 바위는 예수의 몸이 빠져나올 수 있도록 한 옆으로 치워진
   것으로 묘사되곤 한다(예를 들어, 베니스의 Scuola di San Rocco에 있는 틴토레토

의 '부활'). 하지만 복음서들은 부활에 대해 전혀 묘사하지 않는다. 부활한 몸이
므로 바위가 치워질 필요가 전혀 없다. 요한복음 20장 26절에서 알 수 있듯이, 부
활한 몸은 물리적인 장애물들을 관통해 걸어나갈 수 있다. 무덤에 취해진 봉인은
텅 빈 공간에 덧붙여진 것이다.

7) Davies and Allison, op. cit., p. 545.

Chapter 3

누가복음 : 예수의 조화시키는 몸

누가복음은 복음서 중에서 가장 길며(19,404 단어), 그가 작성한 두 권 중 첫째 책으로 분량이 거의 비슷한(18,374 단어) 사도행전이 그 뒤를 잇는다. 그러므로 누가의 글 모음은(37,778 단어) 신약성서 전체의 4분의 1을 차지하며, 바울이 작성한 것으로 추정되는 13편의 편지들 전체(32,303 단어)보다 더 많은 양이다.

이처럼 압도적인 분량의 글을 작성한 누가는 어떤 사람이었을까? 그는 후대에 히브리서를 작성한 성명 미상의 저자를 제외하고, 신약성서 저자들 중 그리스어를 가장 잘 구사한 사람으로 인정받고 있다. 4세기의 제롬Jerome은 "모든 복음서 저자들 중에서 누가가 그리스어에 가장 능통하다(*eruditissimus*)"[1]고 했다. 다른 복음서 저자들에 비해 누가는 더 풍부하고 미묘한 의미가 담긴 어휘를 사용했다.[2] 이러한 사실들 때문에 초기에는 누가가 그리스인이며, 그리스인들을

위해 글을 썼을 것이라 추측했는데, 레이먼드 브라운도 그럴 가능성이 있다고 생각했다.[3]

비록 누가의 복음서가 고전적이고 헬레니즘적인 역사서들의 형식을 바탕으로 한 정교한 머리말로 시작되기는 하지만, 균형이 맞지 않는 짧은 분량과 도입 문장에서 자신을 밝히지 않은 저자의 실수는 그러한 형식에서 벗어나 있다. 또한 이 복음서의 나머지 부분들은 도입부에서 보여준 유려함을 유지하지 못한다.[4] 헤브라이 풍의 찬가들로 가득한 초반부 이후에 누가는 그 자신의 출처들(마가복음과 Q)에서 가져온 내용을 부기附記하는 방식(*parataxis*)으로 돌아간다.

다른 복음서들처럼 '누가의 복음서'라고 되어 있는 제목은 원본의 일부분이 아니라 2세기에 덧붙여진 것이다. 사람들이 누가라는 이름의 그럴듯한 저자를 찾아내려 했을 때, 빌레몬서(1:24)에 있는 "나의 동역자인 마가와 아리스다고와 데마와 누가도 문안합니다"라는 바울의 인사말에서 적절한 사람을 찾아낸 것처럼 보였다. 누가라는 이름은, 바울의 진정서신이 아닐 것이라고 여겨지는 또 다른 두 통의 편지에도 등장한다. 디모데후서 4장 11절에서 누가는 여전히 바울의 곁에 남아 있는 유일한 사람으로 전해진다. 골로새서 4장 14절에서는 '바울'이 '사랑하는 의사인 누가'를 언급한다. 이 구절에 근거해 복음서나 사도행전에서 의학적인 용어들을 찾아내기 위해 노력한 사람들도 있었지만, 성과는 전혀 없었다.[5]

사도행전에서는 편지들을 통해 우리에게 알려진 바울의 행적들이 잘못 전달되고 있기 때문에 누가가 바울의 동료였을 것이라는 생각도 심각한 난관에 빠지게 되었다. 누가가 바울이 작성한 편지들(게다가 자기 자신을 언급하고 있는 것으로 추정되는 편지조차)을 전혀 인용하거나 언급하거나 무심결에라도 드러내지 않는다는 것을 생각하면 그것은 전혀 놀라운 일도 아니다.[6]

오직 누가만이 착한 사마리아인, 돌아온 탕아, 착한 도둑과 같은 감동적인 이야기들을 전하고 있기 때문에, 그는 복음서 저자들 중에서 가장 인정 많은 사람으로 여겨지고 있다. 그리고 그는 예수의 어머니뿐 아니라 나인의 과부, 예수의 발을 씻겨준 여인, 오랫동안 등이 굽어 있던 여자, 혈루증을 앓는 여인, 동전을 잃어버린 여인, 적은 돈을 헌금한 과부, 갈릴리로 가는 길에 동행했던 여인들과 골고다로 가던 중에 설교했던 여인들 등 여성들에게 특별한 감수성을 드러낸다.

또한 그는 평화주의자 혹은 세계주의자ecumenical로 불리며, 유대와 로마 그리고 베드로와 바울 사이의 조정자 역할을 했다. 이러한 특징으로 인해 그는 보다 친근하게 접근할 수 있는 예수를 원하던 사람들로부터 사랑을 받았다. 단테는 누가에 대해 '그리스도의 상냥함을 표현한 사람'이라 했고, 에른스트 르낭은 누가복음을 '지금까지 존재한 것 중 가장 아름다운 책'이라고 했다.[7]

누가 역시 성찬식에 대해 특별한 관심을 품고 있었다. 엠마오로

가는 길에 대한 누가의 묘사는 신성한 글과 성체 성사 그리고 믿음의 고백과 관련된 기독교 의식儀式을 재창조해낸 것이라고 이미 언급한 바 있다. 이 복음서의 서두에 실린 찬송가(canticles, 雅歌)는 초기의 모임들에서 부르던 것을 인용한 것으로 보인다. 이것은 '자비로운' 비유들을 낭독하는 것으로, 형제자매들의 위안에 중점을 둔 사도행전에서 나타난 기독교 모임들의 세부적인 진행 순서와 조화를 이룬다.

오직 마태와 누가만이 예수의 탄생 이야기를 전하고 있으나 그 내용에 차이가 있고, 이들이 예수의 불가사의를 설명하기 위해 신성한 글을 활용하는 복음서 저술 방식을 보여주고 있기 때문에, 나는 마태복음에서 그랬듯이 누가복음의 탄생 이야기에 더 많은 시간을 할애했다.

| 주 |

1) 제롬, 다마스쿠스로 보내는 첫 번째 편지 20.4.4.

2) John C. Hawkins, *Horae Synopticae: Contributions to the Study of the Synoptic Problem*, 2판.(Oxford University Press, 1909), pp. 15-23.

3) Raymond E. Brown, *An Introduction to the New Testament* (Doubleday, 1997), pp. 270-271.

4) Loveday Alexander, *The Preface to Luke's Gospel* (Cambridge University Press,

1993), pp. 26-30, 102-103.

5) Henry J. Cadbury, *The Style and Literacy Method of Luke* (Cambridge University Press, 1920), pp. 39-54

6) 바울이 "나는 유대 지방에 있는 그리스도의 교회들에는 얼굴이 알려져 있지 않았습니다"(갈 1:22)라며, 자신이 예수의 제자가 된 후에도 3년 동안은 예루살렘에 가지 않았다고(1:18) 말하지만, 누가는 바울이 예루살렘의 가말리엘 문하에서 교육을 받았다고 적고 있다. 저자 자신이 마치 바울과 동행하고 있는 듯이 작성해놓은 사도행전 속의 '우리'라는 표현은 그가 빌레몬의 누가라는 것을 증명하기 위해 사용된 것이다. 이 '우리'라는 표현 때문에 저자가 팔레스타인에 머물고 있는 것으로 여겨지지만, 누가는 그 자신을 언급하고 있는 편지들에 대해서는 물론 팔레스타인에 대해서 전혀 모르고 있다는 것을 드러내고 있다. '우리'라는 표현 그 자체로는 오직 한 명의 일행만이 그 대명사 속에 포함되어 있다는 것을 가리키지 않으며, 누가가 자신이 창작하지 않은 찬송가들을 한데 엮어 놓았던 것처럼, 다른 작가나 작가들의 기록을 이리저리 엮어놓은 것일 수도 있다. Raymond Brown, *Introduction*, pp. 268-270 참조.

7) Dante, *De Monarchia* 1.18, Renan, *Les évangiles*, 3판. (Culmann Lebvy, 1877), p. 283.

누가는 첫 문장에서 '목격자들'(*autoptai*)이 전해준 것을 순서대로 정리하겠다고 약속하지만, 예수의 탄생 이야기는 마태복음이 전하고 있는 것보다 더 직접적인 증거를 갖출 수 없었다.

　이미 살펴보았듯이, 마태는 신성한 글을 극적으로 표현한 대중적인 이야기들을 활용했다. 누가는 한층 더 전례典禮에 집중하여, 초기 공동체들이 창작한 노래에 의존했다. 매끈하게 다듬어진 첫 문장에서부터 셈어(語)적인 형식을 띤 '찬가들' 사이에 나타나는 변화는 한때 누가의 민족적·언어적 배경에 대한 의문을 불러일으켰다. 이처럼 인상적인 시들을 창작해내는 그는 히브리어를 알고 있었던 것이 아닐까? 이 질문에 대한 대답은 분명, 그 자신이 확인시켜주듯이, '자신이 작성하는 글의 대상이 되는 공동체들—그가 마리아와 시므온의 입을 통해 전달하는 기독교 시편들이 실제로 낭독되었던—의 전승을 바탕으로 작성했다' 일 것이다.

세례자의 수태 고지

앞서 언급했듯이, 누가는 신성한 글 속에서 왕다운 예수보다는 성직자다운 예수의 면모를 드러내는 전승에 더 많은 관심을 보인다. 그의 이야기에 제일 먼저 등장하는 수태 고지는 마태복음과는 달리 다윗왕의 혈통인 요셉 대신, 성소에 들어가 분향하는 일을 맡게 된 성직자 사가랴에게 전해진다.

성소에 들어선 사가랴는 애를 낳지 못하는 아내가 임신을 하게 될 것이며, 그 아이는 요한으로 불리게 될 것이라는 이야기를 듣게 된다. 유대인의 혈통을 완벽하게 지키는 주님의 섭리는 전혀 임신을 할 수 없는 여인들에게서 아이가 태어나는 것으로 종종 상징화된다—리브가(창 25:21), 라헬(창 29:31), 한나(삼상 1:2). 하지만 사가랴와 엘리사벳처럼 남편과 아내 두 사람 다 아이를 가질 수 있는 나이가 지난 경우는 오직 한 쌍의 부부밖에 없다. 그 부부는 이삭을 낳은(창 18:11) 아브라함과 사라이다.

누가가 사용하는 시적인 어투는 앞서 사가랴에게 전해진 천사의 수태 고지에서 사용된 반복 형식으로 제시되어 있다. 이것은 히브리 작시법의 주요 운율 단위가 한 쌍의 구절, (가끔은 대조를 통해) 첫 행의 뜻을 명확히 규정하는 둘째(혹은 셋째) 행에서의 반복과 보강으로 이루어져 있다는 것을 보여주는 가장 훌륭한 본보기일 것이다. 이러한 형태의 작시법은 누가복음의 첫머리를 장식하는 구절에 적용되어 있다. 천사는 세례자의 아버지에게 이렇게 말한다.

두려워하지 말아라, 사가랴야,
네 간구를 주님께서 들어주셨다.
네 아내 엘리사벳이 너에게 아들을 낳아줄 것이니,
그 이름을 요한이라고 하여라.
그 아들은 네게 기쁨과 즐거움이 되고,
많은 사람들이 그의 출생을 기뻐할 것이다.

Have confidence, Zechariah,
  for your plea has been granted,
and your wife, Elizabeth, will bear you a son,

and you will give him the name John.
and yours will be joy and delight,
    and many will rejoice at his birth.

그는 주님께서 보시기에 큰 인물이 될 것이다.

그는 포도주와 독한 술을 입에 대지 않을 것이요,

어머니 뱃속에 있을 때부터

성령을 충만하게 받을 것이며,

이스라엘 자손 가운데서 많은 사람을

그들의 주 하나님께로 돌아오게 할 것이다.

그는 또한 엘리야의 심령과 능력을 가지고

주님보다 앞서 와서,

부모의 마음을 자녀에게로 돌아오게 하고

거역하는 자들을 의인의 지혜의 길로 돌아서게 해서,

주님을 맞이할 준비가 된 백성을 마련할 것이다. (1:13-17)

For he will be great in the eyes of the Lord,
    and no wine or strong liquid will drink,
and he will be filled with Holy Spirit,
    even from the womb.
And many of Israel' s sons he will guide

toward the Lord their God,

and he will go before his gaze

in the spirit and might of Elijah

to turn the father's hearts to their children,

and resisting peoples to the mines of the just,

to make ready for the Lord a receptive people. (1:13-17)

포도주와 독한 술을 자제한다는 것은 삼손(그 또한 임신할 수 없는 여인에게서 태어났다; 삿 13:2-3, 5)처럼 태어날 때부터 주님께 바쳐진 사람인 나지르Nazirite(하나님께 성별聖別된 사람―옮긴이)로서 요한을 부각시키는 것이다. 이 나지르는 앞날을 내다보므로, 전통적인 유대인들이 해왔던 것과는 달리 자손들에게 조상들로부터 배우라고 말하지는 않는다. 천사는 새로운 질서order에서는 조상들이 그들의 자손들로부터 배울 것이라 말하고 있다.

예수의 탄생을 고지하다

사가랴에게 나타난 천사는 이름이 없지만 마리아에게 나타난 천사는 가브리엘이다. 가브리엘은 아담과 이브를 에덴동산에서 쫓아냈다는

(에녹서 27) 그 전승 속의 이름이다. 그때의 타락이 이제는 새로운 이브를 위해 번복되고 있는 것이다. 천사가 나타났을 때, 마리아는 "그 말을 듣고 몹시 놀라(*dietarachthē*), 도대체 그 인사말이 무슨 뜻일까 하고 궁금히 여겼다(*dielogizeto*)"(1:29). 천사는 마리아를 이렇게 안심시킨다.

두려워하지 말아라, 마리아야.
그대는 하나님의 은혜를 입었다.
보아라! 그대가 잉태하여
아들을 낳을 것이다.
그는 위대하게 되고,
더없이 높으신 분의 아들이라고 불릴 것이다.
주 하나님께서 그에게
그의 조상 다윗의 왕위를 주실 것이다
그는 영원히 야곱의 집을 다스리고,
그의 나라는 무궁할 것이다. (1:30-33)

마리아가 "나는 남자를 알지 못하는데, 어떻게 이런 일이 있겠습니까?" 하고 묻자, 천사는 이렇게 대답한다.

성령이 그대에게 임하시고,

더없이 높으신 분의 능력이 그대를 감싸줄 것이다.[1]

그러므로 태어날 아기는 거룩한 분이요,

하나님의 아들이라고 불릴 것이다. (1:35)

그러자 마리아는 "보십시오, 나는 주님의 여종입니다. 당신의 말씀대로 나에게 이루어지를 바랍니다" 하고 대답한다.

하나님에게는 불가능한 일이 없다는 것을 증명하기 위해, 가브리엘은 마리아에게 나이 많은 친척 엘리사벳이 이미 아들을 임신했다는 사실을 알려준다. 마리아는 서둘러 엘리사벳을 찾아가게 되고, 그들 두 어머니는 자신들에게 어떤 기적이 일어나고 있는지 깊이 생각하게 된다. 다음은 사무엘의 탄생에 바치는 한나의 기도다.

주님께서 나의 마음에 기쁨을 가득 채워주셨습니다.

이제 나는 주님 앞에서 얼굴을 들 수 있습니다.

원수들 앞에서도 자랑스럽습니다.

주님께서 나를 구하셨으므로, 내 기쁨이 큽니다. (삼상 2:1)

다음은 유디트가 홀로페르네스Holofernes를 처치한 뒤에 한 기도이다.

하나님께서는 그 권능을 나타내시기 위해
아직도 우리들과 함께 예루살렘에 계십니다.
바로 오늘 이루셨듯이
그분의 권능을 적들에게 행하셨습니다. (유디트서 13:11)

마리아의 기도가 이러한 찬송들과 너무 흡사했기 때문에, 기독교
의 찬송가가 아니라 새롭게 활용된 유대 시구라고 생각하는 사람들
도 있었다. 레이먼드 브라운은 이것은 필시 앞으로 나타날 메시아와
연관된 전례典禮에서 사용되었던 유대인 기독교도의 찬송가라고 주
장했다. 누가는 그러한 시구를 마리아를 통해 소개하면서, 그녀를 전
체 공동체의 대표자로 만들고 있는 것이다.

내 영혼이 주님을 찬양하며
내 마음이 내 구주 하나님을 좋아함은,
그가 이 여종의 비천함을 보살펴주셨기 때문입니다.
이제부터는 모든 세대가 나를 행복하다 할 것입니다.
힘센 분이 나에게 큰일을 하셨기 때문입니다.
그의 이름은 거룩합니다.

그의 자비하심은, 그를 두려워하는 사람들에게

대대로 있을 것입니다.

그는 그 팔로 권능을 행하시고

마음이 교만한 사람들을 흩으셨으니,

제왕들을 왕좌에서 끌어내리시고

비천한 사람들을 높이셨습니다.

주린 사람들을 좋은 것으로 배부르게 하시고,

부한 사람들을 빈손으로 떠나보내셨습니다.

그는 자비를 기억하셔서,

자기의 종 이스라엘을 도우셨습니다.

우리 조상들에게 말씀하신 대로,

그 자비는 아브라함과 그의 자손에게 영원토록 있을 것입니다.

(1:46-55)

아우구스티누스는 하나님을 있는 그대로의 모습보다 더 위대하게 만들 수는 없다는 것을 상기시켜준다. 우리는 하나님을 '과장할' 수 없다. 단지 하나님을 향해 확장해 나아가는, 우리 내부의 희망과 사랑의 보다 큰 부분으로 삼을 수 있을 뿐이다.

세례자의 탄생

누가는 세례자와 예수를 지속적으로 대비하기 위해, 예수의 탄생을
서술하기 전에 요한의 탄생 이야기로 돌아간다. 사가랴는 자기 아들
의 이름이 요한이 될 것이라는 천사의 지시를 다시 전하면서, 누가복
음의 서두 부분에서 **성모마리아의 찬가**Magnificat 다음으로 유명한 **베
네딕투스**Benedictus('Blessed is he who'로 시작되는 찬송가—옮긴
이)를 노래한다.

주 이스라엘의 하나님은 찬양받으실 분이시다.

그는 자기 백성을 돌보아 속량하시고,

우리를 위하여 능력 있는 구원자를

자기의 종 다윗의 집에 일으키셨다.

예로부터 자기의 거룩한 예언자들의 입으로

주님께서 말씀하신 대로

우리를 미워하는 모든 사람들의 손에서 건져내셨다.

주님께서 우리 조상에게 자비를 베푸시고,

자기의 거룩한 언약을 기억하셨다.

이것은 주님께서 우리에게 주시려고

우리 조상 아브라함에게 하신 맹세이니,

우리를 원수들의 손에서 건져주셔서

두려움이 없이 주님을 섬기게 하시고,

우리가 평생 동안 주님 앞에서 거룩하고

의롭게 살아가게 하셨다.

아가야, 너는 더없이 높으신 분의 예언자라 불릴 것이니,

주님보다 앞서 가서 그의 길을 예비하고,

죄 사함을 받아서 구원을 얻는 지식을

그의 백성에게 가르쳐줄 것이다.

이것은 우리 하나님의 자비로운 심정에서 오는 것이다.

그는 해를 하늘 높이 뜨게 하셔서,

어둠 속과 죽음의 그늘 아래에 앉아 있는 사람들에게

빛을 비추게 하시고,

우리의 발을 평화의 길로 인도하실 것이다. (1:68-79)

예수의 탄생

마태가 마리아와 요셉이 베들레헴에 살고 있었다고 서술한 것은, 다윗의 후손인 메시아가 그곳에서 태어나기로 예정되어 있기 때문이었

다. 누가는 그들 가족이 나사렛에 살고 있었다는 더 정확한 전승을 알고 있었다. 그렇다면 누가는 어떻게 그들이 예수의 탄생을 위해 베들레헴으로 가도록 만들 수 있었을까?

그는 아우구스투스 황제가 전 세계에 인구 조사를 명령하여, 모든 사람들이 출생지로 가서 호적 등록을 해야만 했다고 말한다. 그러므로 요셉은 다윗의 후손으로서 베들레헴으로 가야만 했던 것이다. 그곳에는 그들을 반겨줄 친척도 전혀 없었으며, 여관에도 그들이 머물 수 있는 방이 전혀 없었으므로, 예수는 마구간에서 태어나야만 했고, 그곳의 건초 구유(*manger*)에 눕혀진 것이다.

여기에서 드러나는 문제는 아우구스투스가 전 세계적인 인구 조사를 명령한 적이 전혀 없다는 점이다. 누가는 퀴리누스에 의해 유대 지역에서 실시되어 공분을 일으켰던 악명 높은 인구 조사와, 실시되지도 않았던 아우구스투스의 인구 조사를 혼동했던 것이다. 퀴리누스의 인구 조사는 아우구스투스가 죽은 지 10년 후에 있었으며 갈릴리 지방은 포함되지 않았다.

누가가 메시아의 탄생을 황제와 인구 조사에 연결시키려 했던 이유는 당시 예수와 똑같은 일을 겪고 있던 예수의 제자들이 처한 상황에 근거한 것이다. 그는 70년에 있었던 성전 파괴 이후인 80년대 혹은 90년대에 복음서를 작성하고 있다. 유대전쟁이 끝나갈 무렵 팔레스타인에서 도망친 형제자매들은 자신들의 근거를 완전히 잃어버리고 말았다. 누가는 믿는 사람들을 예루살렘과 성전에 다시 연결시켜 초기의 계보를 다시 정립하려 한 것이다.

그는 예수를 믿는 사람들이 로마에 저항해 싸웠던 열심당원들이 나 반란의 진압 과정에서 처벌받았던 사람들과는 다르다고 주장하고 싶은 것이다. 누가는 복음서와 사도행전을 통해 자신의 공동체는 로 마와 좋은 관계를 유지하고 있다는 것을 일관되게 강조하고 있다. 아우구스투스에 대한 기억은, 세계의 평화를 확립시킨 사람이라는 그 황제의 명망을 떠오르게 하며, 그것은 지금까지도 로마에 존재하는 위대한 평화의 제단(*Ara Pacis*) 속에 상징화되어 있다.

그 반면에 퀴리누스의 인구 조사는 그의 시리아 통치 지구에 저 항하는 열심당원들의 반란을 촉발시킬 만큼 분노를 불러일으켰다. 요셉과 마리아는 온건하게 아우구스투스의 법령에 순종하여, 퀴리누 스가 그 법령을 집행할 때 일어났던 저항 운동에 전혀 참여하지 않았 다. 그들은 유대 의식을 준수하는 만큼이나 로마의 법도 준수했다. 누가는 예수가 이 세상에 속하지 않을 뿐 아니라, 이 세상에 반대하는 정치적 반군 역시 아니라는 것을 주장하고 있는 것이다.

누가복음에서 펼쳐 보이는 탄생의 무대에는 마태복음에서 볼 수 있었던 헤롯 왕의 살육과 같은 피로 얼룩진 장면들이 전혀 등장하지 않는다. 다윗이 목자였던 그 마을에서, 평화로운 목자들은 메시아가 태어났다는 소식을 천사들로부터 듣게 된다. 건초 구유에 누인 예수는 이사야서 1장 3절에서 슬퍼하며 토로하는 하나님의 고통스러운 마음을 번복하고 있는 것이다.

소도 제 임자를 알고,
나귀도 주인이 저를 어떻게 먹여 키우는지 알건마는,
이스라엘은 알지 못하고,
나의 백성은 깨닫지 못하는구나.

포대기에 싸인 아기는 솔로몬이 아기였을 때 배내옷에 얼마나 엄중하게 싸여 있었던가를 떠오르게 한다.

나는 배내옷에 소중히 싸여
보살핌을 받았다.
그 어떤 왕도 그와 같은
탄생의 시작을 누리지 못했기 때문이다. (솔로몬 시편 7:4-5)

성전의 아기

누가는 예수가 로마의 법을 준수한다는 것을 보여주면서, 한편으로

는 태어난 지 8일째 되는 날에 할례를 받아 그가 유대의 율법을 따른
다는 것을 강조한다. 성전에 있던 요셉과 마리아, 사가랴와 엘리사벳
그리고 시므온과 안나는 모두 유대 율법을 준수하는 의로운 사람들
이다. 비록 누가는 율법을 정확히 이해하지는 못하고 있었지만, 이러
한 것을 강조하고 싶어 한다. 그는 아기를 낳은 후에 마리아는 물론
요셉도 예루살렘의 성전으로 올라가 정화해야만 한다고 말하지만,
사실은 그렇지 않다.[2] 오직 아기를 낳은 여성만이 부정하다고 여겨
지기 때문이다. 성전에서 예수를 주님에게 바치려 할 때, 의롭고 경
건한 시므온은 메시아를 향한 오랜 기다림이 이제 끝났음을 알리며
축하한다.

주님, 이제 주님께서는 주님의 말씀을 따라,
이 종을 세상에서 평안히 떠나가게 해주십니다.
내 눈이 주님의 구원을 보았습니다.
주님께서 이것을 모든 백성 앞에 마련하셨으니,
이는 이방 사람들에게는 계시하시는 빛이요,
주님의 백성 이스라엘에게는 영광입니다. (2:29-32)

그리고 나서 그는 아기의 어머니 마리아에게 이렇게 예언한다.

보십시오, 이 아기는 이스라엘 가운데 많은 사람을

넘어지게도 하고 일어서게도 하려고 세우심을 받았으며,

비방받는 표징이 되게 하려고 세우심을 받았습니다.

그리고 칼이 당신의 마음을 찌를 것입니다.

그리하여 많은 사람의 음모가 드러나게 될 것입니다.[3] (2:34-35)

여성 예언자인 안나는 이스라엘의 희망이 성취될 것이라는 증거를 덧붙이며 그 아기에 대한 많은 이야기를 전한다(2:36-38). 하지만 예수의 가족은 성전을 떠나 궁벽한 마을로 다시 돌아간다.

성전의 소년

다른 세 편의 복음서들은 예수의 교육 과정에 대해 전혀 언급하지 않는다. 누가만이 예외적으로 예수가 율법과 성전의 가르침에 얼마나 정통한가를 증명하기 위해, 그리고 다른 사람들과의 관계―이 경우에는 부모와의 관계―가 지닌 신비한 특성을 암시하기 위해 그 과정을 언급한다. 복음서들에서 자주 볼 수 있듯이, 예수가 서서히 자신의 사명을 받아들이게 되는 것을 드러내는 어느 한 가지 에피소드는 전체 과정의 상징으로서 자세히 설명된다. 예수는 신성한 글에 등장하는 예언자들이 그렇듯이, 기도하고 공부하도록 하나님에 의해 계획되고 운명 지어져 있는 것이다.

예수의 부모는 해마다 유월절에 예루살렘으로 갔다. 예수가 열두 살이 되는 해에도, 그들은 절기 관습에 따라 유월절을 지키러 예루살렘에 올라갔다. 그런데 그들이 절기를 마치고 돌아올 때, 소년 예수는 예루살렘에 그대로 머물러 있었다. 그의 부모는 이것을 모르고, 일행 가운데 있으려니 생각하고, 하룻길을 갔다. 그 뒤에 비로소 그들의 친척들과 친지들 가운데서 예수를 찾았으나, 찾지 못하여, 예루살렘으로 되돌아가서 찾아다녔다. 사흘 뒤에야 이들은 성전에서 예수를 찾아냈는데, 그는 선생들 가운데 앉아서, 그들의 말을 듣기도 하고, 그들에게 묻기도 하고 있었다. 예수의 말을 듣고 있던 사람들은 모두 그의 슬기와 대답에 경탄하였다. 그 부모는 예수를 보고 놀라서, 어머니가 예수에게 말하였다. "얘야, 이게 무슨 일이냐? 네 아버지와 내가 너를 찾느라고 얼마나 애를 태웠는지 모른다." 예수가 부모에게 말하였다. "어찌하여 나를 찾으셨습니까? 내가 내 아버지의 집에 있어야 할 줄을 알지 못하셨습니까?" 그러나 부모는 예수가 자신들에게 한 그 말이 무슨 뜻인지를 깨닫지 못하였다. 예수는 부모와 함께 내려가 나사렛으로 돌아가서, 그들에게 순종하면서 지냈다. 예수의 어머니는 이 모든 일을 마음에 간직하였다. 예수는 지혜와 키가 자라고, 하나

님과 사람에게 더욱 사랑을 받았다. (2:41-52)

이 마지막 문장은 또 다른 예언자인 사무엘의 교육 과정을 떠오르게 한다. "어린 사무엘은 커갈수록 주님과 사람들에게 더욱 사랑을 받았다"(삼상 2:26).

누가가 작성한 계보

마태와 달리 누가는 예수의 계보를 복음서 첫머리에 배치하지 않는다. 우리가 이미 알고 있듯이, 마태의 복음서는 예수가 아닌 세례자로부터 시작되기 때문에 문제가 있었다. **예수**의 계보를 **요한**의 수태 고지보다 먼저 배치할 수 없었던 것이다. 예수의 탄생 이야기 전에 계보를 배치할 수도 있었지만, 그렇게 한다면 그가 의도한 요한의 수태 고지—탄생—이름 짓기 그리고 예수의 수태 고지—탄생—이름 짓기라는 대비가 어긋나게 되는 것이다. 요한의 계보와 함께 엮으려 시도하지 않았다면 그럴 수도 있었을 것이다.

가장 자연스러운 계보의 위치는 예수가 공생애를 시작하기 전—즉 요한으로부터 세례를 받기 전—일 것으로 보인다. 하지만 예수의 계보는 그 시기도 더 지나쳐 세례를 받은 **직후에** 제시된다. 마태는 예수의 혈통이 아브라함으로부터 비롯된다고 보지만, 누가는 하나님으로부터 비롯된다고 보기 때문이다. 세례식에서 곧바로 "너는 내 사랑하는 아들이요, 나는 너를 좋아한다"(3:22)라고 계시되었기 때문에, 그 직후에 이어지는 계보는 이러한 말씀의 해설로, 예수가 어떻게 아버지의 사람들을 거쳐, 아버지로부터 자식의 신분을 얻게 되었는지를 증명하는 것이다.

마태에 비해 역사적 개연성에 큰 관심은 없지만, 누가가 제시하는 계보는 마태의 것보다 어느 정도는 역사적으로 더 타당성을 갖춘 것으로 보인다. 하지만 누가가 더 많은 이름들을 제시하기는 해도, 그가 그려 보이고 있는 기나긴 역사를 채우기에는 여전히 부족하다. 마태가 41개의 이름을 제시하는 데 비해 누가는 77개를 제시하고 있으며, 마태가 세 개의 세대를 제시하는 데 비해 누가는 네 번째 세대(아브라함 이전)를 덧붙일 뿐이다. 게다가 평판이 불분명한 여인들은 거론하지 않음으로써, 마태가 제시한 여인들에 의한 비정상적인 혈통은 언급하지 않는다.

하지만 누가의 의도는 마태와 마찬가지로, 메시아라는 예수의 자격을 신성한 역사의 맥락에 속하도록 만드는 것이었다. 그는 메시아의 자격을 찬양하는 데 활용되었던 초기의 찬송 전승들을 통해 그렇게 할 수 있었다. 다시 한 번, 탄생 이야기들이 '메시아 탄생'의 신비로움을 묵상하는 것이라는 레이먼드 브라운의 생각이 지극히 옳다는 것을 알 수 있다.

| 주 |

1) 일반적으로 '그대를 감싸줄overshadow 것이다' 라는 번역은 어둡게 만드는 것을
   연상시킨다. 하지만 현성용顯聖容 때 예수를 휩쌌던 영광의 구름을 표현하면서
   누가는 이와 동일한 동사를 사용했으며(9:34), 70인역 성서에서는 출애굽기 40장
   35절에서 빛으로 장막帳幕을 가득 채운 구름을 표현할 때 사용되었다. 이 구름은
   원광圓光 혹은 후광後光으로서, 사막을 헤쳐 나가는 길을 이끌어주는 불기둥에 가
   까운 것이다.
2) 레이먼드 브라운은 만약 마리아가 처녀막의 손상 없이 예수를 낳았다는 중세의
   믿음이 사실이라면, 그녀는 정화받을 필요도 없었을 것이라는 점을 지적한다(1B
   437). 보통 성촉절聖燭節로 불리며, 전례에 준거해 마리아의 정화를 기리는 축일
   은 길버트 체스터턴으로 하여금 '순결한 자를 정화시키는 천 갈래의 불꽃' 속에
   서 있는 마리아의 역설적인 입장을 시를 통해 표현하도록 이끌었다.
3) *dialogismoi*를 '음모'로 번역하는 것에 대해서는 1B 441의 "신약성서에서 사용
   된 14개의 *dialogismos*는 모두 경멸의 의미이다" 참조.

8.
버림받은 자들을 위한 예수

W H A T   T H E   G O S P E L S   M E A N T

누가복음은 성찬식과 관련된 문제에 가장 관심을 기울이는 복음서다. 앞에서 우리는 엠마오로 향해 가던 제자들의 이야기를 통해, 누가가 부활 이후의 기독교 성찬식에 대한 상징적 버전—신성한 글에 대한 묵상에 이어지는 성찬과 예수에 대한 믿음의 고백이라는—을 어떻게 창조했는지 확인했다. 그 내용은 누가복음의 마지막 부분에 등장한다. 공생애의 시작 부분에서 누가는 유대교 회당에서 있었던 부활 이전의 성찬식을 보여준다.

예수는 고향 나사렛에 있는 회당으로 가서, 메시아가 올 것이라는 이사야의 예언을 읽은 뒤 자신이 그 예언을 성취했다고 선언한다. 화가 난 공동체는 예수가 그처럼 엄청난 주장을 할 자격이 없는 지방의 인물이라 말하고, 주요 인사들은 예수를 살해하려고 한다. 이것은 그 자신의 죽음을 미리 알려주는 장면일 뿐 아니라, 그가 메시아임을 믿는다고 선언할 때 그의 제자들이 회당에서 쫓겨나게 되는 방식을 실제로 보여주는 것이다.

예수는 자기 나라에서 당한 배척의 결과로, 앞으로는 자신이 다른 나라들(이교도들)을 향해 나아갈 것이라는 예고로 대답한다. 그의 이러한 행위를 설명하기 위해, 또 다른 두 명의 예언자인 엘리야와 엘리사가 활용된다. 이 복음서 전반에 걸쳐, 유대인 메시아의 비유대인에 대한 사명, 특히 사마리아인들에 대한 사명을 전개하려는 계획의 근거로서 이 두 명의 예언자를 활용한다.

예수는 열왕기상 17장에 나오는 엘리야의 경우를 인용한다. 사악한 왕 아합에게 그가 통치하는 땅에 가뭄이 있을 것이라고 저주한 후에, 엘리야는 시돈 지방의 이교도 여인에게 가서 음식과 마실 물을 청한다. 여인이 자신이 먹는 변변찮은 음식을 건네자, 엘리야는 아무리 먹어도 줄어들지 않을 빵과 기름을 받을 것이라는, 내세론적 풍요를 약속하는 하나님의 은총을 그녀에게 내린다. 예수는 이러한 것이 바로 그가 '고향에서' 배척받게 된 후에 다른 나라들이 맞이하게 될 구원의 형태라고 말한다.

이와 비슷하게 열왕기하 5장의 또 다른 예언자인 엘리사는, 이스라엘 사람이 아닌 나아만 장군의 나병을 치료해준다. 엘리사가 아무런 보상도 받으려 하지 않자, 나아만이 예배를 드리기 위해 나귀 두 마리에 실을 수 있는 성스러운 이스라엘 흙을 가져가는 것은 복음서가 확산되는 형태를 보여주는 것이다. 이러한 모든 내용은 누가의 복음서가 앞으로 어떻게 전개될지를 미리 보여주고 있다.

예수께서는 자기가 자라나신 나사렛에 오셔서 늘 하시던 대로 안식일에 회당에 들어가셨다. 그는 신성한 글을 읽으려고 일어서서 예언자 이사야의 두루마리를 건네받아서, 그것을 펴시어, 이런 말씀이 있는 데를 찾으셨다.

주님의 영이 내게 내리셨다.
주님께서 내게 기름을 부으셔서,
가난한 사람에게 기쁜 소식을 전하게 하셨다.
주님께서 나를 보내셔서,
포로 된 사람들에게 해방을 선포하고,
눈먼 사람들에게는 눈 뜸을 선포하고,
억눌린 사람들을 풀어주고,
주님의 은혜의 해(희년)[1]를 선포하게 하셨다.

예수께서 두루마리를 말아서, 시중드는 사람에게 되돌려주시고 앉으셨다. 회당에 있는 모든 사람의 눈은 예수께로 쏠렸다. 예수께서 그들에게 말씀하셨다. "이 성경 말씀이 너희가 듣는 가운데서 오늘 이루어졌다." 사람들은 모두 감탄하고, 그의 입에서 나오는 은혜로운 말씀에 놀라서, "이 사람은 요셉의 아들이 아닌가?" 하고 말하였다. 그래서 예수께서 그들에게 말씀하셨다. "너희는 틀림없이 '의사야, 네 병이나 고쳐라' 하는 속담을 내게다 끌어대면서, '우리가 들은 대로 당신이 가버나움에서 했다는 모든 일을, 여기 당신의 고향에서도 해보시오' 하고 말하려고 한다." 예수께서 또 말씀하셨다. "내가 진정으로 너희에게 말한다. 어떤 예언자도 자기 고향에서는 환영을 받지 못한다. 내가 진정으로 너희에게 말한다. 엘리야 시대에 삼 년 육 개월 동안 하늘이 닫혀서 온 땅에 기근이 심했을 때에, 이스라엘에 과부들이 많이 있었지만, 하나님이 엘리야를 그 많은 과부 가운데서 다른 누구에게도 보내지 않으시고, 오직 시돈에 있는 사렙다 마을의 한 과부에게만 보내셨다. 또 예언자 엘리사 시대에 이스라엘에 나병환자가 많이 있었지만, 그들 가운데서 아무도 고침을 받지 못하고, 오직 시리아 사람 나아만만이 고침을 받았다." 회당에 모인 사람들은 이 말씀을 듣고서, 모두 화가 잔뜩 났다. 그래서 그들은 들고 일어나 예수를 동네 밖으로 내쫓았다. 그들의 동네가 산 위에 있으므로, 그들은 예수를 산벼랑까지 끌고 가서, 거기에서 밀쳐 떨어뜨리려고 하였다. 그러나 예수께서는 그들의 한가운데를 지나서 떠나가셨다. (4:16-30)

예수가 어떻게 이방인들에게 다가갔는지를 보여주고 있기 때문에, 이 구절은 누가의 전체 복음서뿐 아니라 그 뒤에 덧붙여질—모든 나라에 계시가 널리 퍼지게 되는 것을 묘사한—사도행전의 내용을 상징적으로 예고하는 것이다. 이 삽화가 지닌 효율적이면서도 강력한 영향력은 간과하기 어렵다.

착한 사마리아인

예수의 생명을 뺏으려 하는 고향 사람들의 이야기는 마가복음에서 예수의 형제들이 보여준 잔학한 태도와 동일한 것이다. 누가는 그들의 이러한 태도와, 당대에 유대인들로부터 부정하다고 멸시당하던 사마리아인들의 선량함을 대비하려 한다.

사마리아인들은 지리적으로 이스라엘에서 가장 가까운 곳에 살던 '외국인'이었다. 이들에게는 자신들만의 독특한 율법과 성전이 있었다. 하지만 두 민족 간에는 역사적인 적대감이 있었기 때문에,

사마리아인들은 예수의 제자들이 그 지역을 통과하여 예루살렘으로 가려 할 때 그곳을 가로질러 가지 못하도록 막았던 것이다. 화가 치밀어 오른 제자들은 열왕기하 1장 10~14절에서 엘리야가 자신을 방해하는 사람들에게 하늘에서 불이 내리도록 했던 일을 인용한다(눅 9:54). 하지만 예수는 그들을 꾸짖고 다른 마을로 간다.

이것은 예수가 착한 사마리아인의 이야기를 들려주는 배경이 된다. 한 율법 교사가 예수에게 자신이 무엇을 해야만 영생을 얻을 수 있는지 묻는다. 예수가 그 율법 교사에게 율법에 어떻게 기록되어 있느냐는 질문으로 대답을 대신하자, 그 사람은 이렇게 대답한다. "'네 마음을 다하고 네 목숨을 다하고 네 힘을 다하고 네 뜻을 다하여, 주 너의 하나님을 사랑하여라' 하였고, 또 '네 이웃을 네 몸같이 사랑하여라' 하였습니다"(10:27).

예수가 그의 대답이 옳다고 하자, 그 율법 교사는 예수를 좀 더 압박하기 위해 누가 이웃이냐고 물었다. 그러자 예수는 그 '기회를 잡아' (*hypolabōn*) 이렇게 대답한다.

"어떤 사람이 예루살렘에서 여리고로 내려가다가 강도들을 만났다. 강도들이 그 옷을 벗기고 때려서, 거의 죽게 된 채로 내버려두고 갔다. 마침 어떤 제사장이 그 길로 내려가다가 그 사람을 보고 피하여 지나갔다. 이와 같이, 레위 사람도 그곳에 이르러 그 사람을 보고 피하여 지나갔다. 그러나 어떤 사마리아 사람은 길을 가다가 그 사람이 있는 곳에 이르러, 그를 보고 측은한 마음이 들어서, 가까이 가서 그 상처에 완화제와 수렴제를 붓고 싸맨 다음에[2], 자기 짐승에 태워서 여관으로 데리고 가서 돌보아주었다. 다음날, 그는 두 데나리온을 꺼내어서, 여관 주인에게 주고 말하기를 '이 사람을 돌보아주십시오. 비용이 더 들면, 내가 돌아오는 길에 갚겠습니다' 하였다. 너는 이 세 사람 가운데서 누가 강도 만난 사람에게 이웃이 되어주었다고 생각하느냐?' 그가 대답하였다. "자비를 베푼 사람입니다." 예수께서 그에게 말씀하셨다. "가서, 너도 이와 같이 하여라." (10:30-37)

이 이야기는 보편적인 사랑universal kindness을 간곡히 권유할 때 가장 자주 인용된다. 하지만 이 이야기에도 역시 따끔한 가르침이 담겨 있다. 그 희생자를 버려두고 지나쳐간 두 사람은 유대인 제사장과 제사장 가문의 사람이지만, 그 제사장들의 기준으로 부정하다 여겨지는 사마리아인들은 유대인도 아니다. 성결법전은 시체로부터 오염되는 것을 금하고 있으며, 그 희생자는 거의 시체(hēmithanēs)와 다름없었으므로 신앙심 깊은 그 사람들은 저마다 '멀리 피하여 돌아갔'던(anti-par-ēlthen) 것이다. 그 유대인들은 다시 한 번, 이교도들마저도 베푸는 호의를 거부했던 것이다.

이와 똑같은 암시는, 예수가 사마리아의 경계 지역에서 나병환자 10명을 낫게 하는데 그들 중 오직 한 사람만이 사마리아인이었으며, 오직 그 사람만이 예수에게 감사를 드렸다(17:11-19)는 이야기에서 제시된다.

혈루증을 앓는 여인

예수는 이교도들뿐 아니라 무시당하거나 멸시받고 내쫓긴 모든 아웃사이더들에게도 깊은 관심을 보였다. 바리새파 사람들이 죄인이라 멸시하던 여인은 많은 사랑을 보였기 때문에 용서를 받는다(7:37-50). 성전 앞으로 당당히 나아가는 오만한 바리새파 사람보다 성전 뒤편에 머물러 있던 겸손한 세리가 더 의롭다고 인정받는다(18:10-14). 거지인 나사로는 천국에 이끌려가지만 호사스러운 부자는 배제된다(16:19-31).

멸시당하는 사람들을 품어주는 예수의 모습은, 누가복음과 마가복음에 동시에 등장하는, 오랫동안 혈루증을 앓고 있는 여인의 경우에서 가장 분명하게 나타난다(8:43-48). 매달 월경이 끝난 여인들은 정화하기 위해 사원으로 가거나 목욕제를 올려야 한다. 그러므로 월경이 멈추지 않는 여인은 영원히 정화될 수 없는 것이다. 그녀는 성전 출입을 할 수 없을 뿐 아니라 다른 사람들과의 모든 관계 또한 그들을 부정하게 만들 것이므로 금지되어 있다. 음식을 장만할 수도, 빨래를 할 수도 없다. 레위기 15장 25~27절에 따르면,

> 어떤 여자가 자기 몸이 월경 기간이 아닌데도 여러 날 동안 줄곧 피를 흘리거나, 월경 기간이 끝났는데도 줄곧 피를 흘리면, 피가 흐르는 그 기간 동안 그 여자는 부정하다. 몸이 불결한 때와 같이, 이 기간에도 그 여자는 부정하다. 그 여자가 피를 흘리는 동안 눕는 잠자리는 모두 월경 기간에 눕는 잠자리와 마찬가지로 부정하고, 그 여자가 앉는 자리도 월경 기간에 앉는 자리가 부정하듯이 모두 부정하다. 누구나 이런 것들에 닿으면 부정하다. 그는 옷을 빨고 물로 목욕을 하여야 한다. 그는 저녁때까지 부정하다.

이 복음서 속의 여인은 제사장과 의사들에게 간절히 도움을 청했음에도 12년 동안 이러한 상태로 지냈다. 하지만 이제, 다른 사람들과 접촉하지 말라는 금기를 어기며 그녀는 예수를 둘러싸고 있던 군중을 헤치고 나아가 예수의 옷술에 손을 갖다 댄다. 어떤 일이 일어났는지 알아차린 예수는 "내게 손을 댄 사람이 누구냐?"(8:45) 하고 묻는다. 베드로가, 예수를 에워싼 사람들이 밀치고 있어서 누가 손을 댔는지 알 수 없다고 말하자, 예수는 "누군가가 내게 손을 댔다. 나는

내게서 능력이 빠져나간 것을 알고 있다"고 말한다(8:46). 두려움에 휩싸인 여인은 자신의 뻔뻔한 행동을 고백하며, 자신이 즉시 치유되었다고 말한다. 그러자 예수는 "딸아, 네 믿음이 너를 구원하였다. 평안히 가거라"(8:48) 하고 말한다.

평원에서의 설교[垂訓]

마태와 마찬가지로 누가도 예수의 많은 말씀들을 모아 하나의 긴 설교로 만들어놓았다. 축약된 형태의 팔복八福(the Beatitudes)을 포함한 누가복음의 말씀들 중 상당수는 마태복음의 말씀들을 변형한 것이다. 하지만 마태복음은 그 말씀들이 산에서 전해졌다고 제시하고, 누가는 '평지'에서 전해진 것으로 묘사한다(6:17). 누가의 버전을 산상설교와 대비하기 위해 주석자들은 '평원에서의 설교'라 한다.

　누가가 전한 30편의 구절을 마태가 107편의 구절로 확장한 것일까, 아니면 누가가 그 107편을 30편으로 축약한 것일까? 두 사람 모두 서로의 작품을 재가공하지는 않았다는 것이 그 대답이다. 그 대신 두 사람은 마가복음과 Q 그리고 그들 자신만의 전승을 활용하여 예수의 가르침에 대한 나름의 요약본을 만들어낸 것이다.

　그렇다면 본래 그 설교는 산에서 한 것일까, 아니면 평원에서 한 것일까? 아우구스티누스는 길게 이어진 설교는 산 위에서 예수의 가까운 제자들을 상대로 한 것이며, 그 후에 나머지 군중들에게 설교하기 위해 산을 내려온 것이라고 주장한다.[3] 하지만 본질적인 내용은 두 버전 모두 똑같으며, 설정은 두 가지 경우 모두 명확하게 상징적이다. 마태는 새로운 율법에 시내 산과 같은 권위를 부여하기 위해 산을 활용한 것이며, 누가는 예수의 겸손함을 표현하고 칭찬할 수 있도록 낮은 무대를 선택한 것이다. 누가복음의 설교는 마태복음보다 짧지만, 다른 복음서 저자들이 교육을 목적으로 질서정연하게 정리한 것과는 달리, 오히려 더 산만하기까지 하다.

마태는 8가지의 지복至福(=팔복)을 전하지만 누가는 4가지만을 전하며, 마태는 3인칭("하나님의 나라가 그들의 것이다")을 쓰지만 누가는 2인칭("하나님의 나라가 너희의 것이다")을 쓴다.

너희 가난한 사람들은 복이 있다.
하나님의 나라가 너희의 것이다.
너희 지금 굶주리는 사람들은 복이 있다.
너희가 배부르게 될 것이다.
너희 지금 슬피 우는 사람들은 복이 있다.
너희가 웃게 될 것이다.
사람들이 너희를 미워하고, 인자 때문에 너희를 배척하고, 욕하고, 너희의 이름을 악하다고 내칠 때에는, 너희는 복이 있다.
그날에 기뻐하고 뛰놀아라.[4] 보아라, 하늘에서 받을 너희의 상이
크다. 그들의 조상들이 예언자들에게 이와 같이 행하였다. (6:20-
23)

누가는 이러한 네 가지 지복을 네 개의 대구에 맞추는데, 이것이
이른바 저주들Woes이다.

그러나 너희, 부요한 사람들은 화가 있다.
너희가 너희의 위안을 받고 있기 때문이다.
너희, 지금 배부른 사람들은 화가 있다.
너희가 굶주리게 될 것이기 때문이다.
너희 지금 웃는 사람들은 화가 있다.
너희가 슬퍼하며 울 것이기 때문이다.
모든 사람이 너희를 좋게 말할 때에, 너희는 화가 있다.
그들의 조상들이 거짓 예언자들에게 이와 같이 행하였다.
(6:24-26)

이른바 수훈垂訓의 나머지 부분에서 누가는 마태가 다루었던 것
과 똑같은, 원수를 사랑하고, 남을 심판하지 말고, 견실한 토대를 만

들 것이라는 주제를 다루면서 동시에 그 자신만의 웅변술을 펼친다.

내 말을 들을 수 있는 너희에게 내가 말한다. 너희의 원수를 사랑하여라. 너희를 미워하는 사람들에게 잘해주고, 너희를 저주하는 사람들을 축복하고, 너희를 모욕하는 사람들을 위하여 기도하여라. 네 **뺨**을 치는 사람에게는 다른 쪽 **뺨**도 돌려대고, 네 겉옷을 빼앗는 사람에게는 속옷도 거절하지 말아라. 너에게 달라는 사람에게는 주고, 네 것을 가져가는 사람에게서 도로 찾으려고 하지 말아라.

너희는 남에게 대접을 받고자 하는 대로 남을 대접하여라. 너희가 너희를 사랑하는 사람들만 사랑하면, 그것이 너희에게 무슨 장한 일이 되겠느냐? 죄인들도 자기를 사랑하는 사람들을 사랑한다. 너희를 좋게 대하여주는 사람들에게만 너희가 좋게 대하면, 그것이 너희에게 무슨 장한 일이 되겠느냐? 죄인들도 그만한 일은 한다. 도로 받을 생각으로 남에게 꾸어주면, 그것이 너희에게 무슨 장한 일이 되겠느냐? 죄인들도 고스란히 되받을 요량으로 죄인들에게 꾸어준다.

그러나 너희는 너희 원수를 사랑하고, 좋게 대하여주고, 또 아무것도 바라지 말고 꾸어주어라. 그리하면 너희는 큰 상을 받을 것이요, 더없이 높으신 분의 아들이 될 것이다. 그분은 은혜를 모르는 사람들과 악한 사람들에게도 인자하시다. 너희의 아버지께서 자비로우신 것 같이, 너희도 자비로운 사람이 되어라.

남을 심판하지 말아라. 그리하면 하나님께서도 너희를 심판하지 않으실 것이다. 남을 정죄하지 말아라. 그리하면 하나님께서도 너희를 용서하실 것이다. 남에게 주어라. 그리하면 하나님께서도 너희에게 주실 것이니, 되를 누르고 흔들어서, 넘치도록 후하게 되어서, 너희 품에 안겨주실 것이다. 너희가 되질하여 주는 그 되로 너희에게 도로 되어서 주실 것이다. (6:27-38)

누가는 마태복음에서 다룬 산상설교의 주제 중에서 한 가지를 자신의 평원에서의 설교에 포함시키지 않고 뒷부분에서 별도로 다루는데, 그것이 바로 주기도문이다. 누가의 '가장 기본적인' 버전은 마태복음의 두 쌍으로 이루어진 세 가지 청원과 같은 균형 잡힌 대비법을 활용하지 않고 있다. 그로 인해 누가의 버전이야말로 꾸밈이 가해지지 않은 출처인 Q에서 인용해온 것으로서, 역사적으로 가장 정확한 기사임을 의미한다고 주장하는 사람들이 있다. 하지만 두 가지 버전 모두 다 전승의 몇 가지 흐름을 반영하고 있는 것이며, 둘 다 필사본의 특징은 없다는 것이 더욱 설득력 있는 주장일 것이다. 다음은 누가의 버전이다.

아버지! 그 이름을 거룩하게 하여주시고,

그 나라를 오게 하여주십시오.

날마다 우리에게 필요한

양식을 내려주십시오.

그리고 우리의 죄를 용서하여주십시오.

우리에게 빚진 모든 사람을 우리가 용서합니다.

우리를 시험에 들지 않게 하여주십시오. (11:2-4)

돌아온 탕아

누가복음에서 가장 유명하고 가장 사랑받는 부분은 아마 돌아온 탕아의 비유로 알려진 이야기일 것이다.

"어떤 사람에게 아들이 둘 있는데 작은아들이 아버지에게 말하기를 '아버지, 재산 가운데서 내게 돌아올 몫을 주십시오' 하였다. 그래서 아버지는 살림을 두 아들에게 나누어주었다.

며칠 뒤에 작은아들은 제 것을 다 챙겨서 먼 지방으로 가, 거기서 방탕하게 살면서 그 재산을 낭비하였다. 그가 모든 것을 탕진했을 때, 그 지방에 크게 흉년이 들어서 그는 아주 궁핍하게 되었다. 그래서 그는 그 지방의 주민 가운데 한 사람을 찾아가서 몸을 의

탁하였다.

그 사람은 그를 들로 보내서 돼지를 치게 하였다. 그는 돼지가 먹는 쥐엄 열매라도 좀 먹고 배를 채우고 싶은 심정이었으나, 그에게 먹을 것을 주는 사람이 없었다. 그제서야 그는 제정신이 들어서 이렇게 말하였다. '내 아버지의 그 많은 품꾼들에게는 먹을 것이 남아도는데, 나는 여기서 굶어 죽는구나. 내가 일어나 아버지에게 돌아가서, 이렇게 말씀드려야 하겠다. 아버지, 내가 하늘과 아버지 앞에 죄를 지었습니다. 나는 더 이상 아버지의 아들이라고 불릴 자격이 없으니, 나를 품꾼의 하나로 삼아주십시오.'

그는 일어나서, 아버지에게로 갔다. 그가 아직도 먼 거리에 있는데, 그의 아버지가 그를 보고 측은히 여겨서, 달려가 그의 목을 껴안고 입을 맞추었다. 아들이 아버지에게 말하였다. '아버지, 내가 하늘과 아버지 앞에 죄를 지었습니다. 이제부터 나는 아버지의 아들이라고 불릴 자격이 없습니다.' 그러나 아버지는 종들에게 말하였다. '어서 가장 좋은 옷을 꺼내서 그에게 입히고, 손에 반지를 끼우고, 발에 신을 신겨라. 그리고 살진 송아지를 끌어내다가 잡아라. 우리가 먹고 즐기자. 나의 이 아들은 죽었다가 살아났고, 내가 잃었다가 되찾았다.' 그래서 그들은 잔치를 벌였다."

(15:11-24)

탕아의 이야기 전반부의 반가량은 '잃었다가 되찾았다'는 글귀를 통해, 이 이야기의 앞에 소개된 두 개의 짧은 이야기인 잃어버린 한 마리 양, 동전을 되찾은 여인의 비유와 긴밀하게 연결되어 있다. 이 두 가지 이야기는 탕아의 아버지가 그랬던 것처럼 감탄의 말로 끝맺음을 하고 있다. 목자는 이렇게 말한다. "나와 함께 기뻐해주십시오. 잃었던 내 양을 찾았습니다"(15:6). 그 여인은 이렇게 말한다. "나와 함께 기뻐해주십시오. 잃었던 동전을 찾았습니다"(15:9). 이러한 모든 이야기들의 교훈은 예수 자신이 제시한다. "내가 너희에게 말한다. 이와 같이 하늘에서는 회개할 필요가 없는 의인 아흔아홉보다, 회개하는 죄인 한 사람을 두고 더 기뻐할 것이다"(15:7).

하지만 이것이 회개할 필요가 전혀 없는 의로운 사람들에게는 불공평한 것이 아닐까? 돌아온 탕아 이야기 후반부는 이 문제를 다음과 같이 다루고 있다.

"그런데 큰아들이 밭에 있다가 돌아오는데, 집에 가까이 이르렀을 때, 음악 소리와 춤추면서 노는 소리를 듣고 종 하나를 불러서 무슨 일인지를 물어보았다.
종이 그에게 말하였다. '아우님이 집에 돌아왔습니다. 건강한 몸으로 돌아온 것을 반겨서, 주인어른께서 살진 송아지를 잡으셨습니다.' 큰아들은 화가 나서, 집으로 들어가려고 하지 않았다. 아버지가 나와서 그를 달랬다. 그러나 그는 아버지에게 대답하였다. '나는 이렇게 여러 해를 두고 아버지를 섬기고 있고 아버지의 명령을 한 번도 어긴 일이 없는데, 나에게는 친구들과 함께 즐기라고 염소 새끼 한 마리도 주신 일이 없습니다. 그런데 창녀들과 어울려서 아버지의 재산을 다 삼켜버린 이 아들이 오니까, 그를 위해서는 살진 송아지를 잡으셨습니다.' 아버지가 그에게 말하였다. '얘야, 너는 늘 나와 함께 있으니 내가 가진 모든 것은 다 네 것이다. 그런데 너의 이 아우는 죽었다가 살아났고, 내가 잃었다가 되찾으니, 즐기며 기뻐하는 것이 마땅하다.'" (15:25-32)

두 아들은 하나님 아버지의 사랑을 나누어 갖고 있는 유대인과 이방인이라는 두 무리를 떠올리게 한다. 하지만 어떤 아들이 유대인이고, 어떤 아들이 이방인일까? 이 비유가 훌륭한 것은 어떤 식으로도 해석이 가능하기 때문이다. 유대인들은 선한 아들일까, 아니면 죄를 범한 아들일까?

멀리 떨어진 (이교도의) 나라에서 이방인들과 부정한 동물들과 함께 살고 있는 탕아와 대비했을 때, 조상으로부터 물려받은 재산을 지키며 약속의 상속자로 살고 있는 유대인들이 착한 아들이라고 읽힐 수도 있다. 하지만, 현재로선 아웃사이더인 사람들이 받아들여지는 것을 시샘하는 유대인들을 나쁜 아들이라고 읽을 수도 있다. 그 나쁜 아들은 하나님의 한없이 넓은 사랑을 거부하고 있는 것이다.

어떻게 받아들이는 것이 더 적절할까? 나는 두 가지 경우 다 옳다고 믿는다. 이것은 함께 있는 아들이거나 돌아온 아들이거나 구별 없이 모든 방향으로 확장되는 하나님의 은혜에 대한, 영원한 양면성을 지닌 이야기인 것이다. 평화로운 조정자인 누가는 끊임없이 변하는 의미의 본보기를 제시하는 이 비유에서 자신의 재능을 아낌없이 보여준다.

비록 누가는 바울에 대해 전혀 모르고 있었겠지만, 이 비유는 이방인과 유대인들에 대한 누가의 태도가 바울의 태도와 일치한다는 것을 보여준다. 바울은 이 두 부류의 사람들 모두 부름을 받았으며, 함께 구원받을 것이라 믿고 있었다.

[이방의] 형제자매 여러분, 나는 여러분이 이 신비한 비밀을 알기를 바랍니다. 그것은 여러분이 스스로 현명하다고 생각하는 일이 없게 하려는 것입니다. 그 비밀은 이러합니다. 이방 사람의 수가 다 찰 때까지 이스라엘 사람들 가운데서 일부가 완고해진 대로 있으리라는 것과, 온 이스라엘이 구원을 받게 되리라는 것입니다. 그것은 신성한 글에 이렇게 기록되어 있는 바와 같습니다. "구원하시는 분이 시온에서 오실 것이니, 야곱에게서 경건하지 못함을 제거하실 것이다. 이것은 그들과 나 사이의 언약이니, 내가 그들의 죄를 없앨 때에 이루어질 것이다."

복음의 관점에서 판단하면, 이스라엘 사람들은 여러분이 잘되라고 하나님의 원수가 되었지만, 택하심을 받았다는 관점에서 판단하면, 그들은 조상 덕분에 하나님의 사랑을 받는 사람들입니다. 하나님께서 주시는 고마운 선물과 부르심은 철회되지 않습니다. 전에 하나님께 순종하지 않던 여러분이, 이제 이스라엘 사람의 불순종 때문에 하나님의 자비를 입게 되었습니다. 이와 같이, 지금은 순종하지 않고 있는 이스라엘 사람들도 여러분이 받은 그 자비를 보고 회개하여, 마침내는 자비하심을 입게 될 것입니다. 하나님께서 모든 사람을 순종하지 않는 상태에 가두신 것은 그들에게 자비를 베푸시려는 것입니다. (롬 11:25-32)

이것은 우연하게도 돌아온 탕아의 이야기에 등장하는 큰아들과 작은아들의 이야기 전개 방식과 일치한다. 우리들은 모두 버림받은 자들이며 예수는 우리들 모두를 구원하기 위해 왔다는 이 이야기에 따라, 나는 돌아온 탕아의 이야기가 누가의 사상과 신학의 가장 핵심적인 내용을 담고 있는 부분이라고 보는 것이 정당하다고 생각한다.

1) 여기에서의 희년禧年은 문자 그대로 '받아들여질 수 있는 해' (*eniautos dektos*)이
   지만, '사면赦免(release)'에 대한 언급은 바로 이 해가 모든 빚을 없애주는 희년
   이라는 것을 나타내고 있다. Joel B. Green, *The Gospel of Luke* (Eerdmans,
   1997), p 212.

2) 완화제와 수렴제는 문자 그대로는 '기름과 포도주'이지만, 여기에서는 의학적인
   의미의 용어를 썼다.

3) Augustine, *The Consistency of the Gospel Writers* 2.47.

4) '뛰놀아라'는 문자 그대로는 '이리저리 뛰어다니다' (*skirtan*)라는 의미다.

9.
치유하는 죽음

누가는 겟세마네 동산에서 고통의 잔을 거두어달라고 기도하는 예수
의 고뇌를 설명할 때, 다른 두 공관복음서의 설명을 단순화한다. 자
신만의 새로운 내용을 추가하기 위해 그렇게 한 것인데, 누가복음의
예수의 수난 이야기에서는 자주 있는 일이다(4B 183).

마가와 마태는 예수가 잠든 제자들을 보기 위해 세 번이나 돌아
왔다고 한다. 그러나 누가는 단지 한 번만 그들에게 돌아온 것으로
이야기한다. 누가는 잔을 거두어달라는 예수의 기도 뒤에 다음과 같
은 말을 추가하여 돋보이게 만들고 싶어 했다. "천사가 하늘로부터

그에게 나타나서, 힘을 북돋우어드렸다. 예수께서 고뇌에 차서, 더욱 간절히 기도하시니 땀이 핏방울같이 되어서 땅에 떨어졌다"(22:43-44).

누가복음 원전을 다루었던 일부 편집자들은 이 구절을 삭제했다. 따라서 오래된 몇몇 사본에는 이 구절들이 없으며, 다른 사람들에 의해 마태복음에 삽입되기도 했다.[1]

브라운은 이 구절들이 원전에 추가되는 것보다 삭제되는 것이 더 나을 수도 있다는 결론을 내렸다. 후대의 일부 기독교 필경사들은, 비록 사막에서 시험을 받은 후에 예수가 천사들의 보살핌을 받지만, 천사가 예수보다 강하다는 생각을 피하고 싶었을 것이다(마 4:11).

사람이 핏방울 같은 땀을 흘릴 수 있다는 것에 의혹을 품은 사람들이 있었을 수도 있다. 그러나 원문은 그 땀이 피였다고 하지 않고, 마치(*hōsei*) 피처럼 방울방울(*thromboi*) 떨어졌다고 말한다.

브라운은 예수의 싸움에 해당하는 단어(*agōnia*)가 운동 경기에서 사용되고 있으며, 거기에서 경쟁자는 '싸우는 사람'(*agōnistēs*)이라고 한다는 것에 주목했다. 사막에서 벌어졌던 예수와 사탄의 싸움은 다음과 같이 새롭게 해석되었다.

[G. G.] 감바는 천사의 강화된 역할을 운동선수를 준비시키는 트레이너의 역할에 비유한다; 예수의 기도는 마지막 준비인 것이

다. 잠들어 있던 제자들과 달리 예수는 지금 출발선에서 출발 자세를 취하고 있는 것이다. (4B 189)

예수의 체포

누가가 내과 의사였을 것이라고 생각했던 사람들은, 복음서 저자들 중 오직 누가만이 예수가 체포될 때 벌어진 싸움에서 떨어져나간 귀를 예수가 치유해주었다고 작성한 점에 주목했다.

네 복음서는 모두 이 사실을 언급하고 있다. 마가는 구경꾼(마가가 그를 비난하지 않는 것으로 미루어보아 예수의 제자는 아닐 것이다)에 의해 귀가 잘렸다고 말한다. (비록 수난 이야기 전체에서 제자들은 겁을 내고 있었지만) 마태와 누가는 이름은 밝히지 않은 채, 제자 한 명이 예수의 체포에 저항했다고 말한다. 오직 요한만이 칼을 휘두른 사람은 베드로였다고 말한다. 베드로는 이제 곧 자신의 주인를 거듭해서 부인할 사람이다.

누가복음에서 예수는 자신의 곁에서 저항하는 그 사람에게 말한다. "그들(체포하는 자들)에게 계속하게 하라"(22:51).[2] 예수는 앞서 제자들에게 칼을 사야 할 것이라고 말함으로써, 그들에게 닥쳐올 커다란 시련에 대비하도록 했다(22:36). 제자들이 칼 두 자루가 있다고 말하자 예수가 "그것으로 넉넉하다"(22:38)며 슬프게 대답했던 것으로 보아, 그가 이 말을 은유적으로 했다는 것을 알 수 있다.

예수는 제자들에게 폭력적으로 행동하지 말 것을 거듭해서 당부했다. 예수는 요한복음에서 빌라도를 향해 그의 나라는 이 세상에 속한 것이 아니며, 만약 그렇다면 제자들이 자신을 위해 싸웠을 것이라고 말한다(요 18:36).

빌라도와 헤롯

복음서 저자들은 하나같이 빌라도에 대해 예수를 어떻게 처리해야 할지 몰라 갈등하는 인물로 제시하고 있다. 이미 확립되어 있던 질서에 더 많은 골칫거리가 생기게 되는 것은, 이 불가사의한 유대인을 살려두었을 때일까, 아니면 처형했을 때일까? 빌라도는 잠시 그 문제의 해결을 회피하려고 한다. 그는 군중의 살해 욕망을 충족시킬 수 있기를 기대하면서, 다른 죄수의 처형을 제안한다. 그러나 곤혹스럽게도, 군중은 빌라도에게 예수가 죽기를 원한다고 말한다.

빌라도가 자신의 책임을 면하기 위해 사용한 특별한 묘안을 오직 누가만이 소개하고 있다. 빌라도는 유대 지역에 대해서만 전권을 지니고 있었다.[3] 북쪽의 갈릴리에 대한 통치는 그곳의 분봉왕 중 하나인 헤롯 안티파스가 맡고 있었다. 예수의 사역이 대부분 갈릴리에서 행해졌으며, 유월절 기간 동안 그 분봉왕이 예루살렘에 와 있다는 것을 알고 있던 빌라도는 그 뜨거운 감자를 과거에 불편한 관계였던 헤롯에게 떠넘겼던 것이다.

헤롯 대왕(마태복음에서 동방박사들과 거래했던)의 아들인 헤롯 안티파스는 예수를 만나게 된 것을 기뻐했다. 헤롯은 세례 요한을 죽인 후에, 요한이 이끌었던 민중 선동이 예수에 의해 뚜렷하게 이어지는 것 때문에 곤경에 처해 있었다. 그는 예수에 대해 더 많은 것을 알아보고, 시험해보고 싶어 했으며, 어쩌면 죽이기를 원했을 것이다. 멀리 떨어져 있는 헤롯과 예수가 누가복음에서 정신적인 칼싸움을 벌이고 있는 것이다.

> 분봉왕 헤롯은 이 모든 일을 듣고서 당황하였다. 왜냐하면, 어떤 사람들은 요한이 죽은 사람들 가운데서 살아났다고 하고, 또 어떤 사람들은 엘리야가 나타났다고 하고, 또 어떤 사람들은 옛 예언자 가운데 한 사람이 살아났다고 말하기 때문이었다. 그러나 헤롯은 이렇게 말하였다. "요한은 내가 목을 베어 죽였는데, 내게 이런 소문이 파다하게 들리는 사람은 누구인가?" 그는 예수를 만나고 싶어 하였다. (9:7-9)

예수가 갈릴리를 벗어나 예루살렘으로 가기 시작했을 때, 몇몇 바리새파 사람들은 예수가 아직 헤롯의 경계를 벗어나지 못했다며 경고를 겸한 협박을 한다.

바로 그때에 몇몇 바리새파 사람들이 다가와서 예수께 말하였다. "여기에서 떠나가십시오. 헤롯 왕이 당신을 죽이려고 합니다." 예수께서 그들에게 말씀하셨다. "가서, 그 여우에게 전하기를 '보아라, 오늘과 내일은 내가 귀신을 내쫓고 병을 고칠 것이요, 사흘째 되는 날에는 내 일을 끝낸다' 하여라. 그러나 오늘도 내일도 그 다음 날도, 나는 내 길을 가야 하겠다. 예언자가 예루살렘이 아닌 다른 곳에서는 죽을 수 없기 때문이다." (13:31-33)

그러므로 빌라도가 예수를 보냈을 때, 헤롯은 온갖 수단을 동원해 붙잡으려 했던 자가 자기 손안에 들어오게 된 것을 기뻐한다.

빌라도가 이 말을 듣고서 물었다. "이 사람이 갈릴리 사람이오?" 그는 예수가 헤롯의 관할에 속한 것을 알고서 예수를 헤롯에게 보냈는데, 마침 그때에 헤롯이 예루살렘에 있었다. 헤롯은 예수를 보고 매우 기뻐하였다. 그는 예수의 소문을 들었으므로 오래전부터 예수를 보고자 하였고, 또 그는 예수가 어떤 기적을 일으키는 것을 보고 싶어 하였다. 그래서 그는 예수께 여러 말로 물어보았다. 그러나 예수께서는 그에게 아무 대답도 하지 않으셨다. 그런데 대제사장들과 율법학자들이 곁에 서 있다가, 예수를 맹렬하게 고발하였다. 헤롯은 자기 호위병들과 함께 예수를 모욕하고 조롱하였다. 그런 다음에, 예수에게 화려한 옷을 입혀서 빌라도에게 도로 보냈다. 헤롯과 빌라도가 전에는 서로 원수였으나, 바로 그날에 서로 친구가 되었다. (23:6-12)

기회를 잡았는데도 헤롯이 왜 예수를 죽이지 않았는지 의아할 수도 있다. 그러나 그것은 빌라도로 하여금 그가 다스리는 유대 영역 내에서 처분하도록 하겠다는, 보다 외교적인 판단이었음이 분명하다. 브라운은 빌라도가 헤롯에게 기대한 것은 취조取調(anakrisis)였으며, 그것을 통해 예수의 첫 번째 활동 영역에 대한 전문적인 의견을 전달받아 자신의 판결을 보증받으려 한 것이라고 밝힌다.

분봉왕의 병사들은 예수를 왕으로 만들어 조롱하기 위해 화려한(lampra) 예복을 입히고, '유대인의 왕' 이라는 죄목을 십자가에 붙였다. 그들 두 명의 통치자는 예수의 피로 조약을 맺어, 각자의 권력을 강화했던 것이다. 누가 예수를 죽게 했는지에 대해서는 의심의 여지가 없다. 그것은 오랜 반목을 겪고 나서, 이제는 친구가 되었음을 자축하는 두 통치자의 죄였다.

골고다로 향하는 길

여성의 역할을 강조하고 있는 누가복음에서는, 갈릴리에서 예수와 함께 다니던 여인들이(8:1-3), 그를 따라 예루살렘으로 가서 십자가형을 받는 예수를 멀리서 지켜보며(23:49), 예수의 시신을 돌보기 위해 무덤 안으로 들어간다(23:55). 처형장으로 가는 도중에 예수는 또 다른 한 무리의 여인들과도 마주치는데, 이들은 유대인이지만 예수를 동정하는 사람들로서 갈릴리 출신이 아닌 '예루살렘의 딸들'이었다. 이처럼 누가는 예수의 죽음을 묘사하는 장면에서 예수에 대해 적대감을 보이거나 조롱하지 않는 유대인들을 등장시키고 있다.

백성들과 여자들이 큰 무리를 이루어서 예수를 따라가고 있었는데, 여자들은 예수를 생각하여 가슴을 치며 통곡하였다. 예수께서 여자들을 돌아다보시고 말씀하셨다. "예루살렘의 딸들아, 나를 두고 울지 말고 너희와 너희 자녀를 두고 울어라. 보아라, '아이를 배지 못하는 여자와, 아이를 낳아보지 못한 태와, 젖을 먹여보지 못한 가슴이 복되다' 하고 사람들이 말할 날이 올 것이다. 그때에, 사람들이 산에다 대고 '우리 위에 무너져 내려라' 하며, 언덕에다 대고 '우리를 덮어버려라' 하고 말할 것이다. 나무가

푸른 계절에도 사람들이 이렇게 하거든, 하물며 나무가 마른 계절
에야 무슨 일이 벌어지겠느냐?" (23:27-31)

누가복음의 예수는 시련을 겪으면서도 시종일관 다른 사람들에
게 마음을 쓰고 있다. 예수는 예루살렘의 그들에게 멸망이 닥쳐올 것
이라고 말하면서, 예언자인 호세아의 말을 되풀이해 들려준다(호세
아서 10:8): "그때에 백성들은 산들을 보고 '우리를 숨겨다오!' 또 언
덕들을 보고 '우리를 덮어다오!' 하고 호소할 것이다". 아직 불탈 준
비도 안 된 푸른 나무에도 이 같은 재앙이 닥쳐올 것이라는 예수의 말
은 "그 불은 숲 속에 있는 모든 푸른 나무와 모든 마른 나무를 태울
것이다"라는 에스겔서 20장 47절을 되풀이하는 것이다.

십자가에서의 죽음

마가와 마태는 예수가 십자가에서 했던 단 한마디의 말만을—버림받
음에 대해 울부짖는—기록하고 있다. 그러나 누가와 요한은 각각 서
로 중복되지 않는 세 마디의 말을 인용한다. 누가가 전하는 말들은
자신이 일관되게 그려온 예수의 모습과 어울리는, 화해를 당부하는
내용이다. 예수는 자신의 죽음에 대해 책임져야 할 모든 사람들을 바

라보며 이렇게 기도한다: "아버지, 저 사람들을 용서하여주십시오. 저 사람들은 자신들이 무슨 일을 하는지를 알지 못합니다"(23:34).

예수의 죽음에 대한 책임을 분명히 따지고, 그것을 집행했던 자들을 응징하고 싶어하는 사람들은 예수 본인의 기도를 거부한다. 누가가 작성한 사도행전에서(3:17) 베드로가 유대인들을 향해, "동포 여러분, 여러분이 여러분의 지도자들과 마찬가지로 무지해서 그렇게 행동했다는 것을 나는 알고 있습니다. 그러나 하나님께서는, 모든 예언자의 입을 빌려서 그리스도가 고난을 받아야만 한다고 미리 선포하신 것을 이와 같이 이루셨습니다"라고 말하는 것에서 누가가 읽어낸 예수의 마음이 명확히 드러난다.

후대 역사에 있어 비극적인 일은, 일부 기독교인들이 단순히 예수의 말을 잊거나 부정한 것이 아니라, 예수가 자신에게 저질러진 그같은 가증스러운 행동을 용서하려는 것을 원치 않았던 일부 필경사들이 이러한 내용들을 실제로 복음서에서 없애버렸다는 것이다. 일부 사본에는 그 구절이 누락되어 있는데, 이것은 훗날 삽입된 것이라기보다 원문에서 삭제된 내용일 가능성이 더 크다(4B 979-980).

누가가 인용한 예수의 두 번째 말 역시 다른 사람들에 대한 용서와 배려에 관한 것이다.

예수와 함께 달려 있는 죄수 가운데 하나도 그를 모독하며 말하였다. "너는 그리스도가 아니냐? 너와 우리를 구원하여라." 그러나 다른 하나는 그를 꾸짖으며 말하였다. "똑같은 처형을 받고 있는 주제에, 너는 하나님이 두렵지도 않으냐? 우리야 우리가 저지른 일 때문에 그에 마땅한 벌을 받고 있으니 당연하지만, 이분은 아무것도 잘못한 일이 없다." 그리고 나서 그는 예수께 말하였다. "예수님, 주님이 주님의 나라에 들어가실 때에, 나를 기억해주십시오." 예수께서 그에게 말씀하셨다. "내가 진정으로 네게 말한다. 너는 오늘 나와 함께 낙원에 있을 것이다." (23:39-43)

십자가형을 받는 이 사내도 그와 마찬가지로 성결법전(신 21:22-23)에 따라 저주를 받은 것이기 때문에, 바로 이 순간이 예수가 '부정한 자'들에게 봉인되어 있던 한계들을 부수고 나아가야 할 마지막 기회였다. 그러나 내적 순수와 믿음은 이 죄수를 처형장에서 천국으로 직접 이끌어간다.

누가가 전하는 예수의 마지막 말은 "아버지, 내 영혼을 아버지 손에 맡깁니다"라는 우렁찬 외침이다(23:46). 누가의 시각으로 바라본 십자가는 치유의 도구인 것이다. 예수가 죽었다는 것을 확인한 로마의 백부장은 하나님을 찬양하며 "이 사람은 참으로 의로운 사람이었다"고 말한다(23:47). 그리고 사형이 집행되기 전에 예루살렘의 딸들이 그랬던 것처럼, 그곳에 있던 사람들도 슬픔에 싸인 채 자신들의 가슴을 치며 떠나갔다(23:48).

부활한 주님

누가의 복음서가 지닌 눈에 두드러지는 특징은 그가 갈릴리를 예루
살렘으로 변경하여 부활한 예수의 삶을 다루고 있다는 점이다. 이것
은 매우 놀라운 일이 아닐 수 없다. 누가는 다른 복음서 저자들보다
더 갈릴리 출신의 남자들뿐 아니라 여자들의 중요성을 강조해왔다.
그는 이들 모두를 개인적으로 잘 알고 있었다―막달라 마리아, 헤롯
의 청지기인 구사의 아내 요안나, 수산나 그리고 "여러 다른 여자들"
등(8:2-3).

　누가는 이들이 십자가형이 집행되던 곳에 있었다는 것을 알고 있
다. 그리고 막달라 마리아와 요안나, 그리고 야고보의 어머니인 마리
아가 일요일 아침에 무덤으로 갔었다는 것을 알고 있다(24:10). 하지
만 이들 갈릴리 여인들은, 마가복음과 마태복음에서 그랬던 것과는
달리 예수가 그들의 남자 동료들을 갈릴리에서 만나게 될 것이라는
사실은 전해 듣지 못한다. 누가복음에서는 모든 부활 체험이 예루살
렘에서 이뤄진다. 그곳은 성령이 강림하는 오순절이 비롯된 중요한
도시이기 때문에, 누가의 다음 책인 사도행전에서 예수 운동이 활발

하게 벌어질 곳이다.

조정자인 누가에게 예루살렘은 중요한 상징이다. 이 복음서는 그 도시의 성전에서 있었던 탄생 이야기로 시작되며, 예수의 이야기는 예루살렘에서의 승천과 오순절 이야기로 끝이 난다. 누가가 복음서를 작성하기 최소한 10년 혹은 20년 전에 예루살렘이 파괴된 것이 분명하기 때문에 이 사실은 중요하다. 바울과 함께 시작된 예수 운동의 모든 활동이 그때부터 팔레스타인에 남아 있던 것보다 더 많은 유대인들이 머물던 디아스포라(팔레스타인 외역 유대인 거주지—옮긴이)에서 전개되었다. 모든 신약성서의 원고들은 디아스포라에서 작성되었으며, 아마도 누가가 머물던 곳(그리스)보다 더 멀리 떨어진 곳에서 작성된 복음서는 없을 것이다.

예루살렘에 대한 거의 강박에 가까운 누가의 집착에는 기원起源으로 돌아가고자 하는 일종의 보상 욕구가 담겨 있다. 그는 예수의 제자들이 유대의 뿌리를 잃게 되는 것을 원치 않았다. 그는 바울이 자신의 서신을 통해 증명할 수 있는 것보다 더 자주 예루살렘에서 가르침을 받고 그곳으로 돌아왔다고 말한다.

누가는 가능한 한 오랫동안 율법을 지키고 성전을 돌보기 위해 노력하는 주님의 형제인 야고보에게 호의적이다. 바울이 그랬던 것처럼 누가는 율법을 준수하는 유대인들이 예수가 메시아라는 것을 인정하게 되기를 소망하고 있었다. 결국, 누가가 전하는 메시아 탄생 이야기는 한결같이 율법을 준수하는 사가랴, 엘리사벳, 시므온, 안나, 요셉, 마리아 같은 유대인이 예수를 영접한다는 사실에 집중돼 있다.

나는 앞에서 엠마오로 향해 가는 길에서 나누었던 대화가 누가 시대의 성찬식 장면을 재창조했다고 언급했다. 그 두 명의 제자가 엠마오에서 돌아와 예루살렘에 있는 다른 제자들에게 자신들의 경험을 이야기했을 때 나타나는 반응도 역시 마찬가지다. 그들의 말에 따르면, 예수는 그들 한가운데로 나타나 마지막 설교를 한 다음 누가복음에 제시된 위대한 사명을 부여했다.

그들이 이런 이야기를 하고 있을 때에, 예수께서 몸소 그들 가운데 들어서서 말씀하셨다. "너희에게 평화가 있어라." 그들은 놀라고, 무서움에 사로잡혀서, 유령을 보고 있는 줄로 생각하였다. 예수께서는 그들에게 말씀하셨다. "어찌하여 너희는 당황하느냐? 어찌하여 마음에 의심을 품느냐? 내 손과 내 발을 보아라. 바로 나다. 나를 만져보아라. 유령은 살과 뼈가 없지만, 너희가 보다시피, 나는 살과 뼈가 있다." 이렇게 말씀하시고, 그는 손과 발을 그들에게 보이셨다. 그들은 너무 기뻐서, 아직도 믿지 못하고 놀라워하고 있는데, 예수께서 그들에게 말씀하셨다. "여기에 먹을 것이 좀 있느냐?" 그래서 그들이 예수께 구운 물고기 한 토막을 드렸다. 예수께서 받아서, 그들 앞에서 잡수셨다. (24:36-43)

부활한 예수를 보았던 바울은 그 부활한 몸은, 마치 씨앗과 다 자란 식물의 차이만큼이나 죽었던 몸과 서로 닮지 않았다고 말한다; 하지만 영성이 부여된 상태와 지나간 세속에서의 모습 사이에는 일정한 연속성이 존재하며, 그것은 예수가 가장 명확한 방법으로 가르쳤던 진실인 것이다. 또한 요한은 갈릴리 바닷가에 나타난 예수가 식사를 했다고 전한다(요 21:13). 그리하여, 시인 드니즈 레버토브의 시구에서 예수는,

그에게 음식을—생선과 꿀을—건넨
겸손한 친구들에게
기쁨을 준다.[4]

바로 여기에서 예수는 초기의 모든 기독교인들이 성찬식에서 그랬듯이 신성한 글을 묵상하며, 엠마오로 가던 두 명의 제자들에게 들려주었던 가르침을 반복한다.

예수께서 그들에게 말씀하셨다. "내가 전에 너희와 함께 있을 때에 너희에게 말하기를, 모세의 율법과 예언서와 시편에 나를 두고 기록한 모든 일이 반드시 이루어져야 한다고 하였다." 그때에 예

수께서는 성경을 깨닫게 하시려고, 그들의 마음을 열어주시고, 그들에게 말씀하셨다. "이렇게 기록되어 있다. 곧 '그리스도는 고난을 겪으시고, 사흘째 되는 날에 죽은 사람들 가운데서 살아나실 것이며, 그의 이름으로 죄사함을 받게 하는 회개가 모든 민족에게 전파될 것이다' 하였다. 예루살렘에서부터 시작하여 너희는 이 일의 증인이다. 보아라. 나는 내 아버지께서 약속하신 것을 너희에게 보낸다. 그러므로 너희는 위로부터 오는 능력을 입을 때까지, 이 성에 머물러 있어라." (24:44-49)

여기에서 누가는, 제자들이 어떻게 성령의 강림으로 '권능을 입게' 되었으며, 어떻게 소심했던 제자들이 대담하게 밖으로 나아가 모든 나라의 사람들이 이해할 수 있도록 말씀을 전하게 되었는지 말한다. 이렇게 함으로써 누가는 자신의 두 번째 책인 사도행전의 도입 부분이 될 오순절 장면을 준비하고 있는 것이다. 조정자인 예수는 자신의 죽음과 부활을 통해 열리게 된 새로운 질서 속에서 하나님 아버지를 찬양하기 위해 유대인과 이교도, 예루살렘의 딸들과 백부장 등과 같은 사람들을 십자가로부터 파송했던 것이다.

| 주 |

1) 브라운은 그 말들이 원전상의 견해가 아니라, 성스러운 목요일의 예배 기록 일부
   로서 마태복음과 연결되어 있다고 주장한다(4B 181).

2) 글자 그대로, "이것을 허락하라."

3) 빌라도는 유대의 검사장으로 종종 언급된다. 그러나 그 직함은 그의 시대 이후에
   생겨난 것이다. 그는 **감독관**praefectus(로마의 장관)이었다(4B 336-337).

4) Denise Levertov, 시집 *A Door in the Hive* (New Directions, 1989)에 수록된 시
   'Ikon: The Harrowing of Hell'.

Chapter 4

요한복음 : 예수의 신비한 몸

＋

한때 요한복음과 요한사도서간 그리고 요한계시록의 저자는 모두 한 사람이라고 알려져 있었다. 그는 사도 요한이자 세베대의 아들, 복음서에서 열두 제자 중 가장 사랑받은 제자로 언급되며, 최후의 만찬에서 예수의 가슴에 머리를 기댔던 인물로 예수의 어머니 마리아와 함께 십자가 옆에 서 있었던 사람이다. 그는 기독교 미술의 도상학圖像學에 등장하는 인물로, 많은 성화들 속에서 찾아볼 수 있는 바로 그 요한이다.

하지만 이러한 관점에는 언제나 문제가 있었다. 우선, 계시록은 복음서의 문체와는 전혀 동떨어진 비문법적인 그리스어로 작성되어 있다. 더 나아가 그가 세베대의 아들이든 아니든 관계없이, 그의 복음서 자체가 한 사람이 쓴 것처럼 보이지는 않는다. 몇몇 군데에서는 이야기가 끝났다가 다시 시작되며, 다른 사람이 삽입한 것으로 보이는 반복적인 구절들도 있다. 따라서 두세 명 혹은 그 이상의 사람들이 이 저작물에 관여했을 것이라고 생각한다.

오래전부터 이 복음서를 팔레스타인 사람 요한이 쓴 것이라고 의심하게 된 이유 가운데 하나는 요한복음에 나타난 신비신학(혹자는 '영지주의'라고 한다)이 헬레니즘적이라는 평가를 받았으며, 말씀을 '지혜'로 강조하는 것으로 보아 어쩌면 신플라톤학파 사람일 수도 있다고 생각했기 때문이다. 이로 인해 순수한 유대교의 근본에서 벗어난 것으로 만들 수 있을 만큼 충분히 늦은 연대에 이 복음서를 배치하게 되었을 것이다. 그리고 이와 같은 늦은 연대 설정은, 이 복음서와 공관복음서의 차이점과 더불어, 예수의 삶과 사상에 관한 역사적인 사실을 전하기에는 상대적으로 신뢰성이 떨어지는 것처럼 보이게 했다.

그러나 팔레스타인 지리학의 관점에서 볼 때, 예루살렘으로 떠나는 여행과 유대의 축일들, 예수 수난의 연대기 그리고 그 밖의 이야기들은 요한복음이 공관복음서들보다 더 정확하다는 것이 입증되었다.[1] 더 나아가, 이 복음서가 의존하고 있는 구술 문학Logos literature은 플라톤 철학이 아닌 유대의 지혜를 모아둔 글들이다. 물론 이러한 사실들이 이 복음서의 저자가 사도라는 것을 증명해주는 것은 아니다. 레이먼드 브라운은 본래 그러한 가설을 인정했지만(2B lxxxviii-cii) 훗날 이 복음서의 저자가 '사랑받은 제자'를 따르던 사람으로,

확인할 수는 없으나 예수와 가까웠으며, 예수로부터 배웠던 교의에 헌신하는 공동체를 만든 사람이라는 견해를 갖게 되었다(3B 189-198).

브라운은 '사도 요한'의 책들인 요한복음, 요한사도서간, 요한계시록의 저자 중 적어도 세 명(어쩌면 다섯 명)을 배출한 이 집단의 발전 과정을 추적했다. 브라운은 이 복음서가 3단계의 과정을 거치며 발전했다고 설명한다.[2]

첫 번째 단계는, 예수를 따르던 그 사랑받은 제자가 자신의 말을 널리 알리며 집단을 형성했던 시기이다. 두 번째 단계는 사랑받은 제자를 따르던 사람들이 그가 전해준 풍부한 교리를 바탕으로 가르치고 전도하던 시기이다. 이러한 내용들이 특별한 재능을 지닌 어느 제자의 작품 속에 집대성되었으며, 바로 그가 요한복음의 초판을 작성했다(브라운이 복음서 저자라고 부른 사람이다). 그리고 세 번째는 편집자의 작업이 이루어진 단계로서, 그는 사랑받은 제자가 전해준 가르침들 중에서 복음서 저자가 누락시켰던 것들을 활용해 편집했다. 비록 그 편집자는 복음서 저자와 동일한 문체와 사고방식을 바탕으로 작성했지만, 전혀 다른 사람이었다. 그는 본래의 원고를 수정했을 뿐 아니라, 초고를 명확하게 정리하지 않은 채 자신의 새로운 자료를 삽입했다(3B 189-199).

이러한 이론에 따라, 요한복음은 대략 90년대에 저술되었지만 2세기 초반에 편집되어, 여전히 복음서 중 가장 나중에 작성된 것으로 여겨지고 있다(3B 213-215). 하지만 이 복음서는 사랑받은 제자를 따르던 집단이 소중하게 지켜왔던 초기의 견실한 전승들을 활용하고 있으며, 이 집단은 내부적인 파벌을 이룰 만큼(사도서간에서 알 수 있듯이) 그 세력을 넓혀, 에베소 주변 지역으로 추정되는 소아시아에서 중심적인 활동을 펼쳤던 것으로 보인다.[3]

| 주 |

1) 요한복음에 제시된 많은 전승들의 정확성에 대해서는 2B xlii, lxxxii, xcviii, 850, 3B 200-202, 4B 1356-1373, 1479를 참조할 것.
2) 애초에 브라운은 요한복음이 5단계를 거쳐 형성되었다고 생각했다(2B xxiv-xxxix). 그러나 나중에 이와 동일한 과정이 3단계로 더 간명하게 설명될 수 있음을 알게 되었다(3B 62-69).
3) 2B cii-iii, 3B 204-206 참조.

네 명의 복음서 저자 중 요한은 주로 그의 개회찬송에 드러나는 고등 그리스도론으로 인해 신학자로 불리기도 한다. 내가 성장기에 있었던 1940~1950년대의 가톨릭 미사는 언제나 찬송 낭독으로 마무리되었기 때문에, 미사를 끝마칠 때면 늘 숭고하고 신비로운 분위기를 간직할 수 있었다. 복음서 저자들에게 부여된 네 가지 동물 상징 중에서 요한의 상징이 가장 잘 어울리는 것 같다. 요한의 상징은 독수리다. 아우구스티누스는 이것을 다음과 같이 설명한다.

네 명의 복음서 저자들 중에서 그가 지닌 영적인 통찰력 때문에 독수리에 비유되는 성스러운 사도인 요한은 다른 세 사람보다 더 높고 훨씬 더 영묘한 가르침을 전했다. 요한은 이러한 고결함으로 우리의 마음을 한껏 고양시키고자 했다. 다른 세 명의 복음서 저자들은 말하자면 인간의 모습을 한 그들의 주님과 함께 대지를 걷고 있었으며, 그의 신성에 대해서는 아주 조금만 언급했다. 하지만 요한은 대지를 따라 걷는 것을 경멸하여, 대지뿐 아니라 자신을 둘러싸고 있는 공기와 하늘 그리고 천사의 무리들과 보이지 않는 모든 권능 위로, 번뜩이는 섬광과 함께 처음부터 스스로 날아올라 마침내 이 모든 것들을 뚫고 나아가 그것들을 만든 하나님께 다가갔다. 하나님은 요한에게 이렇게 말씀하셨다. "태초에 말씀이 계셨다. 그 말씀은 하나님과 함께 계셨다. 그 말씀은 하나님이셨다. 그는 태초에 하나님과 함께 계셨다. 모든 것이 그로 말미암아 창조되었으니, 그가 없이 창조된 것은 하나도 없다." 요한이 가르쳤던 그 밖의 모든 것들은 이 숭고한 시작과 조화를 이루고 있으며, 그는 어느 누구도 주님의 신성한 지위를 갖고 있지 않다고 말한다. 요한은 자신이 깊게 들이마셨던 것을 밖으로 표현해 냈던 것이다.[1]

이 복음서 전체가 이처럼 말씀을 강조한 도입 부분과 조화를 이루고 있다는 주장은 단지 부분적으로만 진실이다. 이 찬송가 속의 일정한 요소들은 반복되지 않는다. 예를 들어, 이 복음서 본문에서 예수는 결코 말씀Word이라 불리지 않으며, '은혜'(charis)나 '권세'(plēroma) 같은 이 찬송가의 핵심 용어들도 뒷부분에서 특별히 강조되지 않는다.[2] 이러한 점이 바로 현대의 학자들이—빌립보서 2장 6~11절과 갈라디아서 3장 26~28절에서 바울이 인용한 찬송가들, 누가복음 첫째 장에 등장하는 마리아와 스가랴 그리고 시므온의 찬가, 히브리서에서 활용된 찬송 내용처럼—이 찬송가가 요한의 복음서보다 먼저 존재하고 있었다고 생각하는 이유 중 하나이다. 이것은 한때 요한(혹은 바울)의 창작품이라고 불리던 고등 그리스도론이 초기 기독교 집회의 기도식에 실제로 존재했음을 보여준다.

개회찬송

요한복음 첫 장의 찬송가가 별도로 존재하고 있었다는 것은 여러 가지 방법으로 설명할 수 있다. 그중 한 가지는, 이 찬송가 바로 뒤에 이어지는 세례 요한의 이야기와 연결시키기 위해 산문을 삽입함으로써, 찬송가의 시적 구조가 파괴되었다는 점이다(2B 21-23). 이것은 마가복음이 그랬듯이 이 복음서도 본래는 예수와 세례자의 만남에서 시작됐다는 것을 암시한다(마태와 누가는 공생애에 대한 설명을 동일한 시점에서 시작한다).

이 복음서의 저자 혹은 편집자는 사도 요한의 공동체에서 부르던 찬송가를 활용하고는 있지만, 분명 원본의 형식을 수정하여 사용하고 있다. 그렇다면, 그 이후로 벌어질 사건들의 메시아적 의미를 상세히 설명하고 있는 이 찬송가는 마태와 누가의 탄생 이야기와 동일한 기능을 수행하고 있는 것이다. 그들 중 오직 요한만이, 앞으로 육신이 될 말씀과 함께하는 하나님을 보여주기 위해, 예수의 탄생은 물론 천지 창조까지도 뛰어넘어 거슬러 올라간다.

다음은 산문이 삽입되지 않은 찬송가이다(산문이 삽입되었던 자리는 w, x, y, z로 표시했다). 행과 행 사이를 연결하며 '계단 역할'을 하는 단어들은 진하게 표시했다.

태초에 **말씀**이 계셨다

그 **말씀**은 하나님과 함께 계셨다.[3]

그 말씀은 **하나님**이셨다.

그는 태초에 **하나님**과 함께 계셨다.

모든 것이 그로 말미암아 **창조**되었으니

그가 없이 **창조**된 것은 하나도 없다

창조된 것은 그에게서 **생명**을 얻었으니[4]

그 **생명**은 사람의 빛이었다.

그 빛이 **어둠** 속에서 비치니

어둠이 그 빛에 맞서지 못하였다.[5]

[*w*]

그는 **세상**에 계셨다.

세상이 그로 말미암아 생겨났는데도

세상은 그를 알아보지 못하였다.

그가 **그의** 땅에 오셨으나

그의 백성은 그를 맞아들이지 않았다.

그러나 그를 맞아들인 사람들, 곧 그 이름을 믿는 사람들에게는,

하나님의 자녀가 되는 특권을 주셨다.

[*x*]

그 말씀은 육신이 되어

우리 가운데 사셨다.[6]

우리는 그의 **영광**을 보았다.

그것은 아버지께서 주신 외아들의 **영광**이었다.

그는 은혜와 진리가 충만하였다.[7]

[*y*]

우리는 모두

그의 충만함에서 선물을 받되

은혜에 은혜를 더하여 받았다.

[z]

삽입된 산문들은 두 가지 기능을 한다. 그중 [w]와 [y]는 이 찬송가 속의 말씀Word과 곧 이어지는 세례자의 등장을 구별하기 위한 것이다. 첫 번째 삽입문은 세례 요한의 등장이 세상을 비추는 빛의 등장과는 다르다고 경계하면서, 세례 요한은 어둠이 아니라는 것 혹은 그 빛과 '맞설 수는' 없다는 것을 부연 설명하고 있다.

하나님께서 보내신 사람이 있었다. 그 이름은 요한이었다. 그 사람은 그 빛을 증언하러 왔으니, 자기를 통하여 모든 사람을 믿게 하려는 것이었다. 그 사람은 빛이 아니었다. 그는 그 빛을 증언하러 왔을 따름이다. 참 빛이 있었다. 그 빛이 세상에 와서 모든 사람을 비추고 있다. (1:6-9)

이것은 찬송가 원문에 대한 각주 같은 것으로, 파피루스 두루마리에는 각주를 달 수 없었기 때문에 원문 속에 끼워 넣었던 것이다.

세례 요한에 대한 두 번째 언급은 [y]로 표기한 부분에 나타난다. 이것은 말씀은 그 자체로 영광을 드러낸다는 생각을 각주로 표현한 것이다. 요한은 자신이 그 영광을 계시한 것이 아니라, 단순히 미리 전한 것뿐이라고 밝힌다.

요한은 그에 대하여 증언하여 외쳤다. "이분이 내가 말씀드린 바로 그분입니다. 내 뒤에 오시는 분이 나보다 앞서신 분이라고 말씀드린 것은, 이분을 두고 말한 것입니다. 그분은 사실 나보다 먼저 계신 분이기 때문입니다." (1:15)

이것은 곧 이어질 이 복음서의 첫 번째 에피소드(1:29, 35-36)에서 세례 요한이 말하게 될 내용을 예고하는 것이며, 두 겹의 시간 계획이 있음을 명확히 함으로써 땅에서는 세례 요한이 예수보다 먼저 태어났지만 하늘에서는 말씀이 그보다 앞선다고 밝히는 것이다. 예수가 먼저 존재한다는 것을 명확히 주장하는 이 각주는, 이 찬송가를 그렇게 이해하는 것이 옳다는 것을 강조하려는 의도를 갖고 있다.

다른 두 개의 삽입문은 이 찬송가가 전하려는 내용을 분명하게 만들어준다. 하나님의 자녀가 되는 방법을 전하고 있는 행의 각주로서, 요한은 하나님의 아들인 말씀을 빛을 받는 사람들에게 부여되는 이차적인 자식 관계와 구별하고 있다. [y] 부분의 삽입문은 다음과 같다.

그러나 그를 맞아들인 사람들, 곧 그 이름을 믿는 사람들에게는,
하나님의 자녀가 되는 특권을 주셨다. 이들은 혈통에서나, 육정
에서나, 사람의 뜻에서 나지 아니하고 하나님에게서 났다.
(1:12-13)

'은혜에 은혜를 더하여 받았다' 는 구절에 이어, [z]로 표시된 마
지막 설명은 말씀 그 자체에서 비롯된 은혜(charis)가 모세를 통해 전
달되었던 것보다 더 고귀하다는 것을 나타내는 것이다. 모세는 하나
님과 이야기를 나눴지만 그를 보지는 못했다. 그러나 말씀은 하나님
을 보았다.

율법은 모세를 통하여 받았고, 은혜와 진리는 구세주 예수로 말미
암아 생겨났다. 일찍이, 하나님을 본 사람은 아무도 없다. 아버지
의 품속에 계신 외아들이신 하나님께서 하나님을 알려주셨다.
(1:17-18)

이것은 예수가 곧 하나님이라는 또 다른 명확한 주장이다. 이 복
음서의 저자 혹은 편집자는 다시 한 번 이것이 이 찬송가의 근원적인

전제前提라고 강조하는 것이다.

세례 요한

삽입된 네 개의 산문은 찬송가의 도입부에서 두 번 언급되는 요한의 이야기에 쉽게 다가설 수 있게 해준다. 세례 요한을 다룬 그림과 조각상에서 그는 종종 "보라, 하나님의 어린 양을!"이라는 문구가 쓰여 있는 두루마리를 들고 있는 모습으로 등장한다. 이 문구는 일반적으로 라틴어인 *Ecce agnus Dei*로 작성되어 있다. 이 문구는 앞서 작성된 세 복음서의 세례 요한에 관한 설명에서는 부각되지 않으며, 오직 요한복음에서만 세례 요한이 두 차례에 걸쳐 눈에 띄게 강조하며 사용하고 있다(1:29, 36). 요한은 주님의 고통받는 종을 양으로 묘사한 이사야서에 근거하여, 시작 부분에서부터 **고통받는** 메시아의 기록을 소개하고 있는 것이다.

> 그는 마치 도살장으로 끌려가는 순한 양처럼,
> 마치 털 깎는 사람 앞에서 잠잠한 어린 양처럼 끌려갔다.
> (사 53:7)

세례 요한이 이사야서를 참조했다는 것은 그가 같은 노래에 근거하여, "보시오, 세상 죄를 지고 가는 하나님의 어린 양입니다"(1:29)라고 말하는 것에서 명확히 알 수 있다.

> 그러나 그가 찔린 것은 우리의 허물 때문이고,
> 그가 상처를 받은 것은 우리의 악함 때문이다.
> 그가 징계를 받음으로써 우리가 평화를 누리고,
> 그가 매를 맞음으로써 우리의 병이 나았다. (사 53:5)

요한복음에 그려진 세례자는 마태복음(3:7, 11)에 등장하는 성난 사람과는 전혀 다르다. 마태복음의 세례자는 자신의 말을 듣고 있는 사람들을 향해 "독사의 자식들"이라 비난하며 그들의 죄를 태워 없애버릴 것이라고 약속한다('성령**과 불**에 의한 세례'). 누가복음의 세례자를 개량한 요한복음의 세례자는, 군인들에게 그들의 봉급으로 만족하라는 말도 하지 않는다(3:14). 요한복음의 세례자는 예수가 불이 아닌 오직 성령만으로 세례를 줄 것이라고 말한다. 더 중요한 것은, **그는 절대로 예수에게 세례를 주지 않았다는 것이다.**

공관복음서에서는, 예수가 물로 세례를 받고 난 후에야 하나님의 아들이라는 것이 공개적으로 선언된다. 요한복음의 세례자는 개인적인 계시를 간직하고 있다. 다른 세 복음서에서는 예수가 세례를 받은 후에야 그를 아들이라 부르는 하나님의 음성이 들려온다. 그러나 요한복음에서는 예수를 본 그 순간 성령이 예수에게 내려오는 것을 세례 요한만이 보게 된다. 편집자가 추가한 부분을 진하게 표기한 요한복음의 해당 구절은 다음과 같다.

다음 날 요한은 예수께서 자기에게 오시는 것을 보고 말하였다. "보시오, 세상 죄를 지고 가는 하나님의 어린 양입니다. 내가 전에 말하기를 '내 뒤에 한 분이 오실 터인데, 그분은 나보다 먼저 계시기에 나보다 앞서신 분입니다' 한 적이 있습니다. 그것은 이분을 두고 한 말입니다. **나도 이분을 알지 못하였습니다. 내가 와서 물로 세례를 주는 것은, 이분을 이스라엘에게 알리려고 하는 것입니다.**" 요한이 또 증언하여 말하였다. "**나는 성령이 비둘기같이 하늘에서 내려와서 이분 위에 머무는 것을 보았습니다. 나도 이분을 몰랐습니다. 그러나 나를 보내어 물로 세례를 주게 하신 분이 나에게 말씀하시기를 '성령이 어떤 사람 위에 내려와서 머무는 것을 보거든, 그가 바로 성령으로 세례를 주시는 분임을 알아라' 하셨습니다. 그런데 나는 그것을 보았습니다. 그래서 나는, 이분이 하나님의 아들이라고 증언하였습니다.**" (1:29-34)

뒷부분의 구절들은, 원본을 존중하는 의미에서 그것을 수정하지

244

않고 새로운 내용을 추가한 편집자의 작업임을 보여주는 완벽한 본보기이다. 이 편집자가 작업한 또 다른 부분들은 너무 두드러져, 특별한 목적이 아니라면 일일이 지적해낼 필요가 없을 정도다.

이 복음서에는 요단강에서 있었던 예수의 신분에 대한 공개적인 선언이 없기 때문에, 오직 세례 요한의 증언만이 첫 번째 제자들을 예수에게 이끌어준다(요 1:35-37). 요한복음에서는 이 복음서만이 전하고 있는 한 가지 기적을 통해서 처음으로 예수의 권능이 공개적으로 선언된다. 이것은 그 기적의 현장에 사랑받은 제자가 함께 있었으며 예수가 나타낸 기적이 그의 집단에 중요한 사실로써 전달되었음을 의미한다.

가나에서 일어난 기적

예수가 첫 번째 제자들을 혼인 잔치에 데려갔을 때, 예수의 어머니는 그에게 잔치에 쓸 포도주가 떨어졌다고 말한다. 예수는 이렇게 대답한다. "여자여, 그것이 나와 당신에게 무슨 상관이 있습니까? 아직도 내 때가 오지 않았습니다"(2:4). 그리고 나서 그는 조용히, 정결예법에 사용하기 위해 커다란 항아리에 담아놓은 물을 제일 좋은 포도주로 변하게 했다.

항아리는 모두 여섯 개였으며, 각각 15~25갤런의 물이 담겨 있었다(2:6). 이것은 예수가 그 잔치에 90~150갤런에 이르는, 그 어떤 잔치에 필요한 것보다 훨씬 더 많은 양의 포도주를 제공했다는 의미이며, 바로 이것이 여기에서 말하고자 하는 것이다. 이것은 신성한 글에 기쁜 일들로 넘쳐난다고 묘사된 메시아 시대에 누릴 풍요로움—젖과 꿀이 흐르는 땅(출 3:8), 꿀이 흐르는 강(욥 20:17), 하늘에서 비처럼 쏟아지는 빵(출 16:4), 달마다 새로운 열매를 맺는 나무(겔 47:12), 넘치는 잔(시 23:5), 누가의 복음서에서 "누르고 흔들어서, 넘치도록 후하게 되어서, 너희 품에 안겨주실 것이다"(눅 6:38)라고 했던 것과 같은—의 상징인 것이다.

예수는 아직 자신의 때가 이르지 않았다고 말하면서도 왜 이러한 기적을 행했을까? 과거에 과장되게 마리아를 숭배하던 입장에서는 비록 예수가 마리아의 말을 내치기는 했지만, 자기 어머니를 기쁘게 해드리기 위해 하나님 아버지의 구원 일정을 어겼던 것이라고 했다. 그러나 이것은 예수와 하나님 아버지의 관계를 전적으로 잘못 이해한 것이다. 예수의 때는 하나님 아버지가 결정하는 것이며, 그것을 깨뜨리는 것은 예수의 권능이 아니다. 게다가 요한은 예수의 어머니에 대해 특별한 평가를 전혀 드러내지 않는다(이름조차도 명시되지 않는다)—복음서 저자들 중, 오직 누가만이 예수의 어머니를 찬미하는 사람이다.

비록 예수는 아직 자신의 때가 오지 않았다고 말하지만, 실제로 그 때가 왔을 때 그것이 어떤 의미를 띠게 될 것인지를 알리고 있다. 즉, 자신의 수난과 부활을 통해 메시아 시대가 시작될 것임을 알리는 것이다. 그것이 바로 이 기적의 의도이며, 이것을 통해 자신의 신성을 처음으로 제자들에게 암시함으로써 기대했던 효과를 얻게 되는 것이다. "예수께서 이 첫 번 표징을 갈릴리 가나에서 행하여 자기의 영광을 드러내시니, 그의 제자들이 그를 믿게 되었다"(2:11).

성전을 청결하게 하다

공관복음서들과 마찬가지로 요한복음도 예수가 성전에서 환전상들을 어떻게 내쫓았는지 자세히 설명하고 있다. 하지만 다른 세 복음서에서는 이 사건을 예수가 체포되기 직전인, 그의 공생애의 가장 마지막에 배치하여, 이 사건을 예수가 죽음을 맞게 되는 원인으로 만든다. 요한도 이 사건의 발생 시기를 그들과 전혀 다르게 설정할 수는 없었다. 그는 이 사건이 예수가 사역을 시작할 때 일어난 것으로 배치한다.

그렇게 한 데에는 두 가지 이유가 있다. 오직 요한만이 다시 살아난 나사로의 이야기를 복음서에 포함시키고 있는데, 그는 이 사건으로 인해 예수가 죽음을 맞이하게 되었다고 밝히고 있는 것이다. 레이먼드 브라운을 비롯한 여러 학자들은 나사로의 이야기가 성전에서 일어난 사건을 대체한 것이라고 말하고 있다. 하지만 이러한 판단은 요한이 그 이야기를 왜 예수의 수난 이야기로부터 그처럼 멀리 떨어진 시기로 거슬러 올라가 배치했는지를 설명해주지 못한다.[8] 그것을 알기 위해 우리는 성전에서 일어난 사건을 예수가 사역을 시작하던 때에 배치하게 된 또 다른 이유를 생각해보아야 한다.

요한은 이 이야기를 제일 앞에 배치하여, 뒤이어 소개될 모든 이야기들의 배경이 될 주제를 제시하고 있는 것이다. 마태와 누가도 사막에서 시험당하는 이야기를 예수의 첫 번째 공생애 활동으로 소개하는 것을 통해 이와 비슷한 장치를 해두었다. 이런 사건들은 하나의 진행 과정을 요약해주는 서술로, 그것은 예수가 자신의 정체성과 사명을 이해하게 되는 과정일 뿐 아니라 자신의 죽음을 향해 나아가며 이 세상을 지배하고 있는 사악한 것들과 끊임없이 투쟁해가는 과정인 것이다.

예수의 전체 생애는 악마와의 싸움이다. 사막에서 사탄에게 다방면에 걸친 시험을 받는 이야기는 그러한 싸움의 전주곡이다. 마찬가지로, 예수가 성전의 희생제사를 거부하는 것은 그가 요한의 복음서에서 거듭해서 펼쳐보이게 될 행동의 의미를 설명하는 것이다. 이 복음서에서 예수는 믿음은 내면적인 마음의 문제이며, 자신을 통해 하나님 아버지를 직접 만나야 한다는 것을 강조하면서 형식적이고 겉치레일 뿐인 순종을 거부한다.

예수는 니고데모에게 내면의 거듭남은 율법이 아닌 사랑의 문제라고 말한다. 사마리아 여인에게 예수는 그리심 산에 있는 그녀의 성전이나 예루살렘의 유대 성전에서 더 이상의 예배는 없을 것이라 말한다. 즉, 정결淨潔은 그 여인이 예수에게 건네는 물을 적절히 다루는 데에서 비롯되는 것이 아니라 내면에서 솟아나는 샘물에서 비롯된다고 말하고 있는 것이다. 예수는 생명의 빵을 성결 법전의 '정결한' 음식과 대비시킨다. 예수는 간음하다 잡힌 여인에게 자비로운 사랑을 간직한다면 형식적인 율법 때문에 생명을 잃게 되지 않을 것이라 말한다. 예수는 마지막으로 자신을 수난으로 이끌게 되는 성전의 권력자들과 대결하게 된다.

이러한 모든 충돌에서 드러나는 논점은 예수가 성전에서 환전상들을 내쫓아버리는 행위에 처음으로 제시되어 있다. 사역을 시작하는 시점에서는 그처럼 극적이며 점층적인 운동을 펼칠 능력이 예수에게 없었다고 말하는 학자들은 중요한 점을 놓치고 있다. 즉, 예수가 공생애 동안 보여준 모든 행동들은 모두 은연중에 성전을 전복시키고 있다는 점이다. 성전을 청결하게 한다는 것은 이러한 주제에 대한 설명이다.

예수는 종교적인 외형들에 대한 비판을 담당해왔던 많은 예언자들의 사명을 성취하고 있다. 예수는 환전상들이 자기 아버지의 집을 "장사꾼들의 장터"로 만들어버렸다고 말한다. 스가랴서는 메시아의 시대에는 "만군의 주님의 성전 안에 다시는 상인들이 없을 것이다(14:21)"라고 말하고 있다. 또 말라기는 주님이 성전에 있는 사제들에게 다가와 "은을 정련하여 깨끗하게 하는 정련공처럼, 자리를 잡고 앉아서 레위 자손들을 깨끗하게 할 것(3:3)"이라고 했다. 예레미야서는 "내 이름으로 불리는 이 성전이, 너희의 눈에는 도둑들이 숨는 곳으로 보이느냐?"라는 주님의 말을 인용했다(7:11). 예수는 자신의 행동들을 통해 메시아의 세상이 왔음을 말하고 있는 것이다.

오직 요한만이 예수가 하나님의 분노를 표현하기 위해 노끈으로 작은 채찍을 만들어 환전상들을 위협했다고 말한다. 제자들은 신성한 글 속의 "주님의 집을 생각하는 열정이 나를 삼킬 것이다"라는 부분을 기억해냈던 것이다(요 2:17). 70인역 성서의 시편 69편 9절에는 "주님의 집에 쏟은 내 열정이 내 안에서 불처럼 타고 있습니다"라고 되어 있다. 그 광경을 지켜보던 구경꾼들의 충격은 충분히 이해할 만한 것이다.

유대 사람들이 예수께 물었다. "당신이 이런 일을 하다니, 무슨 표징을 우리에게 보여주겠소?" 예수께서 그들에게 말씀하셨다. "이 성전을 허물어라. 그러면 내가 사흘 만에 다시 세우겠다." 그

러자 유대 사람들이 말하였다. "이 성전을 짓는 데에 마흔여섯 해
나 걸렸는데, 이것을 사흘 만에 세우겠다구요?" 그러나 예수께서
성전이라고 하신 것은 자기 몸을 두고 하신 말씀이었다. 제자들
은, 예수께서 죽은 사람들 가운데서 살아나신 뒤에야, 그가 말씀
하신 것을 기억하고서, 성경 말씀과 예수께서 하신 말씀을 믿게
되었다. (2:18-22)

이처럼 상징적인 서곡이 그들이 직접 작성한 저작물에 반영되어
있듯이, 사랑받은 제자의 공동체는 예수의 신비한 몸의 구성원들로
서, 자신들이 바로 예수가 세워놓은 성전임을 인식하고 있었다. 이것
은 바울이 "여러분은 하나님의 성전이며, 하나님의 성령이 여러분 안
에 거하신다는 것을 알지 못합니까?(고전 3:16)" 라고 말한 것과 같은
인식이다. 이것은 이들의 공동체가 영적인 삶에 대해 특별히 묵상하
고 그것에 가치를 둘 것이라는 메시지이다. 우리는 이제부터 요한이
전해주는 사건들을 통해 그것을 확인하게 될 것이다.

| 주 |

1) Augustine, *Interpreting John's Gospel*, 36.1.
2) 2B xxiv, 19 참조. 비록 이 복음서에 등장하는 예수의 설교들이 히브리적인 반복

성을 지니고는 있지만, '계단' 기법을 활용한 개회찬송처럼 긴밀하게 맞물려 전개되지는 않는다(2B 19).

3) 문자 그대로는, "말씀이 하나님을 **향하고**toward [전치사 *pros*] 있었다"이다. 브라운은 "말씀이 하나님 안에 있었다"로 번역한다. 중요한 점은 바로 말씀과 하나님이 서로를 마주보며 다가서는 상호작용이 있다는 것이다.

4) 브라운은, "요한의 복음서나 사도서간에 나타나는 '생명'(*zōē*)에 해당하는 단어는 자연계의 생명을 의미하는 것이 아니다. 그 다음 행에서 이 생명과 빛이 동일시되고 있는 것은, 우리들로 하여금 그것이 영생을 의미하는 것으로 생각하게 만든다"라고 주장한다(2B 7). 그래서 나는 그 단어를 생명을 **주는**(vivifying) 생명으로 번역한다.

5) 내가 '맞서다cope with'라고 번역한 동사는 *katalambanein*로서, 문자 그대로는 '이어받다to take over'이다. 그것은 정복하다, 자기만의 것으로 만들다(예를 들면 지식을 통해), 또는 감당하다의 의미로 해석될 수 있다. 나는 감당하다의 의미를 선택했지만, 이 행은 이해하기 어려우며, 그래서 이 복음서의 저자도 이 시를 인용한 후에 [*w*] 부분의 산문을 추가한 것으로 보인다.

6) 이집트를 탈출하는 동안 하나님이 자기 백성들의 장막에서 머물며 함께 여행했듯이, 문자 그대로는 '우리와 같이 자신의 장막을 쳤다'이다.

7) 문자 그대로는 '은혜와 진실을 [가장] 완벽하게 간직한'이다.

8) 브라운은 환전상들의 추방이 동반되지 않았던 성전의 몰락에 대한 초기의 예언이 있었을 것이며, 이 추방에 관한 이야기를 과거로 거슬러 올라가 배치할 때 성전에 대한 그 첫 번째 언급과 연결되었던 것이라고 생각한다(2B 118).

11.
영적인 삶

WHAT THE GOSPELS MEANT

이 복음서는 개회찬송에서 "그 빛이 어둠 속에서 비치니, 어둠이 그 빛에 맞서지 못하였다"라고 말하고 있다(1:5). 우리는 바리새파의 유력한 인물인 니고데모의 이야기를 통해 이 진술에 대해 충분히 이해할 수 있게 된다. 70인이 다스리던 산헤드린[1] 공회의 일원이었던 니고데모는 밤에 예수를 개인적으로 찾아와 질문을 던졌던 사람이다. 예수에게 깊은 인상을 받은 니고데모는 동료들이 알아차리지 못하도록 조심스럽게 예수를 찾아와, 어둠 속에서 이 세상 속으로 와 있는 빛과 맞서기 위한 싸움을 벌였던 것이다.

니고데모

니고데모는 예수가 하나님으로부터 왔을 것이라고 어렴풋이 느끼기는 했지만, 아직은 불확실하다고 여겨 그 생각을 유보해둔 채 예수에게 은밀히 다가갔다. 니고데모는 예수의 불가사의한 행적들이 하나님이 그와 함께함을 의미하는 것이냐고 물었다. 예수는 니고데모에게 빛에 '맞설' 수 없다는 것을 증명하는 말들로 대답한다.

예수는 '하나님 나라'를 보기 위해서는 '거듭나야' 한다고 말한다. 예수가 사용한 **거듭난다**는 표현은 "be born anēthen"으로, 부사 *anōthen*은 '하나님으로부터' 또는 '다시'를 의미한다. 요한은 개회 찬송에 덧붙였던 주제로 돌아가 하나님의 새로운 탄생은 "사람의 혈통이나 육신의 열망으로부터가 아닌 하나님으로 말미암은" 것이라고 말하고 있는 것이다. 이것은 (앞서 살펴보았듯이) 이른바 처녀 수태를 설명하는 구절이다.

니고데모는 빛에 맞서지는 않지만, 예수의 말을 육체적으로 '다시' 태어나는 소명이라는 세속적인 의미로 받아들인다. 그는 "사람이 늙었는데, 그가 어떻게 태어날 수 있겠습니까? 어머니 뱃속에 다시 들어갔다가 태어날 수야 없지 않습니까?" 하고 묻는다(3:4). 예수는 니고데모가 수수께끼처럼 생각하고 있는 것에 대해 다시 한 번 비밀스러운 말로 대답한다.

"내가 진정으로 진정으로 너에게 말한다.
누구든지 물과 성령으로 나지 아니하면,
하나님 나라에 들어갈 수 없다.
육에서 난 것은 육이요,
영에서 난 것은 영이다.
너희가 다시 태어나야 한다고 내가 말한 것을
너는 이상히 여기지 말아라.
바람은 불고 싶은 대로 분다.
너는 그 소리는 듣지만
어디에서 와서
어디로 가는지는 모른다.
성령으로 태어난 사람은
다 이와 같다." (3:5-8)

  그러자 니고데모는 그러한 태어남이 어떻게 일어날 수 있냐고 묻는다. 예수는 개회찬송에서 언급되어 있는 하나님과 함께하는 말씀, 육신으로 태어남, 어둠을 비추는 빛 그리고 성령 속에서 태어나도록 이끄는 것에 대해 '풀어서 설명해주는' 긴 설교로 대답한다. 개회찬송에서 추상적인 방식으로 소개되었던 것들이 예수의 사역이 시작되는 지금 그의 개인적인 메시지로 전달되는 것이다.

이 최초의 유장한 설교는 예수가 성전을 깨끗이 하는 것을 통해 앞으로 하게 될 **행동**을 나타냈던 것처럼, 앞으로 일어날 모든 사건을 통해 **말하게 될** 내용을 낱낱이 밝히고 있는 것이다. 그런 의미에서 이 설교는 자신이 제자들 속에 계속 살아있을 것이라고 표현했던 최후의 만찬에서 들려준 마지막 설교와 함께 일종의 북엔드 역할을 하고 있다.

요한복음의 예수는 공관복음에서와는 전혀 다른 언어를 사용한다. 엄밀하게 따져보면, 비록 예수가 운문 형식으로 설교하지는 않지만, 두 쌍이나 세 쌍의 구절로 이루어진 히브리 시작법의 형식으로 내용을 반복하여 전한다. 이러한 특징으로 인해, 이 이야기 속의 많은 사실들이 이전에 쓰인 복음서들이 전하는 것보다 더 정확함에도 일부 학자들은 이 복음서가 역사적인 예수와 아무런 관련이 없다고 생각하게 되었다.

이 사랑받은 제자는 예수가 했던 말을 자신이 속기로 남긴 것처럼 꾸미지는 않지만, 예수가 했던 일들에 대해 일반적으로 확실하다고 인정되는 전승들을 많이 알고 있다. 요한과 함께했던 사람들은 **있는 그대로의 말**ipsissima verba만을 전하려 하기보다, 예수가 했던 말의 의미들을 철두철미하게 묵상했으며, 그렇게 찾아낸 의미들을 더 완벽하고 풍부하게 표현해냈다. 이것은 그들이 자신들에게 전달된 구원의 메시지에 대한 신비한 성찰에 몰입해 있을 때, 예수가 제자들에게 직접 들려주고 있는 이야기이다. 그 언어는 매우 순수하여, 마치 어린이들의 말처럼 짧고 평범하지만 그 간소함 속에는 풍부한 의미가 담겨 있다.

니고데모에게 건네는 예수의 긴 설교는 이렇게 시작된다. "예수께서 대답하셨다. '너는 이스라엘의 선생이면서 이런 것도 알지 못하느냐? 내가 진정으로 진정으로 너에게 말한다.

우리는, 우리가 아는 것을 말하고,
우리가 본 것을 증언하는데,
너희는 우리의 증언을 받아들이지 않는다.
내가 땅의 일을 말하여도 너희가 믿지 않거든,
하물며 하늘의 일을 말하면 어떻게 믿겠느냐?
하늘에서 내려온 이 곧 인자 밖에는
하늘로 올라간 이가 없다.
모세가 광야에서 뱀을 든 것 같이,
인자도 들려야 한다.
그것은 그를 믿는 사람마다
영생을 얻게 하려는 것이다.

하나님께서 세상을 이처럼 사랑하셔서

외아들을 주셨으니,

이는 그를 믿는 사람마다 멸망하지 않고

영생을 얻게 하려는 것이다.

하나님께서 아들을 세상에 보내신 것은,

세상을 심판하시려는 것이 아니라,

아들을 통하여 세상을 구원하시려는 것이다.

아들을 믿는 사람은 심판을 받지 않는다.

그러나 믿지 않는 사람은 이미 심판을 받았다.

그것은 하나님의 독생자의 이름을 믿지 않았기 때문이다.

심판을 받았다고 하는 것은,

빛이 세상에 들어왔지만,

사람들이 자기들의 행위가 악하므로,

빛보다 어둠을 더 좋아하였다는 것을 뜻한다.

악한 일을 저지르는 사람은,

누구나 빛을 미워하며,

빛으로 나아오지 않는다.

그것은 자기 행위가 드러날까 보아 두려워하기 때문이다.

그러나 진리를 행하는 사람은

빛으로 나아온다.

그것은 자기의 행위가 하나님 안에서 이루어졌음을 드러내려는

것이다.'" (3:11-21)

설교가 끝나고 난 후, 그것에 대한 니고데모의 반응은 전혀 언급되지 않는다.

나중에 우리가 니고데모를 다시 만나게 될 때(7:50-52), 그는 여전히 예수를 전적으로 믿고 있지는 않지만 산헤드린 공회의 동료들에게 예수를 심판하기 전에 적어도 스스로에 대한 변호의 말은 들어야 한다고 말한다. 동료들은 "당신도 갈릴리 사람이오?" 하고 빈정댄다. 이 것은 니고데모의 입을 막기 위한 말이며, 결국 그렇게 되었다는 것을 우리는 모두 알고 있다. 적어도 일시적으로는 그렇게 되었다.

하지만 마지막으로 등장할 때, 니고데모는 자신이 품고 있던 모든 의심을 벗어던지고 있다. 그는 아리마대 사람 요셉과 함께 예수의 시신을 땅에 묻는다(19:39-40). 이것은 두 사람 다 예수의 이야기를 들었지만, 예수에게 드러내놓고 믿음을 고백한 사람들이 아니라는 점에서 매우 의미심장하다.

우리는 니고데모가 남들이 알아차릴 수 없게 예수에게 접근했다는 것을 알고 있으며, 요한은 이때가 되어서야 아리마대 사람 요셉 또한 "예수의 제자인데 유대 사람이 무서워 그것을 숨기고 있었다"고 전한다(19:38). 브라운은 "그 시대의 유대 회당에서 비밀스럽게 예수를 믿던 사람들에게 요셉과 니고데모를 본보기로 삼아야 한다는 것을 요한이 은연중에 밝히고 있는 것"이라고 말한다(2B 960).

그들처럼 잘 알려져 있는 사람들이 십자가형을 받아 죽은 사람의 시신을 수습하는 것은 특별한 용기가 필요한 행동이었다. 십자가형을 받은 사람은 부정하므로, 오염되지 않은 사람들이 아직 장사를 지낸 적이 없는 '새' 무덤에 시신을 정식으로 묻을 수는 없었다(19:41). 이 두 명의 유력 인사들은 관습을 무시하고, 유대인들의 장례 풍속에 따라 예수의 시신에 향료를 바르고 그 시신을 삼베로 감았다.

향료는 니고데모가 가져온 것으로 백 근이나 되는 엄청난 양이었다(19:39)! 이것은 메시아의 시대에는 좋은 것들로—가나의 혼인 잔치에서 예수가 엄청난 양의 포도주를 만들어냈던 것처럼 사랑어린 보살핌이—넘쳐날 것이라는 요한의 생각을 드러내는 또 다른 예로 보인다. 그리고 정결 금기를 어기고는 있지만, 니고데모가 올바른 장례 절차를 게을리하지 않는 바리새파 사람이면서 산헤드린 공회의 일원이므로 예수의 장례 또한 올바르게 치러졌다는 것을 보증한다.

예수에 대한 기름부음에 있어 요한은, 세 공관복음서의 서술—즉, 예수는 서둘러 묻혔으며, 안식일 다음 날 아침에야 여인들이 시신에 바를 기름과 향료를 가져와야 했다는—을 무시하고 있다.

요셉과 니고데모가 예수를 어떻게 묻었는지 그 여인들은 모르고 있었을 것이라고 추측할 수도 있다. 그러나 요한은 유월절 엿새 전에 베다니의 마리아가 예수의 발을 향유로 씻겨준 이야기에서 한 여인의 기름부음이 있었다는 것을 고려하고 있는 것이다(12:1-8).

그것 또한 넘쳐남을 드러내는 행위였다. 3백 데나리온어치의 향유가 사용되었으며, 온 집 안이 향유 냄새로 가득했다. 유다는 낭비라며 마땅찮아 하지만, 예수는 "그대로 두어라. 그는 나의 장삿날에 쓰려고 간직한 것을 쓴 것이다"라며 메시아적 넘쳐남을 옹호한다.[2]

우물가의 여인

니고데모와 나사로의 이야기처럼 이 이야기 또한 요한복음에만 포함되어 있다. 이 이야기가 사랑받은 제자의 전승 속에 나타나는 사마리아인들에 대한 일반적인 인식과 감성을 반영하고 있는 것이라고 생각하는 사람들이 많다. 유대인들이 예수를 '귀신 들린 사마리아인'이라고 부르는 것은 심한 모욕이었다(8:48). 의미심장하게도, 예수는 귀신 들렸다는 것은 부인하지만 사마리아인이라는 것은 부인하지 않는다.

앞서 누가복음에서 보았듯이, 사마리아인들과 예루살렘은 서로 상대방을 잘못된 성전에서 예배를 드리는 부정하고 불경스러운 자들이라고 생각할 정도로 적대감이 깊었다. 사마리아인들의 성전은 그리심 산에 있었는데, 유대인들은 그 주변 일대를 부정한 곳이라고 생각했다. 예수에게조차도 그곳 가까이에 다가가는 것은 오염될 것을 감수하는 일이었다. 예수가 그곳에 다가갔을 때, 사마리아인들은 그를 쫓아냈다(눅 9:52-53).

　요한복음에서 그리심 산 가까이에 도착한 예수는 그곳에서 몇 번에 걸쳐 부정한 여인을 혼자 만나게 된다. 그 여인은 사마리아인일 뿐 아니라 다섯 명의 남편이 있었으며 지금은 남편이 아닌 남자와 함께 살고 있었다. 특히 그곳에는 예수와 그 여인밖에 없었기 때문에 예수가 자신에게 말을 걸어오자 여인은 깜짝 놀란다. 잠시 후 예수를 따라온 제자들은 일행도 아닌데다가 그처럼 부정하기까지 한 여인과 이야기를 나누고 있는 예수를 보고 깜짝 놀란다.

　하지만 사실 예수는 그 여인에게 우물에서 물을 좀 떠달라고 부탁했던 것이다. 여인은 자신이 두레박을 만지는 것은 예루살렘의 규범에 의해 그것을 부정하게 만드는 일이라고 예수에게 알린다. "선생님은 유대 사람인데, 어떻게 사마리아 여자인 나에게 물을 달라고 하십니까?"(4:9) 요한은 여기에 "유대 사람은 사마리아 사람과 상종하지 않기 때문"이라는 설명을 덧붙인다. 요한이 설명하고 있는 점을 예수는 받아들이지 않는 듯이 보인다. 성결 법전을 거론하는 대신, 예수는 놀랍게도 다음과 같이 대답한다.

　"네가 하나님의 선물을 알고,

또 너에게 물을 달라는 사람이 누구인지를 알았더라면

도리어 네가 그에게 청하였을 것이고

그는 너에게 생수를 주었을 것이다." (4:10)

이것은 주고받는 대화에서 더 깊은 의미를 이끌어내기 위해 요한복음에서 일반적으로 활용하고 있는 기법이다. 예수와 대담하는 사람이 그의 말을 피상적인 수준으로 받아들이면, 예수가 그것을 더 상세하게 설명하여 가르침 속에 숨겨진 풍부한 의미들을 보여주는 것이다. 그래서 구경꾼들은 예수가 다시 지으려는 성전을 그의 몸이 아닌 예루살렘의 건축물과 같은 것으로 받아들였던 것이다. 니고데모는 '거듭남'을 영적인 탄생이 아닌 육체적인 탄생으로 오해한다. 몰려든 사람들은 예수가 건네는 빵을 잘못 이해한다. 그러므로 여기의 사마리아 여인은 자신이 길어 올릴 수 있는 것과 동일한 종류의 물을 예수가 주려 한다고 생각하는 것이다.

여인은 이렇게 말한다. "선생님, 선생님에게는 두레박도 없고 이 우물은 깊은데, 선생님은 어디에서 생수를 구하신다는 말입니까? 선생님이 우리 조상 야곱보다 더 위대하신 분이라는 말입니까? 그는 우리에게 이 우물을 주었고, 그와 그 자녀들과 그 가축까지 다 이 우물의 물을 마셨습니다" (4:11-12). 그러자 예수는 여인에게, 그것은 내면에서 솟아나는 샘물이며, 영혼의 청량제라고 말한다. 즉, 하나님에게 연결된 도랑으로서 그 자신의 내적인 풍부함을 마시게 될 것이라고 언급하는 것이다.

> "이 물을 마시는 사람은
> 다시 목마를 것이다.
> 그러나 내가 주는 물을 마시는 사람은
> 영원히 목마르지 아니할 것이다.
> 내가 주는 물은
> 그 사람 속에서
> 영생에 이르게 하는 샘물이 될 것이다." (4:13-14)

여인이 그 내적인 샘물을 어떻게 하면 마실 수 있냐고 물었을 때, 예수는 그 여인에게 남편을 불러오라고 한다. 남편이 없다고 하자, 예수는 그 여인을 거쳐간 남편들에 대해 말한다. 여인은 예수를 예언자로 인정하지만, 다른 성전에서 예배하는 그가 어떻게 그리심 산에서 예언할 수 있냐고 묻는다. 다시 한 번 여인은 그 어떤 세속의 성전과도 관련이 없는, 새로운 예언의 권능을 잘못 이해하는 것이다. 여인의 오해는 예수가 건네는 새로운 계시의 본질을 이끌어낸다.

> "여자여, 내 말을 믿어라.

너희가 아버지께,

이 산에서 예배를 드려야 한다거나,

예루살렘에서 예배를 드려야 한다거나,

하지 않을 때가 올 것이다.

너희는 너희가 알지 못하는 것을 예배하고,

우리는 우리가 아는 분을 예배한다.

구원은 유대 사람들에게서 나기 때문이다.

참되게 예배를 드리는 사람들이

영과 진리로 아버지께 예배를 드릴 때가 온다.

지금이 바로 그때이다.

아버지께서는 이렇게 예배를 드리는 사람들을 찾으신다.

하나님은 영이시다.

그러므로 하나님께 예배를 드리는 사람은

영과 진리로 예배를 드려야 한다." (4:21-24)

여인이 메시아가 올 때 그런 일들이 일어날 것이라고 말하자, 예수는 "너와 말하고 있는 내가 그다"라고 말한다. 예수는 버림받고 부정한 그 여인에게 계시를 주는 것이다. 예수는 그렇게 길 잃은 모든 자들이 자신에게 모여들 수 있도록 상상 가능한 모든 장벽들을 헤치고 나아간다.

사마리아 여인에게 들려준 '생명의 물'에 대한 이야기는, 예수가 초막절을 지내기 위해 예루살렘으로 갈 때 다시 등장하는데, 초막절 의식들이 진행되는 동안 정화시켜주는 물은 노래의 주제가 된다(2B 322-323). 그곳에서 예수는 구경꾼들에게 이렇게 말한다.

"목마른 사람은 다 나에게로 와서 마셔라.
나를 믿는 사람은,
신성한 글이 말한 바와 같이
'그의 배[腹]에서 생수가 강물처럼 흘러나올 것이다.'" (7:37-38)

학자들은 신성한 글에서 인용한 마지막 행을 이해하기 위해 무척이나 노력해왔다. 정확한 출처를 찾을 수 없었던 것이다. 레이먼드 브라운은 사막을 떠돌아다니던 유대인들의 갈증을 풀어주기 위해 모세가 바위를 깨서 물이 솟아나오게 했다는 이야기에서 그런 언급이 자주 등장한다는 것을 설득력 있게 주장한다(2B 322-323).

예수를 구원의 물이 흐르는 바위라고 생각하는 것은, 바울이 활용할 수 있었던 초기 기독교의 믿음이었다(고전 10:4). 이것은 카타콤의 미술작품에서 가장 빈번히 사용된 상징이다. 요한의 공동체는 그것의 의미를 즉시 이해할 수 있었다.[3]

간음한 여인

이 장에서 다루고 있는 니고데모와 사마리아 여인, 간음한 여인과 나사로에 대한 이야기는 오직 요한복음에만 등장하는데, 어떤 면으로 보면 간음한 여인의 이야기는 여기에도 등장하지 않는다고 볼 수 있다. 이 여인은 요한복음의 초고에는 누락되어 있다. 이 이야기는 동방에서 비롯된 것으로 보이지만, 서방 세계의 복음서에서 처음으로 받아들여졌다(그중에서도 특히 암브로스, 제롬, 아우구스티누스에 의해).

레이먼드 브라운은 이 이야기가 단번에 받아들여지기에는 너무 '자유분방'하다는 의견을 지지한다: "예수가 간음한 여인을 쉽게 용서한다는 것은 엄격한 속죄를 선호하던 초기 교회의 제자들로서는 받아들이기 어려운 일이었다"(2B 335). 이 이야기는 제롬의 불가타 라틴어 성서에 포함되어 있었기 때문에 중세 시대에는 정전正典으로 인정받았다. 그리스 정교회와 킹 제임스 영역본 역시 이 이야기를 수록하여, 가톨릭과 그리스 정교회 그리고 개신교의 전승들 속에 전반적으로 널리 알려지게 되었다. 요한복음의 내용을 확장시켰던 편집자가 적어도 한 명 이상 있었으므로, 만약 사랑받은 제자가 수집해놓은 가르침들에서 내용이 추가되었다 해도 놀랄 만한 일은 아닐 것이다.

이 이야기의 문체와 주제가 요한복음보다는 누가복음에 가깝고, 실제로 요한복음이 아닌 누가복음에 수록된 필사본들이 있기 때문에, 사랑받은 제자의 수집물이 추가되었을 것이라는 의견에 반대하는 사람들도 있다. 하지만 이 이야기는 8장에서 다루고 있는 심판에 관한 다른 구절들을 고려하여 배치된 것이다. 여기에서 예수는 "너희는 사람이 정한 기준을 따라 심판한다. 나는 아무도 심판하지 않는다"고 말한다(8:15). 또한 "너희 가운데서 누가 나에게 죄가 있다고 단정하느냐?"고 묻는다(8:46). 더 나아가, 외형적이고 의식적인 규범에서 탈피하여 영적 상태로 들어서야 한다는 요한복음의 주제가 여기에서 다루고 있는 다른 이야기들과 마찬가지로 이 이야기에서도 표명되고 있다.

그런데 여기에서 사실 관계에 대한 한 가지 의문이 제기된다. 이 여인은 모세의 율법에 따라 소환되어 돌팔매질에 의한 사형을 당해야 했을까? 요한복음은 로마 지배하의 유대인들에게 사형 집행 권한(*jus gladii*)이 있었다는 것을 부인한다. 그렇기 때문에 유대인들은 유대식 처형 방법(투석형) 대신 로마식 사형법(십자가형)을 따르기 위해 예수를 빌라도에게 넘겼던 것이다. 빌라도가 유대인들에게 예수를 처형하라고 했을 때, 그들은 "우리는 사람을 죽일 권한이 없습니다"라고 한다(18:31). 이것은 요한은 정확하게 알고 있던 사실이지만, 다른 복음서 저자들은 모르고 있던 것이다(2B 848-850).

이러한 사실이 간음한 여인의 이야기에 어떤 영향을 미친다고 볼 수는 없다. 그 유대인들이 실제로 그 여인에게 돌을 던지려 했던 것으로 제시되어 있지는 않다. 그들은 예수에게 모세의 율법이 그 여인에게 적용되어야 하는지를 묻고 있는 것이다—**만약** 율법의 적용이 여전히 가능한 일이라면 그 여인에 대한 돌팔매질도 포함될 수 있을 것이다.

이 이야기의 목적은, 다른 이야기들과 마찬가지로 예수를 함정에 빠뜨리려 했던 유대인들이 있었다는 것을 보여주려는 것이다. 가정일지라도, 예수가 모세의 율법을 부인한다면 그는 종교적인 죄를 짓게 되는 것이다. 만약 로마가 금지하고 있는 것을 어기면서 처형을 권한다면 그것은 정치적인 죄를 짓게 되는 것이다. 그 어느 쪽도, 예수가 빠져나갈 수는 없는 것처럼 보였다. 요한은 그것을 명확하게 설명하고 있다: "그들이 이렇게 말한 것은, 예수를 시험하여 고발할 구실을 찾으려는 속셈이었다"(8:6).

예수의 대응은 뛰어났다. 처음에 그는 아무 말도 하지 않지만 곧 예언자적인 행동을 시작한다. 그는 몸을 굽혀 손가락으로 땅에 무언가를 그렸다. 질문한 자들이 계속 다그치자 예수는 모세의 율법을 주장하지도, 로마의 규정을 무시하지도 않는 답변을 내놓는다. 다시 한번 그는 영적 진실을 이야기한다. 비록 율법이 효력이 있었다 해도, 죄로부터 자유롭지 못한 사람이 그것을 집행할 수 있었을까? "너희

가운데서 죄가 없는 사람이 먼저 이 여자에게 돌을 던져라"(8:7). 그는 반드시 즉각적인 돌팔매질을 묘사하고 있는 것은 아니다. 예수는 그들이 자신에게 제시한 가정에 대해 응답하고 있는 것이다. **만약** 모세의 율법이 여전히 유효하다면, 그들 중에 누가 그것을 집행할 수 있을까?

그리고 나서 예수는 다시 몸을 굽혀 땅에 뭔가를 썼다. 그가 그런 행동을 하고 있는 동안, 비난하던 모든 사람들은 예수와 여인만을 남겨둔 채 슬그머니 그곳을 빠져나갔다. 예수는 굽혔던 허리를 펴고, 여인에게 묻는다. "여자여, 사람들은 어디에 있느냐? 너를 정죄한 사람이 한 사람도 없느냐?" 그러자 여인은 "주님, 한 사람도 없습니다" 라고 대답했다. 예수는 "나도 너를 정죄하지 않는다. 가서, 이제부터 다시는 죄를 짓지 말아라" 하였다(8:10-11).

예수를 무엇을 썼던 것일까? 그동안 이 질문에 대한 기발한 답변들이 많이 있었다. 그 고발자들의 죄를 썼기 때문에 그들이 그것을 읽고 도망쳤을 것이라고 주장하는 사람들도 있었다. 그렇다면 엄청나게 많은 양의 글을 써야 했을 것이고, 그것을 읽기 위해 무척 혼란스러웠을 것이다. 게다가 이것은 고발자들의 죄를 언급하기 전에, 처음으로 땅에 무언가를 썼다는 사실에 대해서는 설명해주지 못한다.

신성한 글에서 따온 글귀를 썼을 것이라고 생각하는 사람들도 있었다(그 글귀를 제시하는 사람들도 있었다). 하지만 누가 그 글귀를 알아내고, 그것의 의미를 설명해줄 수 있을까? 우리는 예수가 쓴 글에 대해 전해 들은 것이 없으며, 만약 그것이 이 이야기에서 중요한 것이었다면 분명 요한은 그것이 무엇이었는지 밝혔을 것이다.

소크라테스가 주장했듯이, 구술 문화에서 글은 말보다 효과가 떨어지는 응답이었다. 예언자가 어떤 상징적 몸짓을 할 때, 바로 그 **동작**이 중요한 의미를 갖는 것이다. 불신에 근거한 질문에 대해 예수는 무관심을 가장하고 있다. 그 질문을 다시 건넸을 때, 예수는 비밀스러운 답변을 하고 다시 몸을 굽혀 함정에 빠뜨리려는 그들의 계략에 빠져들지 않을 것임을 보여준다. 예수가 그들을 관심 밖에 두고 있었다는 사실은 그가 허리를 펴고난 후에 "그들은 어디 있느냐?"라고 한 것으로 알 수 있다. 그들의 부정직한 음모에 걸맞게 예수는 그들을 무시하는 것으로 쫓아버린 것이다.

하지만 예수는 **그 여인**에게는 수수께끼 같은 대답을 하지 않는다. 예수는 여인에게 그들의 죄가 많다는 것을 더 많은 죄를 지어도 괜찮다는 빌미로 받아들여서는 안 된다고 말한다. 예수는 여인이 초래한 의식적儀式的 불결함─그녀와 이야기 나누는 것조차 못하도록 막았던─을 무시했다. 예수는 진실된 영적 순결함을 통해 아버지 하나님과 함께해야 한다는 것을 가르치기 위해 온 것이다. 이 땅에서 끝나지만 하나님으로 끝맺음되는 이 이야기는 이 복음서를 가치 있게 만들어준다.

나사로

죽었던 나사로가 살아나는 이야기는 예수의 수난 이야기 직전에 등장하여, 수난 이야기의 클라이맥스를 설명해준다. 나사로에게 생명을 주는 행위는 예수가 자기 자신의 생명으로 대신 갚아야만 하는 그런 일이었다. 그러한 행위는 성전의 권위자들을 격노하게 만들었으며, 그들은 그 행위를 메시아라고 주장하는 것으로 생각했다(11:47-48).

이 이야기의 역할은, 겟세마네 동산에서 예수가 고뇌하는 이야기가 공관복음서에서 담당하고 있는 역할과 동일하다. 즉 예수가 자신의 죽음과 마주하고 있으며, 또한 그것에 저항하고 있다는 것을 보여주는 것이다. 마가복음(14:33)은, 예수가 죽기 전날 겟세마네 동산에서 매우 놀라고(*ekthambeisthai*) 괴로워했다고(*adēmonein*) 전한다. 예수는 자신과 함께 동산에 오른 세 명의 제자에게 "내 마음이 근심(*perilypos*)에 싸여 죽을 지경이다"라고 말한다. 누가복음에서는 "예수께서 고뇌에 차서 더욱 간절히 기도하시니, 땀이 핏방울같이 되어서 땅에 떨어졌다"(22:44)고 한다.

예수가 실질적인 수난을 겪기 전에 이러한 신체적 증상을 겪었던 또 다른 유일한 경우는 바로 나사로의 죽음과 마주쳤을 때였다(요

11:33). 그는 자기 친구의 죽음을 애통해 하고 있는 사람들에게 다가서면서 "마음이 비통하여(*enebrimēsato*) 괴로워했다(*etaraxen heauton*)". 눈물을 흘린 후 무덤으로 다가간 예수는 "또 한 번 속으로 비통해 했다(*palin embrimōmenos*)" (11:38).

이 고뇌는 무엇을 말하고 있는 것일까? 예수는 나사로를 죽음으로부터 억지로 끌어내 자유롭게 하면서, 자기 자신의 죽음과 직면하는 것이다. 나사로가 죽어가고 있는 동안 그의 누이들이 예수를 부르러 왔을 때, 예수는 자신이 죽음의 구역으로 돌아가고 있다는 것을 알고 있었다. 제자들은 예수에게 "선생님, 방금도 유대 사람들이 선생님을 돌로 치려고 하였는데, 다시 그리로 가려고 하십니까?"라고 말한다(11:8). 예수가 꼭 가야만 한다고 말하자, 도마는 특유의 허세를 부리며 "우리도 그와 함께 죽으러 가자"(11:16)고 말한다. 그러나 예수는 여전히 '나의 때'를 위한 아버지의 일정을 지키고 있었으므로, 가나에서 기적을 일으켜달라는 어머니의 부탁을 미루었던 것처럼, 일정을 연기하여 때를 기다린다. 비록 그의 시간은 다가오고 있었지만, 아직 당도한 것은 아니었다.

예수께서 대답하셨다. "낮은 열두 시간이나 되지 않느냐? 사람이 낮에 걸어 다니면 햇빛이 있으므로 걸려서 넘어지지 않는다. 그러나 밤에 걸어 다니면 빛이 그 사람 안에 없으므로 걸려서 넘어

진다." (11:9-10)

그 자신의 몰락으로 접근해가는 것은 예수가 어둠으로부터 나사로를 되살려낼 것이라는 분위기를 설정하는 것이다. 그의 말은 예레미야서 13장 16절을 반영하고 있는 것이다.

너희는 주님께서
날을 어두워지게 하시기 전에,
너희가 어두운 산속에서 실족하기 전에,
주 너희 하나님께 영광을 돌려라.

마침내 예수가 베다니로 떠났을 때, 나사로는 이미 죽은 지 나흘째가 되어 있었다. 예수가 오고 있다는 소식을 듣게 된 나사로의 누이 마리아가 예수를 맞으러 나갔다. 나사로의 누이는 만약 예수가 좀 더 일찍 왔다면 나사로가 죽지 않았을 것이라고 말한다. 자주 그래왔듯이, 예수는 그녀에게 '생명'에 대한 더 깊은 의미를 밝히는 것으로 대답한다. 예수는 영생을 말하고 있는 것이다. (그러나 가나에서와 마찬가지로 나사로를 살려낼 때 예수는 숭고한 실체(=하나님)의 세속적 전조前兆를 보여주게 될 것이다.)

예수께서 마르다에게 말씀하셨다. "네 오라버니가 다시 살아날 것이다."

마르다가 예수께 말하였다. "마지막 날 부활 때에 그가 다시 살아 나리라는 것은 내가 압니다." 예수께서 마르다에게 말씀하셨다. "나는 부활이요 생명이니, 나를 믿는 사람은 죽어도 살고, 살아서 나를 믿는 사람은 영원히 죽지 아니할 것이다. 네가 이것을 믿느냐?" 마르다가 예수께 말하였다. "예, 주님! 주님은 세상에 오실 그리스도이시며, 하나님의 아들이심을, 내가 믿습니다." (11:23-27)

그리고 나서 마르다는 마리아(예수를 맞이하는 데 소극적이었던 자매)를 불러오고, 이들은 나사로의 무덤으로 함께 간다. 무덤은 돌로 막아놓은 동굴이었다. 예수가 "돌을 옮겨놓아라" 하고 말하자 마르다는 나흘이 지났으므로, 시신에서 고약한 냄새가 날 것이라며 이의를 제기한다.

마틴 스콜세지 감독은 자신의 영화 〈예수의 마지막 유혹The Last Temptation of Christ〉에서 이 복음서가 전하고 있는 내용들—죽음의 구역인 예루살렘 근처로 다시 들어서기를 꺼려한 예수의 모습, 다른 사람의 죽음에 대한 격렬한 반응, 영생과 죽음에 대한 그의 태도 등—을 극적으로 표현해냈다. 예수가 사막에서 겪는 시험을 마태와 누가가 극적으로 표현했던 것처럼, 예수는 개인적인 투쟁 속에서 죽음의 권능에 도전하고 있는 것이다.

스콜세지는 나사로를 이끌고 나오기 위해 무덤 속으로 들어간 예수를 보여준다. 하지만 그것은 오히려 죽은 자의 손이 예수를 끌어당기는 것이라고 할 수 있다. 예수는 상징적으로 자신의 무덤으로 들어가는 것이며, 자신의 생명을 던짐으로써 남에게 생명을 준 것이다. 생명의 경계에서 벌어지는 이러한 투쟁은 오직 숭고한 노력에 의해서만 승리를 얻을 수 있는 것이다.

사람들이 살아 돌아온 나사로에게 어떤 일이 일어났는지를 묻는 것은 자연스럽다.

우리는 나사로가 유월절 엿새 전에 예수와 함께 음식을 먹었다는 것과, 대제사장들이 더 이상 나사로가 다시 살아난 것을 찬양하지 못하도록 그를 죽이기로 모의했다는 것(12:2, 10) 외에는, 나사로에 대해 더 많은 것을 알 수가 없다. 나사로의 무덤에서 슬퍼하던 사람들이 예수가 그를 얼마나 사랑했는지를 언급했기 때문에(11:36), 나사로와 사랑받은 제자를 동일 인물로 다루려는 사람들도 있었다. 하지만 더 많은 사랑을 받은 제자의 이름은 등장하지 않는 반면 나사로의 이름은 밝혀놓은 이유에 대한 브라운의 의문 제기는 적절하다(2B xcv). 우리에게 나사로 이야기가 중요한 이유는 세례받은 기독교인의 삶을 극적으로 표현하는 방식 때문이다. 바울이 로마서 6장 2~4절에서 설명했듯이, 우리는 모두, 현재의 삶에서도 마찬가지로, 예수 안에서 죽으며 다시 살아난다.

죄에는 죽은 사람인 우리가 어떻게 죄 가운데서 그대로 살 수 있겠습니까? 세례를 받아 메시아 예수와 하나가 된 우리는 모두 세례를 받을 때에 그와 함께 죽었다는 것을 여러분은 알지 못합니까? 그러므로 우리는 세례를 통하여 그의 죽으심과 연합함으로써 그와 함께 묻혔던 것입니다. 그것은, 메시아께서 아버지의 영광으로 말미암아 죽은 사람들 가운데서 살아나신 것과 같이, 우리도 또한 새 생명 안에서 살아가기 위함입니다.

예수의 제자들은 죽은 자이며 동시에 살아있는 자이다. 예수는 매일매일 우리를 죽음의 손아귀에서 자유롭게 하기 위해 싸우고 있다. 우리는 무덤으로 들어갔다가 돌아 나온 것이다. 우리는 모두 나사로이다.

| 주 |

1)* 산헤드린Sanhedrin: 예루살렘에 있었던 유대인들의 최고 의결기관으로, 의장인
  대제사장과 서기관, 바리새인, 사두개인으로 구성되었다. 산헤드린은 종교 문제,

민사 문제를 처리하였으며 총독 재량에 따라 형사 사건을 재판하기도 하였으나 사형 집행권은 없었다. 재판할 때는 회의 진행 과정을 서로 볼 수 있도록 대제사장을 중심으로 반원형으로 앉고 죄인을 가운데 세웠다.

2) 훗날의 요한복음 원고들에는 요한복음의 저자는 모르고 있었던 한 구절이 마태복음에서 인용되어 추가돼 있다: "가난한 사람들은 늘 너희와 함께 있지만, 나는 늘 너희와 함께 있는 것이 아니다."

3) 이것이 모세의 바위를 언급하고 있다는 것을 인식하게 됨으로써 우리는 또 다른 논쟁을 해결하게 된다. '어떤 사람의 깊은 곳(문자 그대로는 배, *koilia*)에서 물이 흐르는 것일까? 믿는 자들인가 아니면 예수인가?' 출애굽기에서 바위로 상징되어 있는 예수에 대한 이해는 바로 예수가 그 물의 원천이라는 것을 명쾌하게 설명해준다. 십자가에 매달려 있을 때, 바위의 한 면에서 물이 흘렀듯이 그의 옆구리에서 물이 흐른다(요 19:34).

네 복음서는 모두 예수가 마지막으로 예루살렘에 입성할 때, 나귀를 타고 환호하는 무리들 속으로 나아갔다고 전한다. 비록 무리들이 왜 예수가 이스라엘의 왕일 것이라고 기대했는지 명확하지 않지만, 공관복음서들은 이것을 왕을 환영하는 행사로 다루고 있다.

세 복음서는 하나같이, 예수는 그 나귀가 어디에 있는지 미리 알고 있었으며, 그 나귀를 찾아 자신에게 끌고 오도록 두 명의 제자를 보냈다고 전한다. 그리고 그 제자들은 존경을 표시하는 안장의 일종으로서 자신들의 겉옷을 나귀의 등에 걸쳐놓는다.

예수가 나귀에 오르자, 제자들을 비롯한 많은 사람들은 요즈음의 행사용 레드 카펫처럼 자신들의 겉옷을 길에 깔아놓는다. 누가복음(19:35)에서는 오직 겉옷들만 깔려 있으며, 마가복음(11:8)에서는 겉옷과 함께 나뭇가지들이 추가되어 있고, 마태복음(21:8)에서는 나뭇잎들을 흩어놓았다고 한다.

요한은 전혀 다른 이야기를 전하고 있다. 예수는 나귀를 미리 이끌고 오기 위해 제자들을 보내지 않는다. 나사로가 살아난 것을 확인한 무리들은 이미 들썩이고 있었다. 그 감동적인 사건이 일어났던 베다니에서부터 따라온 사람들도 있었다. 그 기적을 전해 들은 그 밖의 사람들은 승리의 상징인 종려나무 가지를 흔들며 성 밖으로 쏟아져 나온다. 다른 두 무리들을 못마땅해 하는 바리새파 사람들과 대제사장들로 구성된 세 번째 무리도 행렬에 참여한다.

이 열기 가득한 광경에 반응하던 예수는 그곳에 있던 나귀를 발견하고 겸손을 표현하는 동작으로 나귀 위에 오른다. 바로 이 복음서에서만 예수는 빌라도에게 자신의 나라는 이 세상에 속한 것이 아니라고 말하고 있다. 예수가 나귀에 올라탄 것은 승리주의적인 태도로 종려나무 가지를 흔들고 있던 그들에게 항의하는 예언자적 몸짓인 것이다. "그 많은 무리들은 나사로의 기적을 오해했던 것이다"(2B 462). 종려나무 가지는 오직 요한복음에만 등장하며, 예수는 그것이 상징하고 있는 것을 거부한다. 훗날의 종려주일 축하의식도 이것을 전적으로 잘못 이해한 것이다.

최후의 만찬

한 걸음 더 나아간 겸손의 몸짓으로, 예수는 제자들과 마지막 만찬을 시작할 때 그들의 발을 씻겨주는 하인의 역할을 자처한다. 이것은 최후의 만찬에 관한 여러 가지 상세한 내용들 중 한 가지로 오직 요한만이, 이곳에서 처음으로 언급되는 '사랑받은 제자'라는 단어를 전하고 있다(13:23).

요한이 묘사하고 있는 이 최후의 만찬에 등장하는 인물들의 상호 작용은 매우 극적이다. 그들이 주고받는 일련의 이야기들을 따라잡기 위해, 우리는 레오나르도 다빈치와 그의 모방자들이 우리 문화에 깊게 각인시킨 이미지를─기다란 식탁의 한 면에 참석자들이 나란히 앉아 있는 최후의 만찬을 묘사한 그림을 통해─깨끗이 잊어야만 한다.

당시의 평상적인 만찬에서 참석자들은 세 개의 긴 의자에 기대어 앉아 있었다─중앙에 있는 식탁의 뒤편에 긴 의자 하나가 놓여 있고, 중앙 식탁을 향하고 있는 측면 식탁들 뒤편에 두 개의 긴 의자가 놓여 있었다. 참석자들은 측면 식탁들 사이의 공간을 통해 식사 시중을 받았다.

레이먼드 브라운은 요한이 묘사하고 있는 장면의 연출법을 통해, 중앙 식탁 뒤편의 긴 의자에 사랑받은 제자는 예수의 오른쪽, 유다는 왼쪽에 앉아 있었으며 베드로는 예수의 오른쪽에 위치한 측면 식탁의 맨 끝자리에 앉아 있었다고 주장한다. 예수는 베드로의 발을 맨 마지막에 씻겨주는데, 이것은 예수가 자신의 왼쪽 식탁에 앉아 있는 제자로부터 시작하여 가운데로 나아가 오른쪽에 앉아 있는 제자 순으로 발을 씻겨주었다는 것을 가리킨다.

발을 씻겨준다는 것은 통상적으로 그리고 당연하게, 그들도 서로에게 하인이 되어야만 한다는 교훈을 제자들에게 주고 있는 것으로 받아들여진다. 그러나 레이먼드 브라운은 예수가 그들의 발을 씻겨준 것은 "그가 선택한 사람들을 현세에서도 사랑해왔으며, 목적(*eistelos*)을 다 이룰 때까지 일관되게 그들을 사랑했기" 때문이라고 이해한다. 그는 예수가 십자가에 매달려 죽음을 맞이하는 순간에 "다 이루었다"(*tetelestai*)고 말하는 것을 통해 그 목적이 무엇이었는지를 분명하게 밝힌다.

예수는 제자들에게 서로의 발을 씻겨주어야 한다는 것뿐 아니라 서로를 위해 기꺼이 죽을 수도 있어야 한다는 것을 말하고 있는 것이다. 즉 나사로 이야기에서 강조한, 죽음은 생명으로 향하는 통로라는 주제를 연장하고 있는 것이다. 이 복음서의 마지막 부분 전체에서 삶과 죽음은 투쟁으로 맞물려 있으며, 삶은 오직 죽음에 패배함으로써만 승리할 수 있다. 이것은 이 복음서의 패러독스이다. 이것은 또한 마지막 만찬에서 길게 이어지는 마지막 설교의 주제이기도 하다.

제자들의 발을 씻겨주는 장면에 대한 브라운의 해석이 적절하다는 것은, 예수가 최후의 만찬이 진행되는 과정에서 하게 될 말로 확인된다. 예를 들어, 예수는 이렇게 말한다.

"이제 나는 너희에게 새 계명을 준다.
서로 사랑하여라.
내가 너희를 사랑한 것 같이,
너희도 서로 사랑하여라." (13:34)

아우구스티누스는 율법에서도 "너의 이웃을 네 몸처럼 사랑하여라"(레 19:18)라고 했는데, 서로 사랑하라는 것이 어떻게 새로운 계명이 될 수 있는 것일까라는 질문을 던진다.[1] 그리고 그는 예수가 체포되던 그날 밤에 제기했던 몇 가지 내용들이 그 계명을 새롭게 만드는 것이라고 밝힌다. 그렇다면 예수는 그들을 어떻게 사랑하는 것일까? 예수는 이렇게 말하고 있다.

"자기 친구를 위해 자기 목숨을 내놓는 것보다

더 큰 사랑은 없다." (15:13)

그러므로 만약 예수가 그들을 사랑했던 것처럼, 그들이 서로를 사랑하려면, 그들은 서로를 위해 기꺼이 죽어야만 하는 것이다.

예수가 그들에게 지시한 것이 새로운 이유는, 그가 요구하는 사랑이 단순히 타고난 사랑이 아니라, 그들을 통해 전달되는 하나님의 사랑을 표명하기 때문이다. "아버지께서 나를 사랑하신 것과 같이, 나도 너희를 사랑하였다"(15:9). 이것은 예수를 통해 제자들에게 전해졌으며, 다시 예수를 통해 되돌려지며 순환하는 하나님 자신의 사랑인 것이다. "나는 포도나무요, 너희는 가지이다"(15:5). 이것이 바로 그들이 번성하게 되면, '아버지의 영광'을 표명하게 되는 이유이다(15:8). 예수라는 포도나무에 접붙여진 제자들은 실질적으로 새로운 창조물인 것이다. 그러므로 아우구스티누스는 그들이 "새로운 사람들이며, 새로운 계약의 상속자들이며, 새로운 노래를 부르는 사람들"[2]이기 때문에, 새로운 계명에 따라 살게 되는 것이라고 말한다. 예수 속에서 맞이하는 그들의 죽음은 서로를 살리게 될 것이다.

최후의 만찬에서 사랑받은 제자

의자에 기대앉은 자세는 사랑받은 제자로 하여금 예수의 가슴에 머리를 쉽게 기댈 수 있게 했다(꼿꼿이 앉아 있는 사람들에게는 어색한 행동이다). 예수가 그들 중 한 사람이 자신을 배신할 것이라 말하자, 측면 식탁 끝자리에 앉아 있던 베드로는 "그[사랑 받은 제자]에게 고갯짓으로 누구를 두고 하시는 말씀인지 여쭈어보라고 하였다"(13:24). 이것은 사랑받은 제자가 예수의 품에 기대고 있으며, 따라서 이들이 주고받는 말을 들을 수 있는 사람은 아무도 없다는 것을 의미한다. 반대편에 앉아 있던 유다는 그 말을 듣지 못한다. 예수는 사랑받은 제자에게 "내가 이 빵조각을 적셔서 주는 사람이 바로 그 사람이다"라고 말한다(13:26). 유다는 그것이 자신을 배신자라고 밝히는 것이라는 사실을 모른 채 그 빵조각을 받는다. 사랑받은 제자는 유다가 빵조각을 받은 후 예수가 나지막한 목소리로 "네가 할 일을 어서 하여라" 하고 유다에게 말하는 것을 충분히 들을 수 있을 만큼 가까이에 있다(13:27).

사랑받은 제자가 여기에서 거론되는 이유는 오직 그만이 예수와 자신이 속삭이듯 나누었던 이야기와 유다에게 건넨 나지막한 말을 알 수 있기 때문이다. 요한은 왜 자신의 복음서에서 이 마지막 사건에 도달하기 전까지는 사랑받은 제자에 대해 언급하지 않았던 것일까? 그 사람이 가장 뒤늦게 제자들에 합류했기 때문이었을까?

요한은 사랑받은 제자가 다른 제자들보다 더 오래 살 것이라고 말한다(21:23-24). 사랑받은 제자는 아마 당시에는 젊었을 것이며, 어쩌면 무척 어린 10대였을 것이다. "예수가 사랑한 제자"라는 그 명칭은 예수가 오직 그만을 사랑했다는 의미는 아니다. 마치 활달하게 장난질하는 나이 어린 새내기는 일종의 마스코트로서 동료들 사이에서 귀염둥이로 여겨지듯이, 그것이 일종의 별명이었음을 암시한다.

사랑받은 제자가 마가복음의 예수가 체포되던 장면에서 벌거벗은 채 도망갔던 젊은이(막 14:51-52)였을 것이라고 생각하는 사람들도 있다. 만약 그렇다면, 그는 베드로가 수행원의 귀를 잘라버릴 때 그곳에서 도망쳤을 것이 분명하다. 요한복음에서 그는 예수의 어머니와 함께 십자가 옆에 서 있었을 때 외에는 언제나 베드로와 함께 언급된다(19:25-27).

그는 베드로로부터 누가 배신할 것인지를 예수에게 물어봐달라는 부탁을 받았던 사람이다(13:24). 남성 제자들 중 오직 그와 베드로만이 빈 무덤으로 달려갔으며, 그는 베드로보다 빨리 달려 무덤에 먼저 도착한 사람이다(20:3-4). 그는 바닷가에서 예수를 알아보고 베드로에게 그가 예수임을 말해주었던, 디베랴 바닷가에서 눈이 가장 밝은 사람이다(21:7). 그는 예수가 베드로의 죽음을 예언할 때, 베드로가 그의 죽음에 대해 물어보았던 사람이다.(21:18-22). 그는 이러한 모든 일들에 대해 가장 확실한 증인으로 제시된 사람이기도 하다 (21:24).

예수가 첫 제자들을 선택했을 때, 혹은 열두 제자들을 선별했을 때, 그가 아직 그들의 일행이 아니었다면, 그것은 다른 복음서 저자들이 그에 대해 언급하지 않는 것에 대한 설명이 될 수 있을 것이다.

마지막 설교

사랑받은 제자가 조직한 공동체는, 그가 매우 자세히 알고 있었던 세부적인 일들과 예수의 말들이 지닌 더 깊은 의미를 곰곰이 되새겼다. 거듭되는 편집 작업을 거치며 요한의 이야기는 최후의 만찬에서 길게 이어지는 마지막 설교가 되었다. 아우구스티누스를 비롯한 사람들은 이 설교 속에서 예수가 전하려 했던 가장 순수하게 정제된 의미를 찾아냈다.

"내 계명은 이것이다.
내가 너희를 사랑한 것과 같이
너희도 서로 사랑하여라.

사람이 자기 친구를 위하여 자기 목숨을 내놓는 것보다
더 큰 사랑은 없다.
내가 너희에게 명한 것을 너희가 행하면,
너희는 나의 친구이다.
이제부터는 내가 너희를 종이라고 부르지 않겠다.
종은 그의 주인이 무엇을 하는지 알지 못한다.
나는 너희를 친구라고 불렀다.
내가 아버지에게서 들은 모든 것을
너희에게 알려주었기 때문이다.
너희가 나를 택한 것이 아니라
내가 너희를 택하여 세운 것이다.
그것은 너희가 가서 열매를 맺어
그 열매가 언제나 남아 있게 하려는 것이다.
그리하여 너희가 내 이름으로 아버지께 구하는 것은
무엇이든지 다 받게 하려는 것이다." (15:12-16)

예수는 하나님과 긴밀하게 연결되어 있으며, 또한 그의 제자들과
도 긴밀하게 연결되어 있었다. 그들은 예수 안에서 하나님을 만나며,
예수는 그들 속에서 하나님을 만나는 것이다.

"나는 포도나무요,

너희는 가지이다.

사람이 내 안에 머물러 있고, 내가 그 안에 머물러 있으면

그는 많은 열매를 맺는다. ……

너희가 내 안에 머물러 있고

내 말이 너희 안에 머물러 있으면

너희가 무엇을 구하든지

다 그대로 이루어질 것이다.

너희가 열매를 많이 맺어서 내 제자가 되면,

이것으로 내 아버지께서 영광을 받으실 것이다.

아버지께서 나를 사랑하신 것과 같이,

나도 너희를 사랑하였다." (15:5, 7-9)

　예수의 생애 끝부분에 등장하는 이 긴 설교(이 복음서의 세 개의 장에 걸친)는 마태복음에서 공생애를 시작할 무렵에 나오는 긴 산상 설교(역시 세 개의 장에 걸친)와 같은 것이다.

　각각의 설교는 각각의 복음서가 전하고자 하는 주된 가르침들을 요약하고 있다. 요한의 설교가 편집자들의 내용 추가와 반복적인 필사로 완성되었다는 것은 몇몇 '거짓 끝맺음들'을 통해 명확히 증명되었는데, 그중에서 14장 31절의 "일어나거라. 여기에서 떠나자"라는 구절이 가장 유명하다.

하지만 전체적인 설교는 시종일관 예수의 죽음이 곧 닥쳐올 것이라는 긴박감 때문에 산상설교보다 더 정통하다는 느낌을 준다. 이 설교가 전하고 있는 절박함은 사랑받은 제자가 자신의 무리에게 전해준 가장 훌륭한 유산이다. 레이먼드 브라운의 말처럼, 예수는 자신의 죽음을 통해 그리고 그것을 뛰어넘어 여전히 제자들에게 직접 말하고 있는 것이다.

> 비록 예수가 최후의 만찬에서 말하고 있지만, 실제로 예수는 하늘나라에서 말하고 있는 것이다; 비록 예수의 말을 듣고 있는 사람들은 그의 제자들이지만, 그의 말들은 모든 시대의 기독교인에게 직접 전해지고 있는 것이다. 마지막 설교는 예수의 마지막 유언장이다: 이것은 그가 이 땅에서 떠난 후에야 읽히게 되어 있다. 그러나 그것은 죽어서 더 이상 아무 말도 할 수 없는 사람의 말들이 기록된 유언장과 다르다. 마지막 설교 속의 **있는 그대로의 말들**이 무엇이든 부활이라는 관점에서 보혜사保惠師의 강림을 통해 생생히 살아있는 설교로 변환되어, 죽은 자가 아닌 생명을 가진 자에 의해 복음서의 모든 독자들에게 건네질 것이기 때문이다. (2B 582)

최후의 만찬에서 주어진 가장 중요한 약속들 가운데 한 가지는,

위에서 언급한 브라운의 용어에 따르자면, 보혜사의 약속이다.

> "너희가 나를 사랑하면
> 내 계명을 지킬 것이다.
> 내가 아버지께 구하겠다.
> 그리하면 아버지께서 다른 보혜사를 너희에게 보내셔서
> 영원히 너희와 함께 계시게 하실 것이다.
> 그는 진리의 영이시다." (14:15-17)

'보혜사'는 문자 그대로 "보호하기 위해 부름받다(*para-klētos*)"라는 의미이다. 이것은 당신의 주장을 옹호해줄 사람을 말하는 것이다. 예수는 왜 이것을 **다른** 보혜사라고 말하는 것일까? 그 대답은 사랑받은 제자의 무리가 남긴 또 다른 기록에서 알 수 있듯이, 예수 자신이 이 제자들의 보혜사이기 때문이다: "누가 죄를 짓더라도, 아버지 앞에서 변호해주시는 분(*paraklētos*)이 우리에게 계시는데, 곧 의로우신 예수 메시아이십니다"(요일 2:1). 또는 아우구스티누스가 설명하듯이, "보혜사에 해당하는 라틴어는 옹호자(*advocatus*)이기 때문에, 예수 그 자신이 옹호자이다".[3]

예수는 자기 제자들의 옹호자이다. 그는 지금 하나님에게 돌아갈 것이라고 말하지만, 제자들은 버림받은 것이 아니다. 예수와 하나님

은 제자들과 함께 머물게 될 보혜사를 보낼 것이다. 예수는 제자들을 떠나가기 전에 그렇게 제자들을 안심시키고 있는 것이다.

예수의 수난

비록 요한복음에는 예수가 겟세마네 동산에서 고뇌하는 내용이 수록되어 있지 않지만, 예수는 공관복음서에서는 피하기 위해 기도했던 그 고통의 잔을 받아들인다(18:11). 요한은 예수가 수난을 겪어나가는 내내 그의 신성을 최대한 강조한다. 예수는 자신의 시련을 받아들이는 데에 수동적이지 않고 능동적이다. 유다는 로마 병정들과 성전 경비병들을 자신이 알고 있는 비밀 장소로 데려갔다. 그곳은 예수를 체포하려는 대제사장들이 사람들의 눈을 피해 유다에게 뇌물을 주었던 곳이다.

하지만 이 기사에서는 예수가 유다의 입맞춤을 감수하지 않는다. 유다에게 할 일을 어서 하라고 했던 예수는, 어떤 일이 벌어질 것인지 알고 있으며, 그들보다 먼저 행동한다: "예수께서는 자기에게 닥쳐올 일을 모두 아시고, 앞으로 나서서 그들에게 '너희는 누구를 찾느냐?' 하고 물으셨다"(18:4). 그들이 나사렛 예수를 잡으러 왔다고 말하자 예수는 그들에게 "내가 그 사람이다"라고 대답한다. 그러자 유다와 함께 서 있던 '그들은 뒤로 물러나서 땅에 쓰러졌다'(18:5-6). 병정들이 전열을 가다듬고 있을 때, 베드로가 시종의 귀를 베어 떨어뜨리자 예수는 "그 칼을 칼집에 꽂아라. 아버지께서 나에게 주신 이 잔을, 내가 어찌 마시지 않겠느냐"라고 한다(18:11).

예수를 체포하기 위해 동원된 군인들에 대한 지휘는 분명, 유월절의 군중을 원활히 통제할 수 있도록, 빌라도가 대제사장들에게 맡겼을 것이다. 그들은 예수를 대제사장에게 데려가지 않고 과거에 대제사장이었던 그의 장인 안나스에게 끌고 갔다.

이 복음서에는 산헤드린 평의회 이전에 있었던 예수의 정식 재판에 대한 내용이 없고, 안나스의 집 뜰에서 보여준 베드로의 행동에 대해 더 자세히 다루고 있다. 이것은 아마 사랑받은 제자가 베드로에게 들어서 알게 되었기 때문일 것이다. 예를 들어, 사랑받은 제자는 안나스와 알고 지내던 '또 다른 제자'가 베드로를 보증해주었기 때문에 베드로가 안나스의 뜰에 들어갈 수 있었다는 사실을 알고 있다. 예수의 제자가 어떻게 안나스를 알고 있었으며, 뜰을 지키는 문지기에게 영향력을 행사할 수 있었을까?

요한복음에서 니고데모가 중요한 인물이라는 것을 기억해볼 필요가 있다. 니고데모는 예수의 가르침을 구했던 은밀한 질문자였다가 결국에는 예수의 매장을 도운 공개적인 제자가 된 인물이다. 7장 51절에서 제사장들이 예수를 잡기 위해 음모를 꾸미고 있을 때, 니고데모는 적어도 예수가 하는 말을 들어보기는 해야 한다고 말한다. 그러자 그들은 "당신도 갈릴리 사람이오?"(7:52)라고 말한다. 이것은 베드로가 듣게 될 "당신도 이 사람의 제자 가운데 한 사람이지요?"(18:17)라는 질문과 동일한 비웃음이다.

당시에 니고데모는 아직 믿음을 고백한 제자는 아니었던 것으로 보이며, 몰래 숨어 들어간 베드로는 자신의 동료들이 성직자의 집단 앞에서 어떤 일들을 겪게 되는지 지켜보기 위해 호위병들을 지나쳐 뜰로 들어섰다. 안나스의 뜰에서 벌어진 일들은, 나중에 요한 공동체의 일원이 된 것으로 보이는 니고데모가 자신의 기억 속에 간직되어 있던 것을 사랑받은 제자에게 전달했을 것이다. 오직 사랑받은 제자만이 알고 있던 또 다른 전승은, 베드로에게 귀를 잘렸던 말고Malchus의 친척 때문에 그 집 안뜰에서 베드로의 정체가 밝혀졌다는 사실이다(18:26). 오직 요한복음에서만 말고라는 이름을 밝히고 있다.

요한복음에는 안나스의 혼란스러운 질문만 있을 뿐, 평의회에서 진행된 공식적인 재판 과정은 전혀 거론되지 않는다. 이러한 면으로만 보면, 요한복음에는 공관복음서에 비해 반셈주의적인 태도가 약하게 드러나 있다. 나중에 예수는 자신을 처형하는 것에 로마 사람들보다 자신을 '넘겨준 자'의 죄가 더 크다고 말하는데(19:11), 이것이 안나스 혹은 가야바를 지칭하는 것이라고 받아들이는 사람들이 있었다. 하지만 복음서들 속에서 배신자(*ho paradidous*)는 언제나, 확실한 유대인이지만 예수의 제자인 유다로 지목된다. 앞으로 우리가 알게 되듯이, 베드로와 바울을 배신한 자들 또한 예수의 제자인 동료들이 될 것이다. 예수는 지금과 마찬가지로 당시에도 자신의 동족들에 의해 살해된 것이다.

안나스는 사위인 가야바에게 예수를 빌라도에게 넘기도록 하고, 예수를 죽일 것을 요구한다. 브라운이 지적하듯이, 빌라도가 예수를 재판했다기보다는 예수가 빌라도를 재판한 것이다. 예수는 자신을 함정에 빠뜨리려 한 바리새파 사람들에게 했던 것과 똑같이 반대 심문을 활용한다. 요한은 예수를 자기 마음대로 처분할 수 있다고 생각하는 자와 예수 사이에 존재하는 실질적인 권력 관계를 극적으로 표현하고 있는 것이다. 예수는 신성한 권능을 버리면서 인간의 권력을 사용하도록 허용하고 있다. 빌라도가 예수에게 왕이냐고 물었을 때, 예수는 이렇게 대답한다: "내 나라는 이 세상에 속한 것이 아니오. 나의 나라가 세상에 속한 것이라면 나의 부하들이 싸워서 나를 유대 사람들의 손에 넘어가지 않게 하였을 것이오. 그러나 사실로 내 나라는 이 세상에 속한 것이 아니오"(18:36).

요한복음에 등장하는 세속적인 인물들이 언제나 그렇듯이, 빌라도는 그의 말을 잘못 이해한다. "그러면 당신은 왕이오?" 예수는 이렇게 대답한다: "당신이 말한 대로 나는 왕이오. 나는 진리를 증언하기 위하여 태어났으며, 진리를 증언하기 위하여 세상에 왔소. 진리에 속한 사람은, 누구나 내가 하는 말을 듣소"(18:37). 그러자 빌라도는 다음과 같은 말로 스스로를 책망한다: "진리가 무엇이오?"

빌라도는 군중에게 바라바를 대신 떠넘기려고 시도한다. 그는 예수에게 채찍질을 하고 잔인하게 다룬 후에 군중에게 보여줌으로써, 그들이 이것을 최종적인 처벌이라고 여기기를 바라면서 선처를 이끌어내려고까지 한다. "보시오, 이 사람이오"(19:5). 하지만 군중은 정치적 위협을 처벌하지 않고 허용했다는 것이 황제에게 알려질 것이라고 말하면서 빌라도를 협박한다: "이 사람을 놓아주면 총독님은 황제 폐하의 충신이 아닙니다. 자기를 가리켜서 왕이라고 하는 사람은, 누구나 황제 폐하를 반역하는 자입니다"(19:12). 빌라도는 이 국가와 관련된 이유에 굴복한다. 그는 자기 자신의 권력에 갇혀 있는 죄수인 것이다.

예수는 죽음을 향해 다가가면서도 여전히 상황을 관리하고 있다. 요한복음에서 그는 자신의 십자가를 직접 옮긴다. 십자가에 매달린 후 예수는 그 옆에 서 있던 네 명의 여인과 한 남자—사랑받은 제자—를 보게 되는데, 그들 중에 자신의 어머니가 있었다. 예수는 어머니에게 "어머니, 이 사람이 어머니의 아들입니다"라 말하고, 사랑받은 제자에게는 "자, 이분이 네 어머니시다"라고 한다. 요한은 여기에 "그때부터 그 제자는 예수의 어머니를 자기 집으로 모셨다"(19:26-27)라는 내용을 덧붙인다.

예수가 자신의 무리에 늦게 합류한 젊은이에게 어머니를 돌봐달라고 위임하는 것이 이상하게 보일 수도 있다. 하지만 여기에서 우리는 젊은 요한이, 사랑받은 제자가 튼튼하며 지혜가 있는 사람이라는 것을 암시하고 있음을 알아차릴 수 있다. 그는 갈릴리에서부터 예수와 함께 온 다른 제자들과 달리, 예루살렘에 집이 있었을 것이다. 그가 예수와 베드로의 사랑을 받았듯이, 마리아 또한 그를 좋아했을 것이다.

요한복음에 따르면, 예수는 십자가에서 오직 두 마디 말만을 더 남겼다. 그 첫 번째 말인 "내가 목마르다"는 신성한 글과 조화를 이루기 위한 것이다. "예수께서는 모든 일이 이루어졌음을 아시고, 신성한 글의 말씀을 이루시려고" 했던 것이다. 병사들이 우슬초 막대기로 예수에게 포도주를 주었던 것은, 이스라엘 사람들이 구원을 받기 위해 유월절 희생양의 피를 문설주에 뿌릴 때 그것을 사용했기 때문이다(출 12:22). 예수는 우슬초에 적신 포도주 한 모금을 마시는 것으로, 하나님이 그에게 건네주었던 잔을 완전하게 다 마신 것이며(18:11), "다 이루었다(The goal is reached)"는 말과 함께 숨을 거둔다(19:30).

예수는 처음부터 목적지(*telos*)를 분명히 알고 있었다. 예수는 그 목적지를 향해 완벽하게 다가섰다. 그의 사명은 죽는 것이었지만, 그것은 하나님의 계획에 따른 것이었다. 예수는 자신에게 정해져 있는 때(kairos)에 맞춰 이동했다. 하나님 자신이 인간의 죽음이라는 민주주의에 참여하고 있었던 것이다.

이 죽음이 지니고 있는 유월절의 이미지를 보존하기 위해, 유월절 희생양의 뼈와 마찬가지로 예수의 뼈는 부러지지 않는다. 그 대신 병사 한 명이 예수의 옆구리를 창으로 찌르니 "곧 피와 물이 흘러나왔다"(19:34). 초기 기독교 미술에서, 모세가 지팡이로 내리치면 물이 쏟아져 나오는 바위를 예수의 이미지로 즐겨 사용했다는 것을 우리는 이미 알고 있다. 우물가에 있던 여인에게 말을 건네며, 예수는 예언자의 말을 자신에게 적용했다: "그의 배에서 생수가 강물처럼 흘러나올 것이다"(7:38).

여기에서는 생명의 물이라는 이미지를 강화하기 위해 피가 덧붙여진다. 물과 피는 예수가 인류에게 가져온, 죽음으로부터 소생한 생명을 상징한다. 아우구스티누스는 예수가 포도나무이며, 포도나무는 가지를 통해 자양분을 내보낸다는 것에 주목한다.[4] 예수의 옆구리에서 흘러나온 물과 피는 포도나무에서 흘러나오는 수액의 일종인 것이다.

또한 아우구스티누스는 이브를 창조하기 위해 첫 번째 아담의 옆구리를 열었던 것과, 그를 믿는 자들의 몸통인 '신부'를 창조하기 위해 두 번째 아담의 옆구리를 열었던 것 사이에는 유사성이 있을 것이라고 생각했다.[5] 십자가 옆에 서 있었던 사랑받은 제자는 예수의 옆구리가 실제로 찔리는 것을 보았다고 말한다: "이것은 목격자가 증언한 것이다. 그래서 그의 증언은 참되다. 그는 자기의 말이 진실하다는 것을 알고 있다. 그는 여러분도 믿게 하려고 증언한 것이다. 일이 이렇게 된 것은, 신성한 글의 말씀(그의 뼈가 하나도 부러지지 않을 것이다)이 이루어지게 하려는 것이었다."

예수의 부활

요한은 십자가 옆에 서 있었던 네 여인의 이름을 밝히지만(19:25), 그들 중에서 오직 막달라 마리아만이 일요일 아침 일찍 무덤으로 간 것으로 묘사하고 있다. 무덤이 비어 있는 것을 발견한 막달라 마리아는 누군가가 시신을 훔쳐갔다고 생각하여(그러므로 그녀는 부활을 전혀 예상하지 못했던 것이다), 그것을 알리기 위해 베드로에게 달려간다.

베드로와 그 다른 제자가 나와서 무덤으로 갔다. 둘이 함께 뛰었는데 그 다른 제자가 베드로보다 빨리 달려서, 먼저 무덤에 이르렀다. 그런데 그는 몸을 굽혀서 삼베가 놓여 있는 것을 보았으나 안으로 들어가지는 않았다. 시몬 베드로도 그를 뒤따라 왔다. 그가 무덤 안으로 들어가보니 삼베가 놓여 있었고, 예수의 머리를 싸맸던 수건은 그 삼베와 함께 놓여 있지 않고 한 곳에 따로 개켜 있었다. 그제서야 먼저 무덤에 다다른 그 다른 제자도 들어가서 보고 믿었다. 아직도 그들은 예수께서 죽은 사람들 가운데서 반드시 살아나야 한다는 신성한 글의 말씀을 깨닫지 못하였다. (20:3-9)

사랑받은 제자는 또 다시 자신의 빠른 이해력을 보여준다. 비록 베드로와 다른 제자들은 여전히 시신을 도둑맞았다고 의심하고 있지만, 사랑받은 제자는 그것을 가장 먼저 믿었다. 사랑받은 제자는 수의가 놓여 있는 상태를 너무나도 정확히 묘사하고 있는데, 묘지 도굴범이 왔었다면 의복을 벗겨 그처럼 단정하게 놓아두지는 않았을 것이다. 사랑받은 제자는 베드로보다 늦게 무덤 안으로 들어왔지만, 베드로보다 먼저 그 의미를 이해한다. 사랑받은 제자는 달리기뿐 아니라 이해하는 것도 더 빨랐던 것이다.

무덤 근처로 돌아온 막달라 마리아는 괴로워하며 슬피 울다가 어떤 사람을 보게 되는데 그녀는 그가 동산지기일 것이라고 생각한다—부활한 예수를 알아보지 못하는 것은 거의 모든 제자들이 겪은 일이었다. 어렴풋한 그 인물이 왜 우느냐고 묻자, 막달라 마리아는 이렇게 대답한다.

"여보세요, 당신이 그를 옮겨놓았거든 어디에다 두었는지를 내게 말해주세요. 내가 그를 모셔가겠습니다" 하고 말하였다. 예수께서 "마리아야!" 하고 부르셨다. 마리아가 돌아서서 히브리말로 "라부니!" 하고 불렀다. (그것은 '선생님!' 이라는 뜻이다.) 예수께서 마리아에게 말씀하셨다. "내게 손을 대지 말아라. 이제 네 형제들에게로 가서 이르기를, 내가 나의 아버지 곧 너희의 아버지, 나의 하나님 곧 너희의 하나님께로 올라간다고 말하여라." (20:15-17)

막달라 마리아는 분명 사랑받은 제자의 공동체에서 중요한 인물이었다. 여기에서 그녀는 사랑받은 제자에 이어 두 번째로 부활한 예수를 믿은 사람이며, 다른 제자들에게 자신이 주님을 보았다는 이야기를 처음으로 전하는 사람이 된다. 이것은 사도요한의 공동체 내에서 마리아가 실질적인 설교 활동을 했다는 사실을 반영하고 있다.

예수는 문을 걸어 닫고 숨어 있던 제자들 앞에 나타나, 이제 성령이 그들과 함께 있다는 것을 확인시켜줌으로써 하나님께 보혜사를 보내달라고 할 것이라는 자신의 약속을 성취한다. 하지만 도마는 예수가 처음 그들 앞에 나타났을 때 그곳에 없었다. 다른 제자들이 예수의 출현에 대해 말해주었을 때, 그는 믿으려 하지 않았다. "나는 내 눈으로 그의 손에 있는 못 자국을 보고, 내 손가락을 그 못 자국에 넣어보고, 또 내 손을 그의 옆구리에 넣어보지 않고서는 믿지 못하겠소!"(20:25) 도마가 다른 제자들과 함께 있을 때 예수가 다시 나타나, 그에게 자신의 상처를 확인해보라고 말하자 도마는 "나의 주님, 나의 하나님!"이라고 대답한다.

위대한 미술 작품들—특히 베로키오의 조각과 카라바조의 그림들—속에서 예수의 옆구리에 손가락을 넣고 있는 도마를 볼 수 있다. 하지만 이 복음서에서 도마는 그런 행동을 하지 않는다. 예수의 말을 듣고 도마가 즉각적인 믿음의 고백으로 대답하자, 예수는 "너는 나를 보았기 때문에 믿느냐? 나를 보지 않고도 믿는 사람은 복이 있다"고 말한다(20:29).

요한복음은 본래 20장 30~31절에서 끝난다: "예수께서는 제자들 앞에서 이 책에 기록하지 않은 다른 표징도 많이 행하셨다. 그런데 여기에 이것이나마 기록한 목적은, 여러분으로 하여금 예수가 그리스도요 하나님의 아들이심을 믿게 하고, 또 그렇게 믿어서 그의 이름으로 생명을 얻게 하려는 것이다." 하지만 요한복음의 편집자는 언제나 그랬듯이, 원문을 수정하거나 초고의 결말을 삭제하는 것으로 자신의 개입을 감추려 하지 않고 새로운 한 단락을 추가한다. 새로운 단락에서 사랑받은 제자의 죽음을 이야기하고 있는 것으로 보아, 본래 이 복음서는 장수했던 그가 살아 있는 동안에 마무리된 것이었을 수도 있다.

에필로그는 제자들이 갈릴리로 돌아간 후에 다시 그들 앞에 나타난 예수의 이야기를 담고 있다. 그들이 물고기를 잡으러 바다로 나갔을 때, 한 남자가 바닷가에서 그들에게 고기를 잡았냐고 묻는다. 그들이 못 잡았다고 대답하자, 그는 그물을 배의 오른쪽에 던지라고 말한다. 그물이 고기로 가득 차자, 사랑받은 제자는 베드로에게 자신들에게 지시한 그 사람이 바로 주님이라고 말한다. 언제나처럼 성미 급한 베드로는 예수에게 가기 위해 바다로 뛰어든다. 사랑받은 제자는 이번만은 그다지 민첩하게 행동하지 않는다. 그는 다른 제자들과 함께 잡은 고기를 끌어올린다. 그들이 땅에 오르자 예수는 그들과 함께 식사한다.

그때 예수는 베드로에게 세 번에 걸쳐 '네가 나를 사랑하느냐' 하고 묻는다. 예수를 모른다고 부정했던 횟수만큼 베드로가 사랑한다고 고백하자, 예수는 그에게 주의 양을 치라고 말한다. 그리고 예수는 이렇게 덧붙인다.

"내가 진정으로 진정으로 네게 말한다. 네가 젊어서는 스스로 띠를 띠고 네가 가고 싶은 곳을 다녔으나, 네가 늙어서는 남들이 네 팔을 벌릴 것이고, 너를 묶어서 네가 바라지 않는 곳으로 너를 끌고 갈 것이다." 예수께서 이렇게 말씀하신 것은, 베드로가 어떤 죽음으로 하나님께 영광을 돌릴 것인가를 암시하신 것이다. 예수

께서 이 말씀을 하시고 나서 베드로에게 "나를 따라라!" 하고 말씀하셨다. (21:18-19)

베드로 성인전聖人傳에서는 그가 십자가에 달려 죽게 될 것인데, 자신의 구세주를 따라 하는 것은 부끄러운 일이므로 거꾸로 매달아 달라고 요청한다고 전한다(실제로, 십자가에 거꾸로 매달리는 형벌은 피를 머리로 쏠리게 하여 더 빠르고 쉽게 죽음에 이르도록 한다).

베드로의 죽음에 대한 직접적인 언급은 로마의 클레멘트가 고린도에 있는 모임에게 보내는 편지에서 최초로 등장한다. 그는 베드로가 제자들 사이에 있었던 "경쟁심과 원한" 때문에 죽었다고 말하지만, 베드로가 어떻게 처형되었는지에 대해서는 말하지 않는다. 타키투스는, 네로에게 살해된 기독교인들에 대한 이야기를 그들의 동료들이 전했으며, 그들은 모두 기묘한 방법으로 살해당했다고 전하고 있다. 십자가형은 평상적인 방법이지, 기묘한 것은 아니었다. 네로는 기독교인들을 처형하기 위해 새로운 방법 두 가지를 고안해냈다—"그들에게 동물의 가죽을 뒤집어씌운 뒤 개들이 물어뜯게 하거나, …… 땅거미가 지면 그들의 몸에 불을 붙여 횃불의 역할을 하게 하는 것"이었다(연대기 15:44).

어떤 처형 방법이든 이 복음서에서 사용하고 있는 모호한 용어와 어울리는 것이며, 초기 기독교인들은 분명 자신들의 배신으로 발생

했던 치욕적인 죽음에 대해—비록 그것이 예수 자신이 죽었던 방법일지라도—더 자세한 사실들을 알고 싶지 않았을 것이다.

베드로와 사랑받은 제자의 이야기는 통상적으로 함께 다루어지므로, 사랑받은 제자가 맞이한 운명도 함께 전해진다.

베드로가 돌아다보니 예수께서 사랑하시던 제자가 따라오고 있었다. 이 제자는 마지막 만찬 때에 예수의 가슴에 기대어서, "주님, 주님을 넘겨줄 자가 누구입니까?" 하고 물었던 사람이다. 베드로가 이 제자를 보고서 예수께 물었다. "주님, 이 사람은 어떻게 되겠습니까?" 예수께서 말씀하셨다. "내가 올 때까지 그가 살아 있기를 내가 바란다고 한들, 그것이 너와 무슨 상관이 있느냐? 너는 나를 따라라!" 이 말씀이 믿는 사람들 사이에 퍼져 나가서, 그 제자는 죽지 않을 것이라고들 하였지만, 예수께서는 그가 죽지 않을 것이라고 말씀하신 것이 아니라 "내가 올 때까지 그가 살아 있기를 바란다고 한들, 그것이 너와 무슨 상관이 있느냐?" 하고 말씀하신 것뿐이다.

이 모든 일을 증언하고 또 이 사실을 기록한 사람이 바로 이 제자이다. 우리는 그의 증언이 참되다는 것을 알고 있다.

예수께서 하신 일은 이 밖에도 많이 있어서, 그것을 낱낱이 기록한다면 이 세상이라도 그 기록한 책들을 다 담아 두기에 부족할 것이라고 생각한다. (21:20-25)

편집자는 사랑받은 제자가 수집해놓은 가르침의 보고寶庫가 너무나 방대하여 자신은 그곳에서 단지 몇 개의 항목만을 가져와 덧붙인 것일 뿐이라고 말한다.

| 주 |

1) Augustine, *Interpreting John's Gospel*, 65.1.

2) 같은 책, 65.2.

3) 같은 책, 74.4.

4) 같은 책, 81.1.

5) 같은 책, 120.2. 아우구스티누스는 중세와 르네상스 시대 도상 연구의 원천 역할을 했다. 이브가 아담의 옆구리로부터 창조되었듯이, 교회는 그리스도의 옆구리로부터 창조된 것이라는 그의 주장은 시스티나 성당에 있는 미켈란젤로의 〈최후의 심판〉에 표현된 마리아의 신비로운 이미지를 설명해줄 수 있을 것이다. 마리아는 최후의 심판에서 deēsis('변론')의 일부분으로 등장하여 예수의 오른편에서 중재하며, 세례 요한은 예수의 왼편에서 중재하는 것이 관례였다. 세례 요한은 미켈란젤로의 프레스코화에서는 쌍을 이루지 않고 있다. 마리아는 예수를 바라보지 않고, 팔과 다리로 자신의 몸을 둘둘 감고 웅크리고 있는 이상하게 뒤틀린 자세로 아래를 내려다보고 있다. 마리아는 거의 태아와 같은 이 자세를 예수의 옆구리에 나 있는 상처 바로 곁에서 취하고 있다. 마리아는 종종 교회의 상징이었기 때문에, 이것은 두 번째 아담으로부터 두 번째 이브가 생겨난다는 아우구스티누스의 상상을 구현하는 것일 수도 있다. 마리아의 아들이었던 예수는 이제 마리아의 아

버지인 것이다—그리하여 아들이라는 신분은 이제 사랑받은 제자에게 넘겨진 것이다.

복음서를
어떻게 읽을 것인가?

다른 세 가지에 비해 특별히 더 좋아하는 복음서를 밝히는 사람들이 있다. 마태복음은 지난 수세기 동안 최초의 복음서이자, 가장 규범적인 복음서로 여겨져왔다. 하지만 이제는 마가복음이 최초의 복음서이며 원전에 가장 가깝다고 인정되고 있다. 누가복음은 자비로운 이야기들로, 언제나 일정한 사람들의 마음을 움직이게 한다. 그리고 요한복음은 신학적 비약과 사랑에 대한 역설로 인해 아우구스티누스와 같은 사람들이 선호하는 복음서였다.

하지만 교회들은 네 가지 복음서 모두를 간직해왔으며, 연중 전례 주기가 바뀔 때마다 복음서들을 통독해왔다. 2세기에 마르시온[1] 이 누가복음만이 정경이라고(주로 바울의 편지들과 연계되어 있다는 가정에 근거해) 선언한 이후로, 어느 한 가지 복음서에만 최대한의 권위를 부여하려던 시도들은 줄곧 실패해왔다. 같은 세기 후반에 타티안[2]은 네 복음서의 내용 중 '확실한' 부분들만을 하나의 이야기로 조합해내면서, 자신이 믿을 수 없다고 생각한 내용들은 폐기해버리려 했다. 그는 자신이 노력해 만들어낸 그 결과물을, 그리스의 음악 용어로 '네 가지를 통한' 화음을 의미하는, 『디아테사론』(사복음서 공관)이라고 불렀다. 하지만 타티안은 마르시온의 경우보다 더 정통 전승으로 받아들여지기 힘들다는 것을 증명했을 뿐이다. 네 복음서는 여전히 존속하고 있다.

왜 네 가지 복음서가 있는 것일까? 그것은 다양한 상황 속에서 살아가고 있는 기독교인들이 예수의 삶과 메시지의 다양한 측면으로부터 가르침을 얻는 것이 중요하다고 생각하기 때문이다. 복음서 저자들은 예수와 신비한 몸의 구성원들로서 자신들에게 가장 절박한 문제들에 대해 묵상했다. 그들은 중심적인 불가사의에 대한 서로 다른 네 가지 깨달음을 우리에게 전하고 있다.

마가는 자신의 박해받는 구성원들에게 예수의 의미는 무엇일까 곰곰이 생각한다. 마태는 일목요연한 방법으로 말씀들을 수집해놓는다. 누가는 예수의 사명이 지닌 치유하는 측면을 강조하고 있다. 요한은 예수의 신성을 언제나 가슴속에 간직하고 있다. 각각의 복음서가 강조하고 있는 특성들은 네 복음서 전체에 모두 다 드러나 있으며, 다만 상대적으로 덜 강조되는 것이 있을 뿐이다. 복음서 중심에 자리 잡고 있는 불가사의는 절대로 소멸되지 않을 것이기 때문에, 예수의 의미에 대한 적절한 이해에 더 가까이 다가서기 위해 이러한 시각들 모두가 필요하다. 이것이 바로 『예수는 그렇게 말하지 않았다』를 집 필하면서 네 복음서 전체에서 인용했던 이유이다.

복음서들이 유대인의 신성한 글에 근거해 그들의 상징과 신뢰를 확립했다는 연구방법이 사람들에게 경건하게 받아들여지지 않을 것이라고 생각하는 사람들도 있다. 심지어 그들은 전도사가 신도들에게 설교할 때, 복음서의 기원까지 알도록 해야 하는 것이냐고 이의를 제기하기도 한다. 이러한 관점에 대한 논증은 바로 이 책을 이끌어준 영혼이라 할 한 사람이 가장 훌륭하게 제시하였다. 최근에 작고한 성 서학자인 레이먼드 브라운에게 내가 얼마나 많이 의존하고 있는지 누구든 쉽게 알아차릴 수 있을 것이다(1B, 2B, 3B, 4B와 같은 모든 참 조 문헌).

내가 그를 그토록 빈번하게 인용한 것은, 그가 신약성서 연구에서 이루어낸 위대한 논문들을 남겼을 뿐 아니라, 다른 학자들의 방대한 학문적 업적들을 너무나도 완벽하게 기록하고 면밀히 검토하여 축적해놓았기 때문이다. 그는 신약성서 연구에서 제기된 모든 논쟁점에 대한 모든 의견을 개괄적으로 제공해준다. 하지만 그는 놀라운 지식만큼이나 모범적 신앙심을 갖춘 명망 높은 설피시안Sulpician[3] 사제로 남아 있었다. 레이먼드 브라운이 살아 있는 동안 발표했던 주요 학문적 저작물은 모두 그가 속해 있던 교회 당국으로부터 공인을 받았다.('오류 없음Nihil obstat' 그리고 '출판 허가Imprimatur'). 그는 전혀 급진적이거나 반체제적인 사람이 아니었다.

나는 무척이나 많은 문제들의 결론을 그의 의견으로 대신 제시해 왔으며, 여기에서도 수난 이야기에 대해 참신한 의견을 밝히고 있는 그의 말로써 결론을 내리고자 한다.

이처럼 서로 다른 수난 이야기들을 하나씩 차례대로 읽을 때, 그 내용에 현저한 차이가 있다는 것 때문에 당황하거나, 예수의 어떤 관점이 더 정확한 것인지를 의심해서는 안 된다: 마가의 예수는 오직 정당함을 증명하기 위해 버려짐의 깊이를 측량하고 있으며; 누가의 예수는 남들을 걱정하며 다정하게 용서를 베풀고 있으며; 요한의 예수는 십자가로부터, 일어난 모든 일들을 통제하면서, 의기양양하게 지배하고 있다. 세 복음서 모두 경외심을 자아내는 성령에 의해 우리에게 전해지며, 예수의 의미를 피폐하게 만들고 있는 복음서는 전혀 없다. 그것은 마치 어마어마하게 커다란 다이아몬드 주변을 거닐며, 세 가지 각도로 그것을 관찰하는 것과 같다. 진정한 전체의 모습은 오직 그것을 바라보는 시각이 다르기 때문에 나타나는 것이다. …… 십자가에서 처형된 예수의 오직 한 가지 초상만을 선택하려 한다면, 다른 초상들을 배척해야할 것이다. 또한 모든 복음서의 초상들을 한 가지로 일치시키려한다면 풍부한 십자가의 의미를 박탈하게 될 것이다. 누군가는 낙담하여 머리를 숙이고 있는 모습을 볼 수 있어야 하며, 반면에 또 다른 누군가는 용서를 위해 두 팔을 내밀고 있는 모습을 관찰해야 하며, 더 나아가 또 다른 누군가는 십자가에 붙여진 군림하는 왕이라는 칭호를 인식해야 한다[4].

복음서들을 어떻게 읽어야 할까? 전체로서, 복음서 저자들이 찾아내어 전해준 경외심으로 읽어야 하며, 자신을 찾을 수 있도록 도와주기 위해 하나님이 우리에게 건네준 지혜로 읽어야 한다.

| 주 |

1)* 마르시온Marcion: 구약성서에 나오는 율법과 정의의 하나님은 신약성서의 선한
  하나님과는 무관하거나 그보다 열등하다는 이원적 신관을 주장했다. 기독교의 유
  대적 요소를 배척하여 바울서신과 누가복음에서 유대적 요소를 제거한 뒤에 정경
  으로 받아들였다. 특이한 주장으로 많은 신봉자를 얻었으며, 로마 교회에서 이단

으로 간주되어 파문당하고 자기 스스로 교회를 세웠다.

2)* 타티안Tatian: 시리아의 이교도 집안에서 태어났다. 그리스 고전 문학과 도덕 가치관을 타락했다고 비판하며 그리스의 주지주의를 거부하였다. 로마에서 유스티누스를 만나 자신이 추구하던 진리를 성서 속에서 발견하고 기독교로 개종했다. 네 복음서를 하나로 묶어보려고 시도한 『디아테사론』은 수백 년 동안 시리아 교회의 성서와 신학 교재로 쓰였다.

3)* 설피시안Sulpician: 1642년 장 자크 올리에Jean-Jacques Olier가 성직자 교육을 위해 프랑스 파리에 설립한 성 설피스Saint-Sulpice 신학교의 사제들을 말한다. 성 설피스 신학교는 탄탄한 학문적 가르침과 높은 도덕성으로 전 세계 모든 신학 교육의 표본이 되었다.

4) Raymond E. Brown, S.S., *A Crucified Christ in Holy Week: Essays on the Four Gospel Passion Narratives* (Liturgical Press, 1986), pp.70-71.

역자 후기
'부활의 진위'가 아닌
'부활의 의미'가 중요하다

역사학자이자 문화비평가인 게리 윌스는 『링컨의 연설』(2012, 돋을 새김)로 1993년 퓰리처상을 수상했다. 그는 272개의 단어로 구성된 매우 짧은 링컨의 연설문 속에서 미국의 역사와 철학, 정치와 문화를 포착해내 파노라마처럼 펼쳐 보여준다. 사료의 정밀한 분석을 통해 이끌어내는 신선한 해석은 독자들을 납득시키고 감동시킨다. 그는 게티즈버그 연설이 순간적인 영감으로 작성되었다는 잘못된 신화를 깨뜨리고, 분열돼 있던 국가를 통합하기 위해 링컨이 치밀하게 작성한 완벽한 걸작품이라는 것을 밝혀낸다. 이처럼 그에게는 많은 사람들이 익히 알고 있는 기록물의 원전 텍스트를 다양한 각도로 새롭게 분석하고 해석하는 특별한 재능이 있다. 이로 인해 언론과 서평에 소개될 때마다 그에게는 '박식하다'와 함께 '도발적이다'라는 수식어가 따라붙는다.

독실한 가톨릭 신자인 게리 윌스는 1960년대부터 지금까지 40권의 저서를 집필했다. 책의 주제는 주로 역사·종교적으로 잘못 알려져 사회 전반적으로 잘못된 신념을 갖게 하는 문제들에 집중되어 있다. 그로 인해 그의 책들은 필연적으로 도전적이며 도발적이다. 교계나 학계 모두 오류를 인정하기보다 관행에 따라 그것을 묵인하는 보수적인 태도에 익숙하기 때문이다. 2000년에 발표한 『교황의 죄; 기만의 구조』를 통해서는 교황의 무오류성을 중심으로 한 가톨릭의 폐쇄적인 교리 해석과 적용을 비판하여, 교계에 격한 공방이 일어나기도 했다.

> "가톨릭 교인들은 교황도 많은 죄를 지을 수 있다는 사실을 서로에게 일깨우던 건전한 옛 관행을 잃어버렸다. '최후의 심판'을 그린 화가들은 지옥의 불길 속에 교황관을 쓴 인물을 그려 넣어 교황을 영원히 단죄받은 대죄인으로 묘사하곤 했다." (『교황의 죄』 서문 중에서)

당시 게리 윌스에게는 가톨릭을 떠나라는 비난까지 쏟아졌지만, 그는 『나는 왜 가톨릭 신자인가?』라는 책으로 자신의 입장을 밝혔다. 즉, 믿음이 맹신이 되어서는 안 된다는 것, 믿음은 믿음대로 간직해야 하지만 정확하게 알고 믿어야 참된 믿음이라는 것이 일관된 그의 주장이다.

이 책『복음은 그렇게 전해지지 않았다』는 그가 거의 매년 한 권씩 발표하고 있는 기독교 시리즈의 세 번째 책이다. 앞선 두 권의 책, 『예수는 그렇게 말하지 않았다』와 『바울은 그렇게 가르치지 않았다』에서도 그랬듯이, 이 책에도 믿음에 대한 그의 기본적인 입장이 적극적으로 반영되어 있다. 그는 이 책들은 '학술서적이 아니라, 믿음의 고백'이라고 다시 한 번 밝힌다. 그 자신이 히브리어를 모르고 예수가 사용했던 아람어도 모르기 때문에, 성서학자로서의 자격은 없다고 밝힌다. 다만 고등학교 때부터 그리스어 성서를 읽어왔으며, 대학교에서 그리스어 성서 강의를 했던 경험을 바탕으로, 믿음의 관점에서 복음서들을 다시 면밀하게 살펴보고, 그 결과로서 올바른 믿음의 바탕이 될 것들을 표현한 것이라고 말한다.

"나는 학문의 세계에 공헌하기 위해 이 글을 쓴 것이 아니라, 믿음을 고백하기 위해 쓴 것입니다. 복음서들은 믿음을 지니고 있는 사람들을 위해 작성된 것이지, 학자들을 위해 작성된 것이 아니기 때문입니다." ('반스앤노블 리뷰' 인터뷰 중에서)

그는 복음서에 '어떤 말이 기록되어 있는가' 보다 '기록된 그 말이 지니고 있는 의미가 무엇인가' 를 따진다.

"나의 관심은 원본이 지니고 있는 본래 의도, 즉 복음서가 기록될 당시에 그들이 '어떤 의미를 담으려고 했을까?'에 있습니다. 현재의 우리들에게 어떤 의미일까를 따지는 것도 중요하지만 나는 그들이 원고를 작성할 때의 상황을 주로 살펴본 것입니다." ('반스앤노블 리뷰' 인터뷰 중에서)

그는 복음서들이 쓰일 당시에 그것을 읽게 될 사람들에게 주려고 했던 의미는 현재의 우리들이 기대하고 있는 것과는 다를 수밖에 없다고 말한다. 예를 들어, 현재의 우리들은 '예수가 부활했다는 것을 증명해봐' 라고 말할 수 있지만 복음서의 첫 번째 독자들에게 그것은 전혀 중요한 일이 아니었다는 것이다. 그들은 이미 예수의 부활을 믿고 있었으며, 그들의 모임은 그 믿음을 간직하고 전하기 위해 시작됐기 때문이다. 만약 그들이 예수의 부활을 알지 못했고 또 믿지 않았다면, 교회에 함께 모여 기도할 이유가 없다는 것이다. 신약성서 최초의 기록을 남긴 바울은 500명이 부활한 예수를 증언했다고 전한다. 그러므로 그들은 증거를 요구할 필요가 전혀 없었다는 것이다. 그들이 진정으로 알고자 했던 것은, '부활의 진위'가 아니라 그들에게 주어진 '부활의 의미'였다는 것이다.

따라서 『복음은 그렇게 전해지지 않았다』에서 그는 각각의 복음서가 전하고자 했던 부활한 예수의 의미를 먼저 정의한다. 따라서 마가복음은 고통받는 예수를, 마태복음은 가르침을 베푸는 예수를, 누가복음은 조화시키는 예수를, 요한복음은 불가사의한 예수를 기록한 것이라는 관점에서 시작하여, 네 복음서 전체에 드러나 있는 영원히 존재하게 될 메시아 예수의 의미를 추적하고 있는 것이다.

끝으로, 올바른 믿음에 대한 그의 지론을 그의 목소리로 직접 듣는 것이 이 책의 내용에 공감하는 데 도움이 될 것이다.

"성서를 다루는 데 있어 매우 좋지 않은 역사가 있었습니다. 서구 교회에서는, 특히 4세기에 라틴어로 번역된 복음서만을 사용해 설교하도록 했습니다. 로마 교회의 트렌트 공회에서 라틴어 번역인 불가타 성서 외에는 취급해서는 안 된다고 했던 것입니다. 그리하여 20세기까지 가톨릭 교회에서는 실질적인 성서 연구가 수세기 동안 이루어질 수 없었습니다. 사람들이 원문에 가까이 다

318

가갈 경우 당대에 정통성을 인정받고 있던 것으로부터 벗어날 수 있기 때문에, 그러한 시도 자체를 없애버리려 했던 것입니다.

이에 대해, 에라스무스는 '전혀 이치에 맞지 않는 일이다. 원본으로 돌아가야만 한다. 이차적으로 가공된 내용에 기대서는 안 된다' 라고 했지만 교회는 오랫동안 그렇게 해왔습니다. 19세기가 되어서야 역사편찬과 문헌학 그리고 고고학 분야의 혁명이 시작되면서 성서에 대한 새롭고 올바른 시각을 갖추기 시작했습니다. 이러한 것을 오늘날의 미국 근본주의자들이 그렇듯이 로마 교회도 무서워했습니다. 그래서 로마 교회가 라틴어로 작성된 제롬 버전을 고집하려 했던 것처럼, 현재 미국의 근본주의자들은 킹 제임스 영역본을 고수하려 하는 것입니다."

2012년 9월
권혁

*이 책은 2009년 출간된 『예수의 네 가지 얼굴』의 개정판입니다.

복음은 그렇게 전해지지 않았다

초판 발행 2009년 5월 15일
개정 1쇄 2012년 10월 8일

지은이 | 게리 윌스
옮긴이 | 권혁

발행인 | 권오현 부사장 | 임춘실
기획 | 이헌석 편집 | 이하나 디자인 | 안수진
마케팅 | 김영훈 · 강동근

펴낸곳 | 돋을새김
주소 | 서울 종로구 이화동 27-2 부광빌딩 402호 전화 | 745-1854~5 팩스 | 745-1856
홈페이지 | http://blog.naver.com/doduls 전자우편 | doduls@naver.com
등록 | 1997.12.15 제300-1997-140호 필름출력 | N.com(2635-2468~9)
인쇄 | 금강인쇄(주)(852-1051) 용지 | 신승지류유통(주)(2270-4900)

ISBN 978-89-6167-099-9 (03230)
Korean Translation Copyright ⓒ 2009, 2012, 권혁

값 12,000원
*잘못된 책은 구입하신 서점에서 바꾸어 드립니다.